2025年度版

滋賀県の
理科

過 去 問

協同教育研究会 編

協同出版

本書には，滋賀県の教員採用試験の過去問題を収録しています。各問題ごとに，以下のように5段階表記で，難易度，頻出度を示しています。

難 易 度

非常に難しい　☆☆☆☆☆
やや難しい　　☆☆☆☆
普通の難易度　☆☆☆
やや易しい　　☆☆
非常に易しい　☆

頻 出 度

◎　　　　ほとんど出題されない
◎◎　　　あまり出題されない
◎◎◎　　普通の頻出度
◎◎◎◎　よく出題される
◎◎◎◎◎　非常によく出題される

はじめに〜「過去問」シリーズ利用に際して〜

　教育を取り巻く環境は変化しつつあり，日本の公教育そのものも，教員免許更新制の廃止やGIGAスクール構想の実現などの改革が進められています。また，現行の学習指導要領では「主体的・対話的で深い学び」を実現するため，指導方法や指導体制の工夫改善により，「個に応じた指導」の充実を図るとともに，コンピュータや情報通信ネットワーク等の情報手段を活用するために必要な環境を整えることが示されています。

　一方で，いじめや体罰，不登校，暴力行為など，教育現場の問題もあいかわらず取り沙汰されており，教員に求められるスキルは，今後さらに高いものになっていくことが予想されます。

　本書の基本構成としては，出題傾向と対策，過去5年間の出題傾向分析表，過去問題，解答および解説を掲載しています。各自治体や教科によって掲載年数をはじめ，「チェックテスト」や「問題演習」を掲載するなど，内容が異なります。

　また原則的には一般受験を対象としております。特別選考等については対応していない場合があります。なお，実際に配布された問題の順番や構成を，編集の都合上，変更している場合があります。あらかじめご了承ください。

　最後に，この「過去問」シリーズは，「参考書」シリーズとの併用を前提に編集されております。参考書で要点整理を行い，過去問で実力試しを行う，セットでの活用をおすすめいたします。

　みなさまが，この書籍を徹底的に活用し，教員採用試験の合格を勝ち取って，教壇に立っていただければ，それはわたくしたちにとって最上の喜びです。

協同教育研究会

CONTENTS

第 1 部

滋賀県の

理科

出題傾向分析

滋賀県の理科　傾向と対策

　中学理科については，2024年度も例年の試験と同様に，学習指導要領の問題1問，物理，化学，生物，地学の問題が各1問出題された。試験時間は60分，記述式である。記号選択問題は少ないが，短答式問題が中心である。学習指導要領についての出題は，教科の目標や内容，指導計画作成と内容の取扱いなどから，記号式・記述式の空欄補充問題が出題されている。全体の配点や設問の難易度から考えても決して軽視できる内容ではないため，学習指導要領についての出題は確実に正答できるように，正確な用語を理解して，正しく記述できるようにしておくことを勧める。各教科の出題については，基本的に中学範囲の実験を題材にしているが，小問単位で高校範囲を含む傾向がある。素直に基本知識を問うような内容が多く出題されており，高校教科書に掲載されているような基本レベルまでをしっかりと押さえ，自分の力にしておきたい。中学校教科書，高校教科書を中心に用語，重要実験，例題の理解をきちんとしておけば対応できるレベルである。難易度はそれほど高くなく設問数も多くはないだけに，いかに取りこぼしやケアレスミスを避けるかで差が出る内容である。出題範囲は例年幅広い範囲であるため，苦手分野を作らずに漏れのない学習を心がけたい。

　高校理科については，2024年度は2023年度に引き続き，物理，化学，生物，地学の4科目で募集があった。なお，2022年度は物理，化学，地学の3科目，2021年度は物理，生物の2科目，2020年度は募集がなく，2017年度から2019年度は物理，化学，生物の3科目での募集であった。高校理科の科目については，滋賀県に限らず，年度によって出題がない科目があるので，志望する科目の募集の有無を確認することが必要である。試験時間は60分，記述式であるが，解答形式は各科目に独自性があり全体としての難易度もやや難しいといえる。

　物理は，大学入試で頻出の出題内容となっているが，大問3〜4問構成で1設問あたりの配点が大きいので注意が必要である。また，2018年度

4

以前と比べると途中過程を記述する設問は減少傾向にあり，2024年度および2023年度は見られなかったが，基本的には途中過程を記述するものだと考えて臨むべきである。単に式の羅列にせず，解答を導く過程を記述するときは，式の根拠となる法則を明記したり，簡単でよいので生徒に説明するつもりで式と式の間に文章を入れてつないだりすることを心がけたい。作図問題も出題されることがあるので，特徴を捉えて図示することに慣れておきたい。教科書はもちろんのこと，大学入学共通テストから国公立二次試験，大学の教養課程レベルまで幅広く対応しておくことが必要である。

化学は，途中過程の記述が必要な計算問題の数が多いことが特徴である。出題範囲も広くほぼすべての単元から計算問題が出題されるとみて対策をしておこう。また，物理と同様に論述問題は減少傾向にあるが，2018年度以前のものもあわせ，対応できるようにしておきたい。共通テストから国公立二次試験を押さえておく一方，高校範囲の実験操作や各種化合物の構造式など，大学で実習したことを基に，記述できるようにしておきたい。

生物では，2018年度以前に見られた字数制限のある論述の出題がなくなったが，依然として論述問題は多数出題されており，他都道府県に類を見ない。光合成曲線の図表の作成や細胞観察のスケッチの問題など作図問題が例年出題されている。計算問題や用語などの論述以外にも多彩な形式で出題されており，過去には生物のアユの密度と社会行動と体長分布の関係について与えられたグラフから考えられることを指定された用語を用いて論述する問題など，少しユニークな問題や解答に苦労する問題もあったが，基本的には高校範囲の用語や現象について，簡潔に説明できるようにすることから始めたい。

地学は，2024年度は計算問題を含む記号式中心の形式であったが，過年度では論述問題，図示問題も含まれ，大学入試でよく見かけるオーソドックスな形式での出題となっている。また，図表等資料を分析して解答する問題が多いことが特徴である。高校教科書で一通りの知識を押さえた上で，国公立二次試験対策の問題集等で様々な問題形式に慣れておきたい。

　例年，高等学校学習指導要領からの出題はないが，理科の教員を志望する者として，同解説を含めて必ず熟読し理解しておくこと。さらに，過去問には必ず当たっておこう。数年分の過去問を実際の受験のつもりで試すことにより，出題傾向を自分で分析し，出題形式に慣れ，自分の苦手な分野を知ることができる。苦手克服の対策により，自信にもつながるであろう。

過去5年間の出題傾向分析

■中学理科

科目	分類	主な出題事項	2020年度	2021年度	2022年度	2023年度	2024年度
物理	身近な物理現象	光					
		音		●			
		力			●	●	●
	電流の働き	電流と回路	●	●	●	●	●
		電流と磁界					
	運動の規則性	運動と力			●		●
		仕事，エネルギー，熱	●				
	学習指導要領	内容理解，空欄補充，正誤選択	●	●	●		●
化学	身近な物質	物質の性質					
		物質の状態変化					
		水溶液	●				
		酸性・アルカリ性の水溶液	●	●	●	●	
		気体の性質			●	●	●
	化学変化と分子・原子	物質の成り立ち			●		
		化学変化と物質の質量		●	●	●	
	物質と化学変化の利用	酸化・還元	●	●			
		化学変化とエネルギー					
	学習指導要領	内容理解，空欄補充，正誤選択	●	●	●		
生物	植物のからだのつくりとはたらき	観察実験				●	●
		花や葉のつくりとはたらき		●		●	
		植物の分類	●				
	動物のからだのつくりとはたらき	刺激と反応					
		食物の消化			●		
		血液の循環			●		
		呼吸と排出					
	生物の細胞と生殖	生物のからだと細胞	●	●			●
		生物の殖え方	●			●	
		環境・生態系			●	●	
	学習指導要領	内容理解，空欄補充，正誤選択	●	●	●	●	●
地学	大地の変化	岩石	●			●	
		地層	●			●	
		地震					●
	天気の変化	雲のでき方・湿度		●			
		前線と低気圧		●			
		気象の変化					

科目	分類	主な出題事項	2020年度	2021年度	2022年度	2023年度	2024年度
地学	地球と宇宙	太陽系			●		
		地球の運動と天体の動き			●		
	学習指導要領	内容理解, 空欄補充, 正誤選択	●	●		●	●

■高校物理

分類	主な出題事項	2020年度	2021年度	2022年度	2023年度	2024年度
力学	力		●		●	●
	力のモーメント					
	運動方程式		●	●		●
	剛体の回転運動					
	等加速度運動		●	●		●
	等速円運動					
	単振動		●		●	
	惑星の運動・万有引力					
	仕事, 衝突		●			●
波動	波動の基礎		●			●
	音波		●		●	
	光波		●	●	●	
電磁気	電界と電位					
	コンデンサーの基礎		●	●	●	
	直流回路					
	コンデンサー回路				●	
	電流と磁界					
	電磁誘導			●		
	交流電流				●	
	電磁波					
熱と気体	熱, 状態の変化		●			●
	状態方程式		●			●
	分子運動					●
	熱力学第一法則		●			
原子	光の粒子性		●			●
	物質の二重性					●
	放射線		●			
	原子核反応					
その他	実験・観察に対する考察					
学習指導要領	内容理解, 空欄補充, 正誤選択					

■高校化学

分類	主な出題事項	2020年度	2021年度	2022年度	2023年度	2024年度
物質の構成	混合物と純物質					
	原子の構造と電子配置					●
	元素の周期表					
	粒子の結びつきと物質の性質			●		
	原子量, 物質量			●		
	化学変化とその量的関係			●	●	●
物質の変化	熱化学				●	
	酸と塩基			●	●	
	酸化と還元					
	電池			●	●	
	電気分解			●	●	
無機物質	ハロゲン					
	酸素・硫黄とその化合物					●
	窒素・リンとその化合物			●		
	炭素・ケイ素とその化合物					
	アルカリ金属とその化合物			●		
	2族元素とその化合物					
	アルミニウム・亜鉛など			●		
	遷移元素			●		
	気体の製法と性質				●	
	陽イオンの沈殿, 分離				●	
有機化合物	脂肪族炭化水素			●	●	
	アルコール・エーテル・アルデヒド・ケトン			●		●
	カルボン酸とエステル			●		●
	芳香族炭化水素			●	●	●
	フェノールとその誘導体			●	●	
	アニリンとその誘導体				●	
	有機化合物の分離					●
物質の構造	化学結合と結晶			●	●	
	物質の三態			●		
	気体の性質			●		
	溶液, 溶解度			●		
	沸点上昇, 凝固点降下, 浸透圧			●	●	
反応速度と化学平衡	反応速度					
	気相平衡			●		●
	電離平衡			●		●
	溶解度積					●
	ルシャトリエの原理				●	

分類	主な出題事項	2020年度	2021年度	2022年度	2023年度	2024年度
天然高分子	糖類					
	アミノ酸・タンパク質					●
	脂質					
合成高分子	合成繊維					
	合成樹脂（プラスチック）					
	ゴム					
生活と物質	食品の化学					
	衣料の化学					
	材料の化学				●	
生命と物質	生命を維持する反応					
	医薬品					
	肥料					
学習指導要領	内容理解, 空欄補充, 正誤選択					

■高校生物

分類	主な出題事項	2020年度	2021年度	2022年度	2023年度	2024年度
細胞・組織	顕微鏡の観察		●			
	細胞の構造		●		●	
	浸透圧				●	
	動物の組織					
	植物の組織					
分裂・生殖	体細胞分裂					●
	減数分裂					
	重複受精				●	
発生	初期発生・卵割					
	胚葉の分化と器官形成		●		●	
	誘導					
	植物の組織培養					
感覚・神経・行動	感覚器					●
	神経・興奮の伝導・伝達					
	神経系					
	動物の行動					
恒常性	体液・血液循環				●	
	酸素解離曲線					
	ホルモン					●
	血糖量の調節					●
	体温調節					●
	腎臓・浸透圧調節				●	
	免疫					

分類	主な出題事項	2020年度	2021年度	2022年度	2023年度	2024年度
恒常性	器官生理					
	自律神経系					
遺伝	メンデル遺伝		●			
	相互作用の遺伝子		●			
	連鎖		●			
	伴性遺伝					
	染色体地図					
植物の反応	植物の反応					
	植物ホルモン				●	
	オーキシンによる反応					
	種子の発芽					
	花芽形成					
遺伝子	DNAの構造とはたらき		●			●
	遺伝情報の発現とタンパク質合成		●			●
	遺伝子の発現・調節				●	
	遺伝子工学					●
酵素・異化	酵素反応		●			
	好気呼吸		●			
	嫌気呼吸					
	筋収縮					
同化	光合成曲線		●			
	光合成の反応		●			
	窒素同化					
	C4植物					
個体群・植物群落・生態系	成長曲線・生存曲線・生命表		●			●
	個体群の相互作用		●			
	植物群落の分布		●		●	
	植物群落の遷移		●			
	物質の循環					
	物質生産				●	
	湖沼生態系					
	環境・生態系					
進化・系統・分類	進化の歴史					
	分子系統樹					●
	進化論					
	集団遺伝					
	系統・分類					
学習指導要領	内容理解, 空欄補充, 正誤選択					

■高校地学

分類	主な出題事項	2020年度	2021年度	2022年度	2023年度	2024年度
惑星としての地球	地球の姿			●	●	●
	太陽系と惑星					●
大気と海洋	大気の運動			●		●
	天候					●
	海水の運動				●	
地球の内部	地震と地球の内部構造				●	●
	プレートテクトニクス					●
	マグマと火成活動				●	●
	地殻変動と変成岩				●	●
地球の歴史	地表の変化と堆積岩			●	●	●
	地球の歴史の調べ方				●	●
	日本列島の生い立ち					
宇宙の構成	太陽の姿					●
	恒星の世界			●	●	●
	銀河系宇宙				●	
その他	実習活動の要点					
学習指導要領	内容理解，空欄補充，正誤選択					

第2部

滋賀県の
教員採用試験
実施問題

2024年度　実施問題

中　学　理　科

【1】次の文は，中学校学習指導要領(平成29年3月告示)の「第2章　各教科　第4節　理科　第3　指導計画の作成と内容の取扱い」の抜粋である。(①)～(⑤)にあてはまる語句を答えよ。

1　指導計画の作成に当たっては，次の事項に配慮するものとする。

(1)　単元など内容や時間のまとまりを(①)て，その中で育む資質・能力の育成に向けて，生徒の主体的・対話的で深い学びの実現を図るようにすること。その際，理科の学習過程の特質を踏まえ，理科の(②)・考え方を働かせ，(①)をもって観察，実験を行うことなどの(③)に探究する学習活動の充実を図ること。

(2)　各学年においては，年間を通じて，各分野におよそ同程度の授業時数を配当すること。その際，各分野間及び各項目間の関連を十分考慮して，各分野の特徴的な(②)・考え方を総合的に働かせ，自然の事物・現象を(③)に探究するために必要な資質・能力を養うことができるようにすること。

(3)　学校や生徒の実態に応じ，十分な観察や実験の時間，課題解決のために探究する時間などを設けるようにすること。その際，問題を見いだし観察，実験を(④)する学習活動，観察，実験の結果を分析し(⑤)する学習活動，(③)な概念を使用して考えたり説明したりする学習活動などが充実するようにすること。

(☆☆☆◎◎◎◎)

14

【2】 次の各問いに答えよ。

1　電熱線のはたらきについて調べるために，図1のように，電熱線を用いて次の実験を行った。後の(1)～(4)の問いに答えよ。ただし，それぞれの実験において電熱線で発生した熱はすべて水温の上昇のみに使われるものとし，それぞれの実験で用いる水の量および実験開始時の温度は，すべて同じであるとする。

≪実験1≫

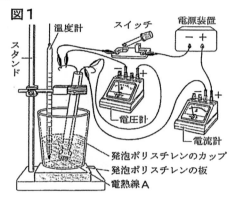

①　電熱線Aを装置につなぎ，電圧計の示す値が12Vになるように電圧を調節する。

②　回路に電流を流し始めてからの時間を計り，一定時間ごとに電流計で電流の値を測定する。

≪実験2≫

①　図1の装置から電熱線Aをとりはずし，電熱線Bを装置につなぎ，電圧計の示す値が12Vになるように電圧を調節する。

②　実験1と同様に，一定時間ごとに電流計で電流の値を測定する。

≪実験3≫

①　図1の装置から電熱線Bをとりはずし，電気抵抗が50Ωの電熱線Cを装置につなぎ，電圧計の示す値が12Vになるように電圧を調節する。

②　実験1と同様に，一定時間ごとに電流計で電流の値を測定する。

＜実験の結果＞

実験1　回路に0.6Aの電流が流れ，カップ内の水の温度が上昇した。このときの水の上昇した温度と時間の関係は，図2のようになった。

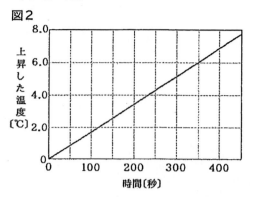

図2

実験2　回路に0.4Aの電流が流れた。電流を流し始めてから5分50秒後に，カップ内の水の温度が4.0℃上昇した。

実験3　回路に電流が流れ，カップ内の水の温度が上昇した。

(1)　カップ内では，電熱線からの熱によりあたためられた水が移動して全体に熱が伝わる。このような現象を何というか。

(2)　電熱線Aの電力は何Wか。

(3)　次の文は，実験1と実験2を比較して，電気機器の消費電力および電気抵抗についてまとめたものである。文中の（　X　），（　Y　）にあてはまる語句を，以下のア～エから選び，記号で答えよ。

消費電力が大きいほど，電気機器が熱などを出すはたらきは（　X　）。また，同じ電圧で使用する電気機器を比べると，消費電力が大きいもののほうが，電気抵抗は（　Y　）ことがわかる。

ア　等しい　　イ　大きい　　ウ　小さい　　エ　変化する

(4)　実験3について，水温が6℃上昇するのにかかる時間は何秒か。

2 物体にはたらく力と物体の運動について，次の実験を行った。後
の(1)～(4)の問いに答えよ。ただし，質量が100gの物体にはたらく
重力を1.0Nとし，ばねののびは，ばねを引く力の大きさに比例して
いるものとする。また，ばね，糸および動滑車の質量は考えないも
のとし，摩擦や空気の抵抗も考えないものとする。

≪実験1≫

図1

① 図1のように，長さ10.0cmのばねを，スタンドの一端に固定
する。

② いろいろな質量のおもりをつるし，ばねののびの値を測定する。

≪実験2≫

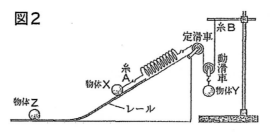

図2

① 図2は，実験1で用いたばね，定滑車，動滑車，糸A，糸Bを
用いて，斜面と水平面がなめらかにつながるようにレールをし
いた台である。そこに，物体Xと物体Yを取り付け，同時に手
をはなす。

② 物体Xと物体Yが静止しているのを確認後，レールの水平部
分に物体Zを置き，物体Xを糸Aから切り離す。

＜実験の結果＞

実験1　おもりの質量とばねののびの関係は，グラフのような結果になった。

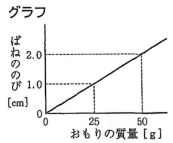

グラフ

実験2　同時に手をはなすと物体Xと物体Yは静止し，そのときのばねの長さは13.0cmであった。

　　　また，物体Xを糸Aから切り離すと，物体Xは斜面を下り，物体Zに衝突した。

(1)　実験1のグラフについて，ばね定数はいくらか。単位をつけて答えよ。

(2)　実験2で，物体Yの重さはいくらか。単位をつけて答えよ。

(3)　実験2について，物体Xが物体Zに衝突したとき，物体Xが物体Zをおす力を力の矢印で表すとどのようになるか。最も適切なものを，次のア〜エから選び，記号で答えよ。ただし，図中の●は，力のはたらく点(作用点)を表しているものとする。

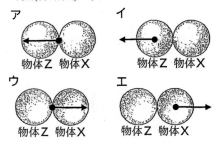

(4)　実験2で，物体Xが物体Zに衝突したあと，物体Zは1.0m/sで運動し，物体Xは2.0m/sではねかえって斜面を上り，1.5秒後に再び衝

18

突位置にもどってきた。このあと，物体Xと物体Zが再び衝突する位置は，1回目の衝突位置から何m離れたところか求めよ。

(☆☆◎◎◎)

【3】次の各問いに答えよ。

1 タマネギの根の成長を調べるために，図1のように，タマネギの一部を水につけ数日間おいて，以下の観察を行った。後の(1)〜(6)の問いに答えよ。

図1

≪観察1≫

① 新しく出てきた根を選び，その根を先端から2mmのところで切りとる。

② ①で切りとった根の先端を塩酸の入った試験管に入れる。次に，図2の   のように約60℃の湯で1分間温めたあと，その根を取り出し，水の中で静かにゆすぐ。

図2

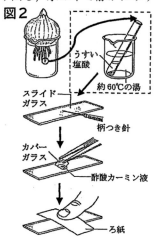

③　②で処理した根を，スライドガラスにのせて柄つき針で細か
くほぐし，酢酸カーミン液を加えて数分間染色する。
④　③で染色したものにカバーガラスをかけてろ紙をのせ，指で
静かに押しつぶし，プレパラートをつくる。
⑤　④のプレパラートを顕微鏡で観察する。

＜観察1の結果＞
図3のような細胞が見られた。

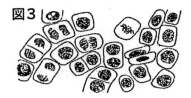

図３

≪観察2≫
①　図4のように，根の先端から1.5mm間隔で3か所に印をつけ，
先端側から順に，F，G，Hとする。

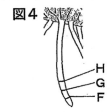

図４

②　印をつけてから12時間後，24時間後，36時間後に，根の先端
からそれぞれの印までの長さをはかり，結果を表にまとめる。

＜観察2の結果＞

表

印	根の先端から印までの長さ[mm]			
	印をつけた直後	12時間後	24時間後	36時間後
F	1.5	4.5	12.0	19.5
G	3.0	8.5	16.5	24.0
H	4.5	10.5	18.5	26.0

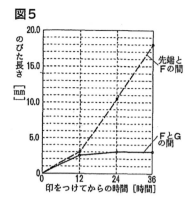

図5

のびた長さ [mm]

先端とFの間

FとGの間

印をつけてからの時間 [時間]

　図5は，印をつけてから12時間後，24時間後，36時間後の様子である。表をもとに，先端とFの間，FとGの間がのびた長さをそれぞれ求め，折れ線グラフで表している。

(1)　図1について，植物をからだのつくりの特徴をもとに分類したとき，タマネギと同じなかまに分類されるものはどれか。次のア～カからすべて選び，記号で答えよ。

　ア　ツユクサ　　　　　イ　マツ　　　　　ウ　ホウセンカ
　エ　トウモロコシ　　　オ　イチョウ　　　カ　アブラナ

(2)　観察1の②では，細胞分裂の様子が観察しやすくなるように，下線部の処理を行っている。観察しやすくなる理由を説明せよ。

(3)　次の文は，タマネギの染色体について述べたものである。文中の(Ⅰ)～(Ⅳ)にあてはまる適切な語を，以下のア～クからそれぞれ選び，答えよ。

　染色体には(Ⅰ)があり，その本体は(Ⅱ)とよばれる物質である。また，(Ⅰ)が決める個体の形や性質を(Ⅲ)という。

　タマネギの染色体の数と，イネの染色体の数とを比べると，その数は(Ⅳ)。

21

　　ア　RNA　　　　　イ　ミトコンドリア　　　ウ　同じである

　　エ　形質　　　　　オ　DNA　　　　　　　　カ　異なる

　　キ　ゴルジ体　　　ク　遺伝子

(4)　根の一つの細胞が二つの細胞に分裂する過程(分裂前，分裂中，分裂後)では，一つの細胞がもつ染色体の数はどのように変化するか。適切なものを，次のア〜エから選び，記号で答えよ。ただし，タマネギの一つの細胞がもつ染色体の数を16本とする。

	分裂前		分裂中		分裂後
ア	16本	→	32本	→	16本
イ	16本	→	32本	→	64本
ウ	16本	→	8本	→	8本
エ	16本	→	8本	→	16本

(5)　観察2の結果より，GとHの間が，印をつけてから36時間でのびた長さは何mmか。

(6)　図5の2つのグラフを比べると，印をつけてから12時間後は，のびた長さはどちらもほぼ同じであるが，24時間後には，その差が大きくなった。このように差が広がった理由を，先端とFの間，FとGの間，のそれぞれの部分における細胞の様子にふれて説明せよ。

(☆☆☆◎◎◎◎)

【4】次の各問いに答えよ。

1　複数の観測点(A，B，C，D)における地震計の記録について調べた。図1は，震央は同じであるが，発生日時が異なる地震(X，Y，Z)について，地震計の記録を示したものである。また，図2は，観測点(A，B，C，D)の位置関係を示しており，観測点(A，B，C)は北から南へ一直線上に位置し，観測点Dは観測点Bの真東にあるものとする。ただし，観測点(A，B，C，D)は同じ標高にあり，地質は一様でゆれの伝わり方に影響しないものとする。後の(1)〜(4)の問いに答えよ。

図1

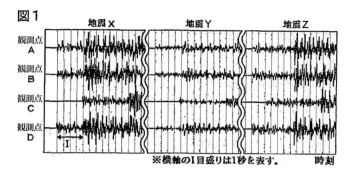

※横軸の1目盛りは1秒を表す。　　時刻

図2

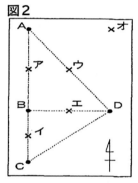

(1) 図1のⅠの部分は，P波が到着してからS波が到着するまでの時間を示している。この時間を何というか。漢字で答えよ。

(2) 図2について，地震(X，Y，Z)の震央を推測するとどこになるか。震央の位置として最も適切なものを，図2の×印で示したア〜オの中から選び，記号で答えよ。

(3) 地震Xと地震Yで大きな違いがあるものは何か。次のア〜オから選び，記号で答えよ。

　　ア　震源の深さ　　　イ　P波とS波の速さの比　　　ウ　P波の速さ
　　エ　S波の速さ　　　オ　マグニチュード

(4) P波の到着時刻は，観測点Bより観測点Cの方が遅く，P波の到着時刻の差は地震Xで3.8秒，地震Zで2.3秒であった。この場合，地震Xと地震Zの震源の深さはどう違うといえるか。またその理

由も述べよ。ただし，理由には，『P波の到着時刻の差』という語句を入れること。

2　ある地震のゆれの様子とそのゆれの伝わり方を調べた。図3は，観測点Eでの地震計の記録である。また，表は観測点(F，G，H)について，震源からの距離とゆれが始まった時刻をまとめたものである。後の(1)～(3)の問いに答えよ。ただし，観測点(E，F，G，H)は同じ標高にあり，地質は一様でゆれの伝わり方に影響しないものとする。

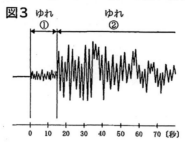

図3

表

観測点	F	G	H
震源からの距離〔km〕	61	140	183
ゆれ①が始まった時刻	7時59分35秒	7時59分46秒	7時59分52秒
ゆれ②が始まった時刻	7時59分43秒	8時00分04秒	8時00分15秒

(1)　表から，この地震において，図3のゆれ①を伝える波の速さは何km/sか。小数第2位を四捨五入して，小数第1位まで求めよ。

(2)　観測点Eでは，図3のゆれ①が始まってから，ゆれ②が始まるまでの時間が15秒であった。震源から観測点Eまでの距離について予想される最も適切なものを，次のア～カから選び，記号で答えよ。

ア　80km未満　　　　　イ　80km以上100km未満

ウ　100km以上120km未満　エ　120km以上140km未満

オ　140km以上160km未満　カ　160km以上

(3)　地震について，正しく述べている文はどれか。次のア～オからすべて選び，記号で答えよ。

　ア　地震が発生した地下の場所を震央という。

　イ　地震が発生すると，土地が隆起したり，沈降したりすることがある。

　ウ　地震計で記録された図3のゆれ①とゆれ②が始まった時刻に差が生じるのは，それぞれのゆれを伝える波の発生する時刻が異なるからである。

　エ　日本付近で発生する地震は，大陸側のプレートが太平洋側のプレートの下に沈みこむときに大きな力がはたらくことで発生すると考えられている。

　オ　地下の浅いところで起きた大きな地震でできる断層は，その後もくり返しずれが生じることがある。

(☆☆☆◎◎◎)

【5】次の各問いに答えよ。

1　使い捨てカイロ(以下「カイロ」とする。)を使って，鉄と酸素の化合について調べる実験を行った。後の(1)〜(3)の問いに答えよ。

　≪実験≫

　　①　カイロをポリエチレンの袋から取り出し，すばやくカイロの質量を測定する。

　　②　①の後すぐ，カイロと温度計を図1のメスシリンダー内の底のほうに固定する。そのメスシリンダーを，水を入れた水そうに図2のように逆さまにして立てて，水平な机の上に置く。メスシリンダー内の水位を読む。

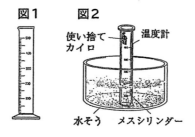

③　カイロの中の鉄とメスシリンダー内の酸素を反応させ，10分ごとに，メスシリンダー内の気体の体積の減少量を調べる。

④　2時間後，メスシリンダー内の温度が，反応前の温度に戻っていることを確認し，カイロをメスシリンダーから取り出し，すばやく質量を測定する。

⑤　メスシリンダーから取り出したカイロを，そのまま室内に置く。

＜実験の結果＞

①で，カイロの質量は，10.00gであった。

②で，メスシリンダー内の水位は，図3のようになった。

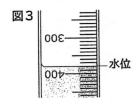

③で，気体の減少量は，図4のようになった。

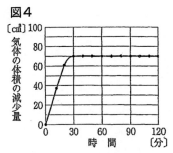

④で，カイロの質量は，10.10gであった。

⑤で，カイロから再び熱が発生した。

(1)　化学反応によって酸素が発生するものを，次のア～エから選び，記号で答えよ。

ア　ジャガイモにオキシドールをかける。

イ　鉄くぎにうすい塩酸をかける。

ウ　石灰石にうすい塩酸をかける。

エ　ベーキングパウダーにうすい酢酸をかける。

(2)　メスシリンダーに入れたカイロと温度計の体積を調べると，合計で20cm³であった。実験の結果について，次の(a)，(b)の問いに答えよ。ただし，実験において，メスシリンダー内の酸素はすべて反応し，カイロの質量の増加は酸素によるものとする。

(a)　メスシリンダー内の酸素0.10gの体積は何cm³か，求めよ。

(b)　反応前のメスシリンダー内において，空気に含まれていた酸素の体積の割合は何％か。小数第1位を四捨五入し，整数で求めよ。

(3)　気温等が実験と同じ条件の部屋で，新しく用意した1個10.00gのカイロ(実験の①で使用したものと同質のものとする。)を2個，ポリエチレンの袋から取り出し，図1と同じメスシリンダー内の底のほうに2個とも固定する。メスシリンダー内の気体の体積を実験の②と同じになるように調整し，実験の③を行った。このとき，メスシリンダー内の気体の体積の減少量を表すグラフはどのようになると考えられるか，次のア～エから選び，記号で答えよ。

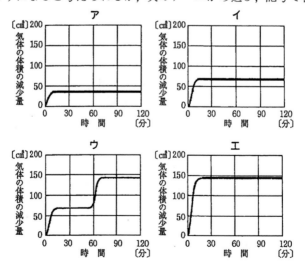

2　物質を化学変化させた様子を調べるため，次の実験を行った。後の(1)～(4)の問いに答えよ。

≪実験≫

①　ステンレス皿を1枚用意し，一度加熱して冷ました後，皿の質量(a)をはかる。

②　銅の粉末を①の皿にうすく広げてのせ，皿全体の質量(b)をはかる。

③　図1のように，②で銅の粉末をのせたステンレス皿を，ガスバーナーで強く加熱する。粉末をかき混ぜた後，加熱することをくり返し，途中で何度か皿全体の質量をはかる。完全に酸化した時の皿全体の質量(c)を記録する。

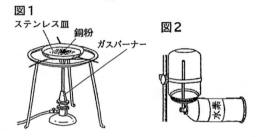

図1　ステンレス皿　銅粉　ガスバーナー

図2

④　図2のように，逆さにしたびんに水素ボンベを使って水素を満たした後，びんにキャップをして空気が混ざらないようにする。

⑤　③のステンレス皿を，酸化銅をのせたままガスバーナーで再度加熱し，熱いままの皿を素焼きの台の上に移す。

⑥　④のびんを逆さにしたままキャップをはずし，図3のように，皿にびんをかぶせる。皿が冷めるまでびんをかぶせておき，その後で皿全体の質量(d)をはかる。

図3　水素を満たしたびん　ステンレス皿　素焼きの台

＜実験の結果＞

表

	質量[g]
(a)	19.32
(b)	20.56
(c)	20.87
(d)	20.76

　　表は，実験ではかった質量(a)～(d)である。

　　⑥において，酸化銅は赤色に変化し，びんの内側に液体がついた。

(1)　実験の④について，びんを逆さにして水素を集める理由を「密度」という語を用いて説明せよ。

(2)　酸化銅に対して，還元剤としてはたらく物質を，次のア～エから選び，記号で答えよ。

　　ア　窒素　　　イ　二酸化炭素　　　ウ　酸化マグネシウム

　　エ　炭素

(3)　次の文は，実験の結果から，実験の⑥において酸化銅に起こった変化について説明したものである。文中の(Ⅰ)にあてはまる化学反応式，(Ⅱ)にあてはまる数字をそれぞれ答えよ。ただし，アボガドロ定数は6.0×10^{23}とする。

> 　　実験の⑥において，酸化銅の変化を化学反応式で表すと(Ⅰ)となる。赤色の物質の元となる原子が1.0×10^{-20}molできたとすると，反応の前後で原子の数が変わらないことから，結びついた水素分子は(Ⅱ)個であると考えられる。

(4)　実験の⑥で質量をはかったとき，ステンレス皿上にある赤色の物質のもとになる原子は何gか，表をもとに求めよ。ただし，びんの内側についた液体は，銅の質量に影響しないものとする。

(☆☆☆◎◎◎◎)

29

高 校 理 科

【物理】

【1】 図のように，水平面上に静止した台車の斜面上に質量mの物体を静かに置くと，物体は斜面に沿ってすべり落ち，台車は左へ動いた。物体がすべり始めてから斜面に沿って高さHだけすべり落ちた後，物体ははねかえることなく台車と一体となった。

台車の質量はMであり，水平面との間に摩擦はなくなめらかに動く。斜面の傾きはθで，斜面と物体との間に摩擦はない。水平右向きをx軸正の向き，鉛直下向きをy軸正の向きとする。なお，以下の設問中において大文字で表された速さと速度は水平面に静止した観測者から見た速さと速度である。また，重力加速度の大きさをgとする。

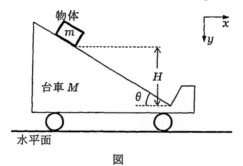

図

(1) 衝突直前の台車の速さをV，台車に対する物体の相対速度の大きさをuとする。水平面に静止した観測者から見た，衝突直前の物体の速度のx成分U_xとy成分U_yをVとuを用いて表しなさい。

(2) 衝突して物体と一体となった台車の速度をWとして，W，V，U_xの間に成り立つ関係を式で表しなさい。

(3) 物体が高さHだけ落下する間に失われた位置エネルギーと，衝突直前の物体および台車の運動エネルギーとの関係を，H，V，U_x，U_yを用いた式で表しなさい。

(4) $M = 10$ 〔kg〕，$m = 5.0$ 〔kg〕，$H = 0.20$ 〔m〕，$\theta = \dfrac{\pi}{6}$ 〔rad〕，$g = 10$

30

〔m/s²〕として，衝突直前の台車の速さV〔m/s〕の値を求め，有効数字2桁で答えなさい。

(☆☆☆◎◎◎◎)

【2】図1に示すように，シリンダーとピストンに囲まれ，周囲が断熱された圧力室がある。圧力室の断面積はS〔m²〕，長さはL〔m〕で，その中に1モルの単原子分子の理想気体Xが圧力p_1〔Pa〕で入っている。圧力室の中には加熱装置があり，中の気体を均一に加熱できる。ピストンの外側は圧力p_1〔Pa〕であり，外側にはばね定数k〔N/m〕のばねが取り付けられ，ばねの右端は固定されている。また，圧力室の左側には，開閉バルブを介して断面積S〔m²〕，長さはL〔m〕の真空室が周囲と断熱された状態で設けられている。なお，ピストンはシリンダーの中をなめらかに動き，両者の間から気体のもれはないものとする。開閉バルブと連結通路の容積は無視でき，気体が通過するときエネルギーの損失は生じないとする。

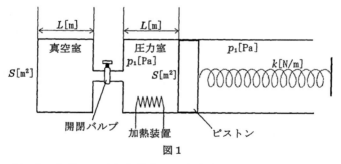

図1

　図2は，気体Xの圧力と体積の関係を表すグラフである。はじめ開閉バルブは閉じていて，気体Xは図2に示す状態Aにあり，ばねは自然長の状態にある。状態Aから加熱装置で気体Xをゆっくり加熱したところ，ピストンが右方向に移動してばねが縮み，気体Xは状態Bになった。

　気体定数をR〔J/(mol・K)〕として，以下の問いに答えなさい。

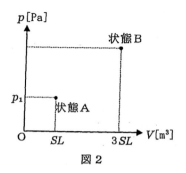

図 2

(1) 状態Aでの気体の絶対温度T_1〔K〕を求めなさい。

(2) 状態Aから状態Bの変化における，気体Xの圧力p〔Pa〕と体積V〔m³〕の関係を表すグラフを図2に書きなさい。

(3) 状態Bでの気体の絶対温度T_2〔K〕を求めなさい。

(4) 状態Aから状態Bの変化で加熱装置により加えられた熱量Q〔J〕を求めなさい。

(5) 状態Bのピストンの位置を固定して開閉バルブを開いたところ，圧力室と真空室の圧力はp_1〔Pa〕になった。この場合のばね定数k〔N/m〕を求めなさい。

(☆☆◎◎◎)

【3】金属の表面に光をあてると電子が金属から飛び出してくる現象が，19世紀末に発見された。ある2種類の金属A，Bに対してこの現象の測定を行った結果に関して，以下の問いに答えなさい。ただし，プランク定数を$h = 6.6 \times 10^{-34}$〔J・s〕，電気素量を$e = 1.6 \times 10^{-19}$〔C〕とする。

[I] 金属Aにいろいろな振動数ν〔Hz〕の光をあて，飛び出してくる光電子の運動エネルギーの最大値K_0〔J〕を測定したところ，図1のようなグラフが得られた。

32

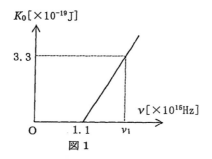

図1

(1) 図1から金属Aの仕事関数W_A〔J〕を求めなさい。

(2) グラフのν_1〔Hz〕の値を求めなさい。

(3) 金属Aに振動数3.2×10^{15}〔Hz〕の光を1.6Wの強度であてたとき，光電子の運動エネルギーの最大値K_0〔J〕および1分間あたりに生じる光電子の数を求めなさい。ただし，入射光子すべてが電子を飛び出させるものとする。

[Ⅱ] 光電管とは図2のように真空のガラス管の中に陽極と陰極を封じ込めたもので，電源回路を接続することで陽極と陰極の間に電圧を加えることができる。光電管の電極は金属Bでできており，これに光をあてて陽極の電位と光電流の関係を調べた。

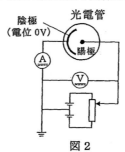

図2

(1) 陰極に限界振動数ν_0〔Hz〕より大きい振動数ν〔Hz〕の光をあてて光電流を測定したところ，図3のように陽極の電位が$-V_0$〔V〕のときに光電流が0Aになった。$\nu_0 = 4.3 \times 10^{14}$〔Hz〕，$\nu = 8.3 \times 10^{14}$〔Hz〕のとき，阻止電圧$V_0$〔V〕を求めなさい。

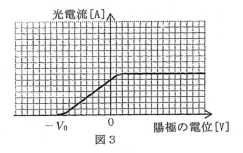

図３

(2)　陰極にあてる光の振動数は変えずに強度を2倍にすると，図3の光電流はどのように変化するか。グラフの概形を図3にかきなさい。

(3)　次の表は4種類の金属の仕事関数の値を示したものである。測定結果から，金属A，Bはそれぞれ何であったかを表のなかから選んで答えなさい。

金属	仕事関数[eV]
セシウム	1.8
ナトリウム	2.3
銅	4.6
金	5.5

(☆◎◎◎)

【化学】

注意事項

1　問題文中の体積の単位記号Lは，リットルを表す。

2　必要であれば，全問を通して，次の値を用いなさい。

原子量：H＝1.0，C＝12，O＝16

アボガドロ定数：$6.0×10^{23}$/mol

気体定数：$8.3×10^3$Pa・L/(K・mol)

なお，指定がない場合，気体は理想気体として取り扱うものとする。

【1】次の文章を読み，以下の各問いに答えなさい。

　分子の大きさは非常に小さいが，比較的簡単な実験によっておおよその大きさを知ることができる。次のⅠ，Ⅱは，ステアリン酸分子$C_{17}H_{35}COOH$(分子量284)の大きさを調べるために行った実験の手順を示したものである。

Ⅰ．ステアリン酸1.42gにシクロヘキサンを加え，<u>全量を200mLにした</u>。

Ⅱ．Ⅰのシクロヘキサン溶液VmLを水面に滴下すると溶液は水面上に広がり，シクロヘキサンが蒸発したあとに，ステアリン酸分子が－COOHを水中に，$C_{17}H_{35}$－を空気中に向けて，水面上に隙間なく並んだ単分子膜ができた。この単分子膜の面積はScm^{2}であった。このとき，分子1個が水面で占有する面積(Acm^2)はステアリン酸の分子断面積に近い値となる。

(1)　Ⅰのシクロヘキサン溶液について，ステアリン酸のモル濃度(X)は何mol/Lか。有効数字3桁で求めなさい。

(2)　下線部の操作を行うのに最も適した実験器具をア～エの中から1つ選び，記号で答えなさい。

　ア　メスフラスコ　　イ　三角フラスコ　　ウ　メスシリンダー
　エ　メスピペット

(3)　AをX，V，Sを使って表すとどのように表すことができるか答えなさい。

(☆☆☆◎◎◎)

【2】次の(1)～(6)の各問いに答えなさい。ただし，気体はすべて理想気体として扱い，液体の体積および液体に対する気体の溶解は無視できるものとする。また，27℃における水の飽和蒸気圧は$3.6×10^3$Paとする。

(1)　次の文中の(　A　)～(　C　)にあてはまる最も適切な化学式・語句を答えなさい。

・周期表で炭素と同じ族の元素の水素化物であるCH_4，SiH_4，GeH_4，SnH_4の中で，沸点が最も低いのは(　A　)である。

・ハロゲンの水素化物である，HF，HCl，HBr，HIのうち，沸点が最も高いのは（　B　）である。（　B　）は分子どうしがファンデルワールス力よりも強い（　C　）で互いに引き合っている。

(2) メタン0.032g，酸素0.16gを容積1.0Lの密閉容器に入れて27℃に保った。このときの混合気体の全圧は何Paか。有効数字2桁で答えなさい。

(3) この混合気体中のメタンを完全燃焼させた。この燃焼の化学反応式を書きなさい。

(4) この燃焼で生じる水の物質量は何molか。有効数字2桁で答えなさい。

(5) 燃焼後，容器を27℃に保ち平衡状態とした。このとき，水の物質量のうち何％が液体になっているか。有効数字2桁で答えなさい。

(6) 上の27℃での平衡状態において，容器内の圧力は何Paか。有効数字2桁で答えなさい。

(☆☆☆◎◎◎◎)

【３】次の文章を読み，以下の各問いに答えなさい。

　硫黄は，火山や温泉などの周辺で，しばしばみられる物質で，単体の硫黄は$_A$硫化水素(H_2S)と二酸化硫黄(SO_2)との反応，あるいは$_B$硫化水素(H_2S)と酸素(O_2)との反応によって生成する。硫黄には$_C$構造や性質の異なる単体の単斜硫黄，斜方硫黄，ゴム状硫黄などがある。硫黄は周期表の中では16族に属し，$_D$同じ族で一つ前の周期にある元素に比べ電子の数が（　a　）個多い。$_E$硫黄は化合物により，異なる酸化数をとる場合があり，酸化還元反応において重要な役割を担っている。

　また，硫化水素(H_2S)は水に溶けて，水溶液中では次のように2段階に電離する。

　　　$H_2S \rightleftarrows H^+ + HS^-$　…(i)

　　　$HS^- \rightleftarrows H^+ + S^{2-}$　　…(ii)

(i)式，(ii)式の電離定数K_1，K_2は，それぞれ

$$K_1 = \frac{[H^+][HS^-]}{[H_2S]}$$

$$K_2 = \frac{[H^+][S^{2-}]}{[HS^-]}$$

と与えられる(式中，例えば[H$^+$]は水素イオンのモル濃度を表す)。これらより，次の$_F$(iii)式の電離定数Kが求まる。

$$H_2S \rightleftarrows 2H^+ + S^{2-} \quad \cdots(iii)$$

生成した硫化物イオン(S^{2-})と金属イオンが反応して，難溶性の硫化物沈殿を生じる場合がある。このとき，硫化物沈殿が溶解平衡の状態であれば，その水溶液に溶けている金属イオンの濃度と硫化物イオンの濃度の積が一定となる。銅(Ⅱ)イオンを含む水溶液X([Cu^{2+}]＝1.0×10^{-4}mol/L)と，マンガン(Ⅱ)イオンを含む水溶液Y([Mn^{2+}]＝1.0×10^{-4}mol/L)にそれぞれ硫化水素ガスを通じると，$_G$水溶液のpHを適当な同じ値に設定しておけば，片方の水溶液にのみ沈殿が生じる。また，$_H$沈殿の生じなかった水溶液のpHを調節すれば，この水溶液中にも沈殿が生じるようになる。

(1) 下線部Aおよびについて硫黄Sの生成反応の化学反応式を答えなさい。

(2) 下線部Cについて，このような関係にある2種類以上の単体は何と呼ばれているか，その名称を答えなさい。また，炭素について，このような関係にある物質を2種類選び，その物質名を答えなさい。

(3) 下線部Dに該当する元素名を日本語で答え，(a)に入る数字を答えなさい。

(4) 下線部Eについて，次の化合物中の硫黄の酸化数を答えなさい。

① H$_2$S   ② SO$_2$ ③ H$_2$SO$_4$

(5) (i)式，(ii)式の電離定数K_1，K_2をそれぞれ9.6×10^{-8}mol/L，1.0×10^{-14}mol/Lとすると，下線部Fの電離定数Kはいくらか。有効数字2桁で，単位とともに答えなさい。

(6) 0.10mol/Lの塩酸に硫化水素ガスを通じて飽和させた場合，硫化物イオンのモル濃度はいくらか。有効数字2桁で答えなさい。ただし，硫化水素の飽和濃度は0.10mol/Lとする。

(7) 下線部Gにおいて，水溶液Xおよび水溶液YのpHが1.0であるとき（塩酸酸性），硫化水素ガスを飽和させることにより沈殿が生じるのはどちらの水溶液か。その根拠となる計算過程も含めて答えなさい。ただし，硫化銅(Ⅱ)の沈殿が溶解平衡にあるときの水溶液中の銅(Ⅱ)イオン濃度と硫化物イオン濃度の積は$6.0 \times 10^{-36} \text{mol}^2/\text{L}^2$，硫化マンガン(Ⅱ)の沈殿の場合のマンガン(Ⅱ)イオン濃度と硫化物イオン濃度の積は，$3.0 \times 10^{-13} \text{mol}^2/\text{L}^2$とする。

(8) 下線部Hにおいて，沈殿が生じなかった水溶液を弱塩基性にしたところ，硫化物沈殿が生じた。水溶液を弱塩基性にすることで，なぜ沈殿が生じるのか。50字以内で説明しなさい。

(☆☆☆☆◎◎◎◎)

【4】次の文を読み，以下の問いに答えなさい。

　　分子式$C_{17}H_{16}O_4$の化合物Aを硫酸水溶液で完全に加水分解した後，反応液にエーテルを加えてよく振り混ぜ，水層とエーテル層を分離した。分離したエーテル層からエーテルを蒸発させたところ，$C_7H_6O_2$の分子式をもつ化合物Bと$C_8H_8O_2$の分子式をもつ化合物Cが得られた。一方，水層からは$C_2H_6O_2$の分子式をもつ化合物Dが得られた。BとCはいずれも芳香族化合物で炭酸水素ナトリウム水溶液に溶解した。化合物Cを過マンガン酸カリウムで酸化すると化合物Eが得られた。Eを加熱したところ分子内で脱水反応が起こって化合物Fが得られた。

　　一方，水層から得られた化合物D1molを無水酢酸と反応させたところ，2molの無水酢酸と反応して化合物Gが得られた。

(1) 化合物B，C，Eの構造式を記入例にならって書きなさい。

（記入例）

(2) 化合物D，Fの化合物名を答えなさい。

(3) 化合物Bの構造異性体のうち中性の芳香族化合物の構造式を記入

例にならって書きなさい。

(4)　化合物Gの分子式を答えなさい。

(☆☆☆○○○)

【5】次の文章を読み，以下の問いに答えなさい。

　　タンパク質に比べて少数の α－アミノ酸からなるペプチドには，ホルモンや抗生物質などのように生理活性を有するものがある。例えば，鎖状のトリペプチドであるグルタチオンは動植物に広く存在し，生体内の解毒や酸化防止に重要な働きを演じている。グルタチオンは次に示した7種類の α－アミノ酸のうち，いずれかで構成されている。ただし，(　　)内は α－アミノ酸を $H_2N-CH(R)-COOH$ と表したときの側鎖Rを示す。

　　　　グリシン(－H)　　　アラニン(－CH₃)　　　セリン(－CH₂OH)
　　　　フェニルアラニン(－CH₂C₆H₅)　　　システイン(－CH₂SH)
　　　　グルタミン酸(－CH₂CH₂COOH)　　　リシン(－CH₂CH₂CH₂CH₂NH₂)

　　グルタチオンを構成する α－アミノ酸を決定するため，次の操作を行った。

(操作Ⅰ)　グルタチオンを酸で完全に加水分解したところ，3種類の α－アミノ酸が生成した。これら3種類の α－アミノ酸の等電点は，それぞれ5.97，5.07，3.22であった。また，このうちひとつの α－アミノ酸は，不斉炭素原子をもたなかった。

(操作Ⅱ)　グルタチオンを弱い酸で部分的に加水分解したところ，2種類のジペプチドAとBが生成した。AとBに濃い水酸化ナトリウム水溶液を加えて加熱した後，酢酸鉛(Ⅱ)水溶液を加えると，いずれも黒色沈殿が生じた。

(1)　操作Ⅰより，グルタチオンに含まれる α－アミノ酸のうち2種類を特定することができる。2種類の α－アミノ酸の名称と，その理由を答えなさい。

(2)　操作Ⅱで生じた黒色沈殿の化学式を書きなさい。

(3)　操作Ⅱより，グルタチオンには，操作Ⅰで明らかになった2種類

39

のα−アミノ酸以外に，いずれのα−アミノ酸が含まれていることがわかるか。そのα−アミノ酸の名称を書きなさい。

(4)　その後の実験により，グルタチオンでは側鎖Rに含まれる官能基がペプチド結合(アミド結合)に関与していることが明らかになった。グルタチオンの予想される構造式を記入例にならって書きなさい。

（記入例）

HO—〈benzene ring〉—CH₂—CH—O—C—C—CH₃
　　　　　　　　　　　　　│　　│　│
　　　　　　　　　　　　CH₃　O　CH₃

上記構造中：CH₃ (上部右側), CH₃ (右端)

(☆☆☆☆○○○)

【生物】

【１】次の文章を読み，各問いに答えなさい。

問1　図1は，細胞分裂の模式図で，Aは分裂前の間期，B～Dは分裂期である。またEは分裂後の間期の図である。

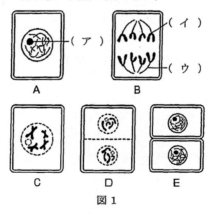

図１

(1)　分裂期中期の模式図をかきなさい。

(2) AからEを，細胞分裂がおこる過程の順に並べて記号で答えなさい。

(3) Aの(ア)の名称を答えなさい。

(4) Bにおいて，染色体は(イ)を介して(ウ)と結合している。イの名称およびウを構成しているタンパク質名を答えなさい。

(5) DNAが複製されているのはどの時期となるか。図中A〜Dの記号で答えなさい。

(6) 細胞分裂をくり返す細胞周期には，G_1期，G_2期，M期のチェックポイントがある。次の①，②はそれぞれどの時期のチェックポイントを示すものか答えなさい。

① 分裂に必要な物質が蓄積できており，かつDNAに損傷はないか。

② DNAが正確に複製されているか。

問2 ソラマメの分裂組織を観察し，図1のA〜Eおよび分裂期中期の各期の細胞数を調べたところ，表1のようになった。ソラマメの細胞周期を18時間として，分裂期前期の長さは何分と推測されるか。計算の過程を示して答えなさい。

表１

時　期	細胞数
AかE	326
B	3
C	20
D	7
分裂期中期	4

問3　図2はDNAの複製のしくみを模式的に示したものである。以下の
問いに答えなさい。

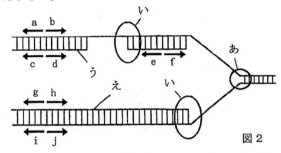

図２

(1)　「あ」はDNAヘリカーゼを表している。この酵素の働きを答え
なさい。

(2)　塩基間で結合したヌクレオチドは，「い」の酵素によって，隣
り合うリン酸とデオキシリボースどうしを次々と結合させてい
く。「い」の酵素名を答えなさい。

(3)　ヌクレオチド鎖には方向があり，それは糖を構成する炭素原子
の位置からそれぞれ3′末端方向(5′→3′)，5′末端方向(3′→5′)とよん
でいる。図2のa～jのうち3′末端方向(5′→3′)をすべて選んで記号で
答えなさい。

(4)　「う」および「え」は新たに合成されたヌクレオチド鎖を示し
ている。それぞれ何鎖というか答えなさい。

(5)　「う」のDNA断片の名称は，特に日本の研究者の名前にちなん
でつけられている。このDNA断片の名称を答えなさい。

問4　DNAの複製方法は1958年，メセルソンとスタールの実験によっ
　　て明らかにされた。

　　　まず窒素の同位体^{15}Nのみを含む培地で大腸菌を長時間培養し，大
　　腸菌内の窒素をすべて^{15}Nに置き換えた。その後，この大腸菌を^{14}N
　　のみを含む培地に移して大腸菌を分裂させた。^{14}Nのみの培地に移し
　　て1回分裂させた大腸菌と2回分裂させた大腸菌からそれぞれDNAを
　　抽出し，$_a$特別な遠心分離法によってもとの大腸菌のDNAと質量を
　　比較した。

(1)　下線部aの方法は，塩化セシウムを含む溶媒を使って行われた。
　　　この化合物を使用した理由を答えなさい。

(2)　この実験から，1回分裂させた大腸菌のDNAの質量および2回
　　　分裂させた大腸菌のDNAの質量について，どのようなことが分か
　　　るか。答えなさい。

（☆☆☆◎◎）

【2】次の文章を読み，各問いに答えなさい。
　問1　表はある昆虫の生命表を示したものである。

表　ある昆虫の生命表

発育段階		初めの生存数	期間中の死亡数	死亡率
Ⅰ	卵	996	102	10.2%
Ⅱ	1齢幼虫	894	（ ア ）	13.8%
Ⅲ	2齢幼虫	771	69	8.9%
Ⅳ	3齢幼虫	（ イ ）	450	64.1%
Ⅴ	4齢幼虫	252	246	（ ウ ）%
Ⅵ	蛹	6	3	50.0%
Ⅶ	成虫	3		

(1)　表の（ ア ）～（ ウ ）の値を答えなさい。ただし（ ウ ）は小
　　　数点第2位を四捨五入し，第1位まで示しなさい。

(2)　この昆虫の生存曲線を表の数値を用いて次に図示しなさい。た
　　　だし，生存数は対数目盛で表すものとする。

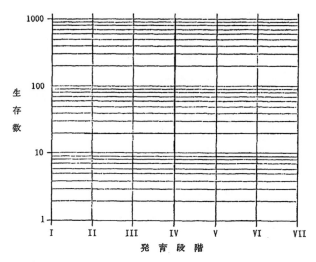

(3) 表および(2)で図示したものを参考にして，この昆虫の死亡率の変化にはどのような特徴があると考えられるか答えなさい。

(4) この昆虫について，さらに多くの蛹を対象にして詳しく調査したところ，死亡率は60％で，死亡要因のうち40％が寄生バチによるものであった。仮に寄生率が上昇して寄生バチがその2倍の蛹を殺した場合，200個体の蛹のうち，成虫になる個体数はいくつになると考えられるか答えなさい。

問2　動物種によって生存曲線は3つの型に大別することができる。次の文を読み，（　ア　）～（　オ　）にあてはまる語句を答えなさい。

　　生存曲線がどの型になるかは，各生物の生活のしかた，特に幼齢時の親の（　ア　）の程度と関係が深い。一般に，産んだ子どもに対する親の（　ア　）が発達している動物は，（　イ　）型になり，（　ア　）が劣るにつれて平均型になり，（　ア　）がない動物では（　ウ　）型になる。1回の産子数が（　エ　）く，幼齢時の死亡率が（　オ　）いのは（　イ　）型である。

問3　雌雄をもつある動物種がおり，平均して雌が1000個ずつ産卵することとする。生殖できる成体が育つまでの発育の死亡率が何％以

下であれば，各世代で個体数を減らさず存続することができるか。ただし，雌雄は同数で，死亡率に差はないものとする。また，一生のうちの生殖回数は雌雄ともに1回で，成体の雌はすべて産卵するものとする。

問4　動物の個体あるいは群れが同種の他個体あるいは他の群れを寄せつけず，積極的に一定の空間を占有する場合，その一定の空間を縄張りという。

(1)　縄張りをもつことにより，例えば，食物を確保しやすいという利益が考えられる。その他考えられる利益について，2つ挙げて答えなさい。

(2)　縄張りをもつことは利益があるが，一方で見まわりや侵入者との闘争などのコストがかかる。縄張りの大きさとそれによって得られる利益および縄張り維持のためのコストを示すモデルを次の図にグラフで示しなさい。また，最適な縄張りの大きさを根拠も含めて次の図に書き入れなさい。

(☆☆☆◎◎◎)

【3】哺乳動物の恒常性に関する次の文章を読み，各問いに答えなさい。

問1　図1は，血糖値(血液中グルコース濃度)の恒常性維持のための調節機構を示している。(a)～(h)，　ア　～　エ　にはすべて異なる語句が入る。

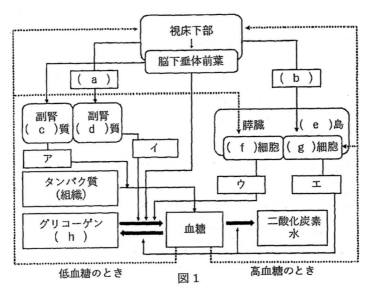

図1

(1)　(a)の神経名を答えなさい。

(2)　aの神経の末端から分泌される神経伝達物質名を答えなさい。

(3)　(c),　(e),　(f)に入る語句を答えなさい。

(4)　(h)に入る器官名を一つ書きなさい。

(5)　ア～エに入るホルモン名を答えなさい。

(6)　ア～エのうち，健康な人において，食事の直後に分泌が上昇するものはどれか，記号ですべて答えなさい。

(7)　ウ，エはペプチドホルモンである。一方で，アはどのような化学的成分のホルモンか。また，アのホルモンについて受容体が存在する場所や作用の仕方について説明しなさい。

問2　体温調節にかかわるホルモンのうち，チロキシンの作用について，次の問いに答えなさい。

(1)　チロキシンの分泌は，間脳の視床下部から直接行われず，他の内分泌腺からのホルモンによって，間接的に調節される。体温上昇を促進させるときのホルモン分泌の調節について，視床下部か

らホルモンが分泌されてから，チロキシンが分泌されるまでの過程を，内分泌腺名とホルモン名をあげて説明しなさい。

(2) チロキシンの分泌量は視床下部等で感知され，過多や過少であれば最適量に調節するように作用する。このような働きを何というか答えなさい。

問3 体温上昇を抑え，体温の維持を図るためには，熱発生量を抑制し，熱放散量を増加させる必要がある。特に熱放散量を増加させる条件について，ヒトの場合の調節方法を2つ挙げ，原理とともに説明しなさい。

(☆☆☆◎◎◎◎)

【4】次の文章を読み，各問いに答えなさい。

Ⅰ 次世代に伝えられる遺伝子頻度が，偶然によって変動することを[ア]という。分子生物学の研究により，生物集団はDNAの塩基配列やタンパク質のアミノ酸配列の変化など分子レベルでも多くの突然変異が存在することが分かっている。そうした突然変異の多くは，[イ]の作用だけでは説明しきれない。そこで1968年，木村資生はDNAの塩基配列やタンパク質のアミノ酸配列の変化は，[イ]に対して有利でも不利でもないものが大部分であるという[ウ]説を提唱し，分子レベルでの進化は[ウ]的な突然変異と[ア]によって起こっている場合がほとんどであると考えた。

Ⅱ 赤血球中に含まれるヘモグロビンの大部分を占めるヘモグロビンAは，4本のポリペプチド鎖(α鎖，β鎖各2本)からなっている。共通祖先が有していた原始ヘモグロビンのアミノ酸が進化の過程で置換し，現存する生物種固有のヘモグロビンα鎖となったと考えられている。

ヒトと脊椎動物7種のヘモグロビンα鎖の間で，異なっているアミノ酸の数を表1に示した。(あ)いろいろなタンパク質のアミノ酸置換速度は，生物種に関係なくほぼ一定であることが知られている。このアミノ酸置換数をもとに図1のような分子系統樹を作成するこ

47

とができる。

表1　ヒトと脊椎動物７種のヘモグロビンα鎖の間で異なるアミノ酸の数

	アカゲザル	イ　ヌ	ウ　シ	ウ　マ	ニワトリ	マウス	マグロ
ヒ　ト	5	23	17	18	42	19	65

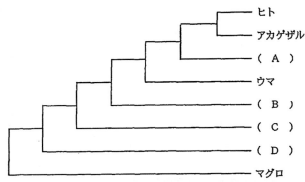

図1　ヘモグロビンα鎖のアミノ酸置換数をもとに作成した分子系統樹

問1　Ⅰの文中の[　ア　]〜[　ウ　]に適切な語句を入れなさい。

問2　Ⅱについて，DNAの塩基配列の変化や，それを反映した下線部(あ)のようなアミノ酸配列の変化の速度を何というか答えなさい。

問3　表1や図1について，次の(1)〜(3)に答えなさい。

(1)　図1の分子系統樹において(　A　)〜(　D　)にあてはまる生物名を，表1の中に記した生物種から選んで答えなさい。

(2)　1個のアミノ酸の置換に必要な時間を9.0×10^6年としたとき，ヒトとウマの共通祖先が分岐した時期はどのくらい前と推定することができるか。表1および図1を使って計算し，有効数字2桁で答えなさい。ただし計算過程も示しなさい。

問4　アミノ酸の置換速度は，タンパク質の種類によっても異なる。例えばヘモグロビンα鎖に比べ，ヒストンH4の置換速度は非常に小さい。その理由について考えられることを説明しなさい。

問5　突然変異によりDNAの塩基配列が変化しても，次のような場合

48

はタンパク質のアミノ酸配列に変化が起こらない，あるいは起こりにくい。遺伝子の発現からみてその理由を答えなさい。

(1) エキソンのうち，コドンの3番目の塩基で起こった。

(2) イントロンで起こった。

(☆☆☆◎◎◎◎)

【5】ヒトの眼に関して，各問いに答えなさい。

問1 次の表1の(ア)〜(ク)にあてはまる最も適当な語句を書きなさい。

表1

感覚名	受容器		適刺激
視覚	眼	網膜	光
嗅覚	鼻	(ア)	(イ)
聴覚	耳	(ウ)	音波
味覚	舌	(エ)	(オ)
(カ)	耳	(キ)	からだの傾き
		(ク)	からだの回転

問2 図1は，眼の中に存在する網膜の断面図である。以下の問いに答えなさい。

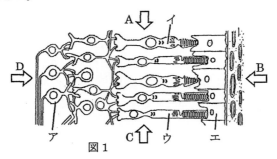

図1

(1) 図1について，網膜に対する光の入射方向はどれですか。図1のA〜Dの中から1つ選び，記号で答えなさい。

(2) 図1のア〜エに示す細胞の名称を答えなさい。

(3)　色覚に必要な光吸収色素を含む細胞を図1のア～エの中から1つ選び，記号で答えなさい。

(4)　図1のウの細胞が持つ視物質を何というか答えなさい。

(5)　(4)の視物質が光を吸収すると，タンパク質Xとレチナールという物質に分解される。タンパク質Xの名称を答えなさい。

(6)　レチナールのもとになる物質で，欠乏すると夜盲症となるビタミン名を答えなさい。

問3　図2は，ヒトの眼球の水平断面を上から見たときの視軸の中心からの角度と視細胞数との関係を表している。(実線と破線はそれぞれ異なる視細胞を表す。)以下の問いに答えなさい。

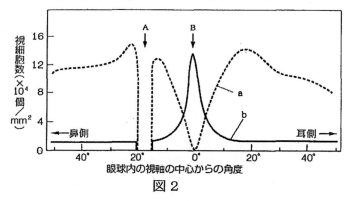

図2

(1)　図2のAの部分には視細胞が存在しない。この部分を何というか答えなさい。

(2)　Aの部分に視細胞が存在しない理由を簡潔に説明しなさい。

(3)　図2は，右眼と左眼のどちらを表していますか。書きなさい。

問4　遠いところを見るときのピントの調節の仕組みについて，「毛様筋」「チン小帯」「水晶体」「焦点距離」という語をすべて使って説明しなさい。

(☆☆☆◎◎◎)

【地学】

【1】

A　地球内部に関する次の問いに答えなさい。

(1)　地殻とマントルの境界は，モホロビチッチ不連続面(モホ面)と
よばれている。次の図1は，2つの地域(地域Aおよび地域B)の地下
を伝わるP波の走時曲線を重ねて示したものである。この図から
読み取ることができることがらとして最も適当なものを，以下の
①〜④のうちから1つ選びなさい。ただし，両地域ともに地下は
モホ面を境界とする水平な2層からなるものとする。

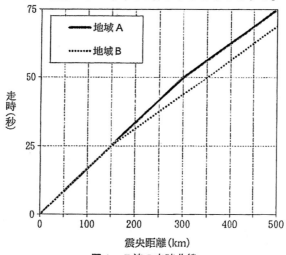

図1　P波の走時曲線

灰色の実線は地域Aの走時曲線を，点線は地域Bの走時曲線
を表す。

震央距離0〜150kmでは両者が重なっている。

①　モホ面の深さは，地域Aの方が地域Bよりも深い。

②　モホ面の深さは，地域Aの方が地域Bよりも浅い。

③　マントル内のP波速度は，地域Aの方が地域Bよりも大きい。

④　マントル内のP波速度は，地域Aの方が地域Bよりも小さい。

(2)　地球内部に関して述べた文として最も適当なものを，次の①〜④のうちから1つ選びなさい。

①　地球の核は，密度の大きい鉄やニッケルが地球の中心に集まってできた。

②　外核は，P波が伝わらないことから液体であることがわかった。

③　マントルは，ウランなどの放射性同位体の崩壊による発熱のため，核より温度が高い。

④　マントル中では，S波の速度は深さとともに常に減少する。

(3)　次の図2は，ある地域において深さ30kmで発生した地震について，P波の走時曲線を示したものである。この地域におけるP波の速度はおよそ何km/秒か，求めなさい。ただし，この地域におけるP波の速度は一定とする。また，すべての地震観測点は水平な地表面上にあるものとする。

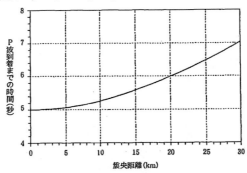

図2　P波の走時曲線

B　重力に関する次の問いに答えなさい。

(1)　重力異常について述べた文として最も適当なものを，次の①〜④のうちから1つ選びなさい。

①　重力異常とは，重力の測定値を地球楕円体の面上の値に変換したものと標準重力との差のことである。

②　アイソスタシーが成立している場合には，フリーエア異常と

ブーゲー異常とは等しくなる。

③ フリーエア補正とは，重力の測定値に対して測定地点の高度の影響を補正することである。

④ 周辺の物質よりも密度が大きい金属鉱床の上では，負のブーゲー異常が観測される。

(2) ある火山では，次の図1に示すように，地下に密度が一様な大きなマグマだまりがある。マグマだまりに下からマグマが供給されることにより，マグマが鉛直な火道内を高さaからbへ一定の速度で上昇した。このとき，点Xでの重力加速度の大きさの変化について述べた文として最も適当なものを，以下の①～④のうちから1つ選びなさい。ただし，マグマの移動以外の原因による重力変化は考えないものとし，マグマだまりの体積変化，マグマの密度変化，山体の変形はないものとする。

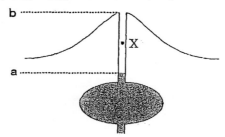

図1 ある火山の断面図

灰色の部分は上面の高さがaの位置にある時のマグマを表す。

① 重力加速度の大きさは，常に減少する。

② 重力加速度の大きさは，常に増加する。

③ 重力加速度の大きさは，最初は減少してマグマが点Xを超えると増加する。

④ 重力加速度の大きさは，最初は増加してマグマが点Xを超えると減少する。

(☆☆☆◎◎◎)

【2】火山とマグマに関する次の文章を読み，以下の問いに答えなさい。

　　日本列島における第四紀の火山は帯状の分布をしており，東北日本では日本海溝と，西南日本では（　ア　）と，それぞれほぼ平行である。この帯状の分布は海溝から一定の距離だけ離れており，その海溝側の端をつないだ線は（　イ　）とよばれている。(a)島弧の下のマントルで生じたマグマは，地殻内を上昇し，ある深度で(b)マグマだまりをつくる。マグマだまりでは，(c)結晶分化作用によってマグマの組成が変化することがある。

(1)　上の文章中の（　ア　）・（　イ　）に入れる語の組合せとして最も適当なものを，次の①～④のうちから1つ選びなさい。

	ア	イ
①	伊豆・小笠原海溝	和達－ベニオフ帯
②	伊豆・小笠原海溝	火山フロント
③	南海トラフ	和達－ベニオフ帯
④	南海トラフ	火山フロント

(2)　上の文章中の下線部(a)に関連して，沈み込み帯(プレート沈み込み境界)で特徴的にみられ，海嶺ではみられないマグマの発生過程を述べた文として最も適当なものを，次の①～④のうちから1つ選びなさい。
　①　水が加わることでマントル物質が融解する。
　②　水が失われることでマントル物質が融解する。
　③　加圧されることでマントル物質が融解する。
　④　減圧されることでマントル物質が融解する。

(3)　上の文章中の下線部(b)のマグマだまりについて述べた文として誤っているものを，次の①～④のうちから1つ選びなさい。
　①　活火山の地下には，一般にマグマだまりがある。
　②　マグマだまり内でマグマがゆっくり冷えると，深成岩ができる。
　③　マグマだまりはマグマの温度と周囲の岩石の温度が等しくなる深度でできる。

④　マグマだまりの圧力が低下すると，マグマ中に溶けていた揮発
　　性成分(ガス成分)が発泡(分離)することがある。

(4)　上の文章中の下線部(c)に関連して，結晶分化作用によるマグマに
　　おけるSiO₂とMgOの含有量(質量%)の変化の組合せとして最も適当
　　なものを，次の①～④のうちから1つ選びなさい。

	SiO_2	MgO
①	増加する	増加する
②	増加する	減少する
③	減少する	増加する
④	減少する	減少する

(☆☆☆◎◎◎)

【3】気象に関する次の文章を読み，以下の問いに答えなさい。

　　私たちが目にする日々の天気予報は，(a)さまざまな計測方法で得ら
れる気象データを高性能のコンピューターで解析し，今後の変化を予
測する数値予報によって支えられている。観測技術の革新や数値計算
の精密化により，(b)数日以上先の天気予報の信頼性もかなり向上して
きた。

(1)　上の文章中の下線部(a)に関連して，気象衛星の可視画像・赤外画
　　像・水蒸気画像の特徴について述べた次の文(ア)・(イ)・(ウ)の正誤
　　の組合せとして最も適当なものを，以下の①～⑧のうちから1つ選
　　びなさい。

　(ア)　可視画像よりも赤外画像の方が雲頂の高さを判別しやすい。

　(イ)　赤外画像では，昼間は太陽光が強いため雲分布を判別できな
　　　いが，夜間は雲分布を判別できる。

　(ウ)　水蒸気画像は，対流圏中上層の水蒸気量が反映される。

	(ア)	(イ)	(ウ)
①	正	正	正
②	誤	正	正
③	正	誤	正
④	正	正	誤
⑤	誤	誤	正
⑥	正	誤	誤
⑦	誤	正	誤
⑧	誤	誤	誤

(2) 上の文章中の下線部(b)に関連して，次の図1は，ある年の10月2日9時の高層天気図(左上)と，その時刻から4.5日後まで1.5日間隔で予報された高層天気図(a〜c)である。日本付近の天気は，気圧の谷の移動とともに，5日程度の周期で変化すると予報された。次の図1の高層天気図a〜cを1.5日ごと(10月3日21時，10月5日9時，10月6日21時)に並べなさい。

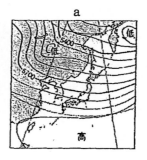

10月2日9時の高層天気図　　　　　a

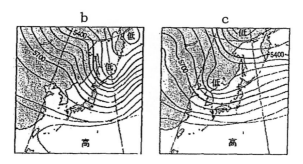

図1　500hPa等圧面の高度（m）の分布

(3)　日本列島に接近する台風に関して述べた文として最も適当なもの
を，次の①〜④のうちから1つ選びなさい。

①　北上して中緯度に達すると貿易風に乗って北東に移動すること
が多い。

②　北日本まで北上すると，オホーツク海上の冷涼な空気を北日本
にもたらして冷害を引き起こすことが多い。

③　上陸すると，水蒸気の供給が絶たれて台風の目が発生すること
が多い。

④　日本列島が勢力の強い太平洋高気圧におおわれていると，日本
列島には上陸しにくい。

(4)　地表面付近に，空気塊Aとそれよりも低温で相対湿度の低い空気
塊Bがある。この2つの空気塊をそれぞれ断熱的に持ち上げたとする。
このときの空気塊の温度変化を表すグラフとして最も適当なもの
を，次の①〜④のうちから1つ選びなさい。ただし，実線は空気塊A
の温度変化を，破線は空気塊Bの温度変化を表す。

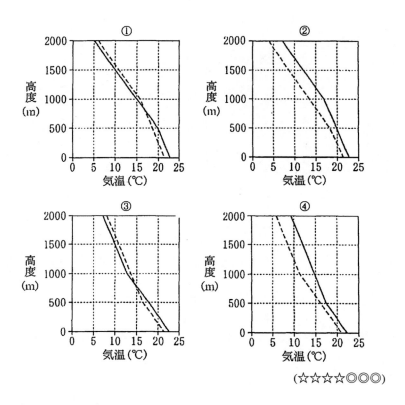

（☆☆☆◎◎◎）

【４】太陽系に関する次の問いに答えなさい。

(1) 次の図1は，太陽系の惑星の特徴を，地球の値を1としたときの相対値で表したグラフである。横軸と縦軸はそれぞれ何を表しているか。最も適当なものを，以下の語群から1つずつ選びなさい。

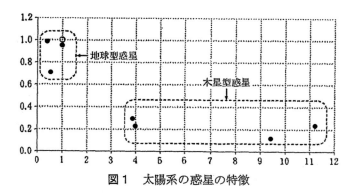

図1　太陽系の惑星の特徴

　　　白抜きの丸は地球を表す。

【語群】公転周期　　　自転周期　　　半径　　　平均密度

(2)　木星型惑星について，それらのすべてに当てはまる性質を述べた次の文(ア)・(イ)の正誤の組合せとして最も適当なものを，以下の①～④のうちから1つ選びなさい。

(ア)　衛星とリング(環)がある。

(イ)　核の周囲に厚い氷の層がある。

	(ア)	(イ)
①	正	正
②	誤	正
③	正	誤
④	誤	誤

(3)　金星の公転軌道上における，太陽方向に垂直な単位面積・単位時間あたりの太陽放射エネルギーは，地球公転軌道上における値の約2倍である。入射する太陽放射エネルギーに対する，金星と地球の反射率を，それぞれ0.8と0.3としたとき，金星が受け取る太陽放射エネルギーは，地球が受け取る値のおよそ何倍か。その数値を求めなさい。ただし，金星と地球の半径の違いは無視できるものとする。

(4)　地球の自転軸に垂直な面(赤道面)は，地球の公転面に対して約23.4°傾いている。仮に，この傾きがなくなり，地球の赤道面が公転

59

面に一致した状況を考えてみる。この状況において起こると考えられる現象として最も適当なものを，次の①〜④のうちから1つ選びなさい。ただし，地球の赤道面と公転面がなす角度以外は変わらないものとする。

① 太陽を基準にした1日(1太陽日)が恒星を基準にした1日(1恒星日)と一致する。

② 視太陽時と平均太陽時の差(均時差)がなくなる。

③ 天球上での太陽の通り道(黄道)が天の赤道と一致する。

④ 東京で1月1日に観測する太陽の南中高度が70°を超えるようになる。

(5) 太陽系が誕生した過程として誤っているものを，次の①〜⑤のうちから1つ選びなさい。

① 星間物質の密度の大きい部分が自らの重力のために収縮し，その領域の一部でさらに密度が大きくなった。

② 収縮する星間物質の中心部が高温になり，水素が核融合を始めて原始星が誕生した。

③ 収縮する星間物質の一部は，回転しながら円盤を形成した。

④ 円盤のなかで，固体微粒子(塵)が集積して微惑星が誕生した。

⑤ 微惑星が衝突・合体をくり返し，原始惑星が形成された。

(☆☆☆◎◎◎)

【5】恒星に関する次の問いに答えなさい。

(1) 主系列星は，質量が大きいほど明るく輝くことが知られており，その寿命は質量を光度で割った値に比例する。主系列星としての太陽の寿命を100年としたとき，太陽の2倍の質量を持つ主系列星の寿命は何億年か，求めなさい。ただし，主系列星の光度は質量の4乗に比例するものとする。

(2) 恒星の半径は，その明るさと表面温度をもとに，シュテファン・ボルツマンの法則を用いて推定できる。絶対等級が0等で表面温度5000Kの恒星の半径は，太陽半径の何倍か，求めなさい。ただし，

太陽の絶対等級は5等，表面温度は6000Kであるとする。

(3) 次の文中の(ア)・(イ)に入れる語句の組合せとして，最も適当なものを，以下の①～④のうちから1つ選びなさい。

恒星の進化の最終段階には，(ア)や中性子星，ブラックホールが形成される。もしこれらの星の連星の運動が円軌道でケプラーの法則にしたがい，連星の質量の和が変化せず，互いの距離が小さくなったとすると，連星の公転周期は(イ)。

	ア	イ
①	白色矮星	短くなる
②	白色矮星	長くなる
③	褐色矮星	短くなる
④	褐色矮星	長くなる

(☆☆☆◎◎◎)

【6】地質調査に関する次の問いに答えなさい。

次の図1は，水平な平坦面上にある地点A～C間のルートマップである。地点Bでは，礫岩が泥岩を不整合に覆うが，それ以外の地層の関係は整合である。

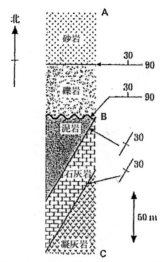

図1　地点A～C間のルートマップ（平面図）

(1) 上の図1の地点A～C間の地質断面図として最も適当なものを，次の①～④のうちから1つ選びなさい。

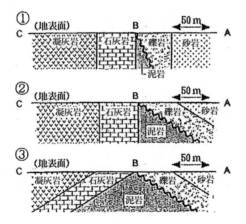

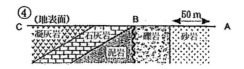

(2) 上の図1の砂岩には，次の図2のような堆積構造が観察された。その名称として最も適当なものを，以下の①〜④のうちから1つ選びなさい。

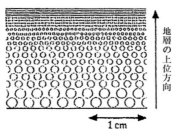

図2　砂岩の堆積構造（砂岩の地層断面）
　　　〇は粒子の大きさを模式的に表す。

① 斜交層理(斜交葉理)　　② 級化層理(級化構造)
③ リプルマーク(漣痕)　　④ ソールマーク(底痕)

(3) 次の文章中の(ア)・(イ)に入れる語の組合せとして最も適当なものを，以下の①〜④のうちから1つ選びなさい。

　　白亜紀は，ほぼすべての期間で氷河(氷床)がなく，現在よりも二酸化炭素濃度が(ア)時代であった。この時代には海水中の酸素濃度が著しく低下した海洋無酸素事変が何度も発生した。海底ではプランクトンの遺骸などを起源とする有機物に富んだ堆積物が形成された。このような堆積物をもとに(イ)が形成された。また，白亜紀末には巨大隕石の衝突などが原因で，恐竜をはじめ多くの生物が絶滅した。

	ア	イ
①	高い	石炭
②	高い	石油
③	低い	石炭
④	低い	石油

(☆☆○○○○)

解答・解説

中 学 理 科

【1】① 見通し　② 見方　③ 科学的　④ 計画　⑤ 解釈
〈解説〉指導計画作成にあたっての配慮事項,「(1)　主体的・対話的で深
い学びの実現に向けた授業改善」,「(2)　学校の実態に応じた効果的な
指導計画の作成」,「(3)　十分な観察,実験の時間や探究する時間の設
定」の説明である。学習指導要領における理科においての見方・考え
方とは,「自然の事物・現象を,質的・量的な関係や時間的・空間的
な関係などの科学的な視点で捉え,比較したり,関係付けたりするな
どの科学的に探究する方法を用いて考えること」である。指導計画の
作成にはこのことを踏まえて必要な内容と時間のまとまりを見通し
て,観察,実験を計画したり,観察,実験の結果を考察したりするな
ど科学的に探究する学習活動の充実を図り,資質・能力を養うことが
できるようにすることが示されている。

【2】1　(1)　対流　　(2)　7.2〔W〕　　(3)　X　イ　　Y　ウ
　　(4)　875〔秒〕　　2　(1)　25〔N/m〕　　(2)　1.5〔N〕　　(3)　ア
　　(4)　3.0〔m〕

〈解説〉1 (1) 温められた水の体積が増加し，そうでない水に比べて密度が小さくなる。そのため温められた水は上昇して容器上部へ移動し，相対的に冷たい水は下部へと移動する。対流はこのような循環によって引き起こされる現象である。 (2) 電力は単位時間あたりに発生させる電気エネルギー量のこと。これは電圧と電流の積で求められる。電熱線Aにかかる電圧が12Vであり流れた電流が0.6Aであるから，電熱線Aの電力は12×0.6＝7.2〔W〕 (3) より多くの電気エネルギーを発生させればより多くの熱エネルギーを発生させることができる。同じ電圧で電気機器を使用するとき消費電力が大きいことは流れる電流が大きいことを意味する。一方，電圧が一定であるとき，より大きな電流が流れるためには抵抗が小さい必要がある。 (4) 実験2より電熱線Bの消費電力は12×0.4＝4.8〔W〕とわかる。これより実験2で5分50秒間に水へ加えた熱量は4.8×(5×60＋50)＝1680〔J〕と計算できる。よって，この実験で水の温度を1℃上昇させるのに必要な熱量は1680÷4＝420〔J/K〕とわかる。実験3から電熱線Cの電力は$12×\dfrac{12}{50}＝$2.88〔W〕と計算できる。6℃上昇させるために必要な熱量は6×420＝2520〔J〕であるから，この電熱線Cを用いてこの熱量を加えるのにかかる時間は2520÷2.88＝875〔秒〕 2 (1) ばね定数の単位は〔N/m〕である。ばね定数はフックの法則$F＝kx$からグラフの傾きとして求められる。単位に注意して傾きを求めると$\dfrac{(50-25)×0.01}{(2.0-1.0)×0.01}＝25$〔N/m〕となる。 (2) 物体Xと物体Yは静止しているため，物体Xがばねを引く力と物体Yを支える糸Bからの張力はつりあっている。物体Xがばねを引く力の大きさは(1)より，$\left(\dfrac{13.0-10}{100}\right)×25＝0.75$〔N〕これが物体Yを支える糸Bからの張力とつりあっている。動滑車を用いているため張力の大きさは物体Yの重さ（加わる重力の大きさ）の半分である。よって物体Yの重さは0.75×2＝1.5〔N〕 (3) 物体Xから物体Zへ及ぼす力として適切な図は作用点が物体Xと物体Zの衝突点であり，力の向きが物体Xから物体Zへ向かっているアである。イは作用点が物体Zの内部にあるため不適，ウは物体Zから物体Xへ及ぼす力を表すため不適，エは作用点が物体Xの内部になるため不適。

(4)　力学的エネルギーの保存から物体Xが初めの衝突位置へ戻ってきたとき，物体Xは左方向へ速度2.0m/sをもつ。このとき物体Zと物体Xの相対速度は図左方向へ1.0m/sである。物体Xが戻ってきたとき物体Zは左方向へ1.5m進んだ位置にいる。物体Xが衝突位置へ戻ってから2物体が再び衝突する時刻はこの距離がゼロになる時刻であるから1.5＝1.0tより$t＝1.5$〔秒後〕である。2物体が最初に衝突してから1.5＋1.5＝3.0〔秒〕が経過しているので物体Zは3.0×1.0＝3.0〔m〕離れた位置にいる。

【3】1　(1)　ア，エ　　(2)　(塩酸の活性を高め，短い時間で)細胞を離れやすくするため。　　(3)　Ⅰ　ク　Ⅱ　オ　Ⅲ　エ　Ⅳ　カ　(4)　ア　　(5)　0.5〔mm〕　　(6)　先端とFの間には，成長点があり，細胞分裂が起こって細胞が増え，その細胞が大きくなるので大きく伸びた。一方でFとGの間はすでに増えて大きくなった細胞があり，それ以上増えたり大きくなったりしないから，根は伸びなくなり，伸びの差は広がった。

〈解説〉1　(1)　タマネギは単子葉類であり，ツユクサやトウモロコシと同じである。ホウセンカとアブラナは双子葉類，マツとイチョウは裸子植物である。　(2)　このような処理のことを解離という。　(3)　種が異なれば，それぞれのもつ染色体の数も異なる。染色体はDNAとタンパク質(ヒストン)からなることも覚えておきたい。　(4)　体細胞分裂では，間期にDNAが複製され2倍(染色体が2倍)となり，その後分裂期に入る。細胞1個当たりのDNA量(染色体の数)は，分裂直後に半分となる。よって，染色体本数は16→32→16と変化するので，アが正しい。　(5)　G－H間は，印を付けた直後に1.5mm，36時間後は2.0mmとなる。よって，2.0－1.5＝0.5〔mm〕伸びたといえる。　(6)　成長点の組織は，根端分裂組織ともいわれ細胞分裂を盛んに行う細胞で構成されている。

66

【4】1 (1) 初期微動継続時間　(2) ウ　(3) オ　(4) 地震Xの
方が震源の深さが浅いといえる。理由は，2つの地震の震央は同じで
あるので，震源の深さが浅いと，震源からの各地点までの距離の差が
大きくなり，P波の到着時刻の差も大きくなるからである。
　2 (1) 7.2〔km/s〕　(2) ウ　(3) イ，オ

〈解説〉1 (1) P波の到着からS波の到着までの時間を，初期微動継続時
　　間(PS時間)という。　(2) 震源の深さは共通なので，震央距離と震源
　　距離の長短は対応する。震源距離に関する大森公式$D＝kT$(D：震源距
　　離，T：初期微動継続時間，k：比例定数)より，Tがほぼ等しい観測点
　　A，B，Dは震源(震央)から等距離にあり，観測点CはP波・S波の到着
　　時刻がともに他の3地点より遅いこと，初期微動継続時間が長いこと
　　から，震源距離(震央距離)が他の3地点よりも長い。よって，ウが適当
　　である。　(3) P波・S波の到着時刻は各地点で同じなので震源距離が
　　同じ，さらに震央距離も同じなので，震源の深さも同じである。「地
　　質は一様でゆれの伝わり方に影響しない」とあるため，P波・S波の速
　　さは同じなので，それらの比も同じである。一般に，振動のエネルギ
　　ーは，振幅の2乗と振動数の2乗に比例するとみなしてよい。同じ震源
　　距離に対して，地震動の振幅は地震Xの方が大きい。条件より，震源
　　から観測点に達するまでの地震動の振幅の減衰の割合は各地点でほぼ
　　同じと考えられ，振動数はほぼ同じとみなせるので，地震のエネルギ
　　ーの大きさの指標であるマグニチュードは地震Xの方が大きいと考え
　　られる。　(4) 解答参照。　2 (1) 観測点FとHのデータから，P波
　　は122kmを17秒で進むので，P波の速さは$\frac{122}{17}＝7.17≒7.2$〔km/s〕　(2)
　　震源距離に関する大森公式の比例定数を観測点F，G，Hから求めると，
　　F…7.63km/s，G…7.78km/s，H…7.96km/sとなる。観測点Eでは初期微
　　動継続時間が15秒なので，震源距離は$7.63×15≒114.5$〔km〕から
　　$7.96×15＝119.4$〔km〕の間にあると考えられる。　(3) ア　地震が
　　発生した場所が震源，震源の真上にある地表の点が震央である。
　　ウ　P波とS波は震源において同時に発生する。　エ　海溝付近のプレ
　　ート境界地震は，太平洋側の密度の大きい海のプレートが大陸側の密

67

度の小さい陸のプレートの下に沈み込むときにプレート間にはたらく
力で発生する。また，日本付近にはこれ以外のタイプの地震も数多く
ある。

【5】1　(1)　ア　　　(2)　(a)　70〔cm³〕　　　(b)　19〔％〕　　　(3)　イ
2　(1)　水素は空気より密度が小さいから。　　　(2)　エ
(3)　Ⅰ　$CuO+H_2→Cu+H_2O$　　　Ⅱ　$6.0×10^3$〔個〕　　　(4)　0.44〔g〕
〈解説〉1　(1)　ア　ジャガイモには酵素のカタラーゼが含まれており，
$2H_2O_2→2H_2O+O_2$のように分解して酸素が発生する。なお，イは鉄に
薄い塩酸をかけると水素が発生する。ウは石灰石に塩酸をかけると二
酸化炭素が発生する。エはベーキングパウダーに酢酸をかけると二酸
化炭素が発生する。　(2)　(a)　酸素分子の1molの質量は16×2＝32〔g〕，
体積は22.4Lだから，$22400×\dfrac{0.10}{32}=70$より，70〔cm³〕である。
(b)　メスシリンダーの目盛りは380cm³であり，そこからカイロと温度計
の体積を引いた空気の体積は380－20＝360〔cm³〕である。よって，
酸素の体積の割合は，$\dfrac{70}{360}×100=19$より，19〔％〕である。
(3)　カイロの中の鉄と反応する酸素の量は決まっているので，実験の
③で反応する鉄の量と同じになる。よって，グラフも図4と同じにな
るので，イが該当する。　2　(1)　解答参照。水素は空気より密度が
小さいため，空気より軽いので上方へ移動する。　(2)　酸化銅と炭素
の化学反応式は$2CuO+C→2Cu+CO_2$であり，炭素は酸化銅から酸素を
うばい還元する。よって，エが該当する。　(3)　Ⅰ　酸化銅と水素が
反応するので，化学反応式は$CuO+H_2→Cu+H_2O$である。
Ⅱ　Ⅰの反応式より，反応した水素と生成した銅の物質量は等しい。
1molの分子は$6.0×10^{23}$〔個〕だから，水素分子は$(6.0×10^{23})×(1.0×10^{-20})$
$=6.0×10^3$より，$6.0×10^3$〔個〕である。　(4)　減少した酸素は20.87－
20.76＝0.11〔g〕である。酸化銅CuOは銅と酸素が64〔g〕：16〔g〕で
結合しているので，酸素の0.11gと結合していた銅をx〔g〕として比較
すると，$x:0.11=64:16$より$x=0.11×\dfrac{16}{64}=0.44$から，0.44〔g〕である。

高 校 理 科

【物理】

【1】(1)　$U_x = u\cos\theta - V,\ U_y = u\sin\theta$　　(2)　$mU_x - MV = (m+M)W$

(3)　$mgH = \dfrac{1}{2}m(U_x^2 + U_y^2) + \dfrac{1}{2}MV^2$　　(4)　0.67〔m/s〕

〈解説〉(1)　相対速度の大きさがuで与えられるとき，そのx成分とy成分はそれぞれ$u\cos\theta$と$u\sin\theta$で表せる。これが台車に対する物体の相対速度であることから$u\cos\theta = U_x - (-V),\ u\sin\theta = U_y - 0$の関係が成り立つ。このとき台車が左へ動いたことに注意する。これより水平面に静止した観測者から見た物体の速度は$U_x = u\cos\theta - V,\ U_y = u\sin\theta$である。(2)　物体が台車に衝突する直前と直後においてx方向の運動量が保存する。衝突の直前，水平面に静止した観測者から見ると台車はx方向に$-V$の速度，物体はx方向にU_xの速度をそれぞれもつ。衝突後，台車と物体は一体となりx方向に速度Wで動いたので$-MV + mU_x = (m+M)W$がx方向の運動量の保存を表す。(3)　高さHだけ落下する間に失われた物体の位置エネルギーはmgH，これが台車の運動エネルギー$\dfrac{1}{2}MV^2$と物体の運動エネルギー$\dfrac{1}{2}m(U_x^2 + U_y^2)$へ変換される。したがって，力学的エネルギーの保存は$mgH = \dfrac{1}{2}MV^2 + \dfrac{1}{2}m(U_x^2 + U_y^2)$と表される。(4)　物体が静止している始状態と物体と台車が衝突する直前との間でx方向の運動量保存は，$0 = -MV + mU_x$より，$U_x = \dfrac{M}{m}V$，また，(1)解答の2式から$U_y = (U_x + V)\tan\theta$，これらより，$mgH = \dfrac{1}{2}MV^2 + \dfrac{1}{2}m(U_x^2 + U_y^2)$は，$mgH = \dfrac{1}{2}m\left\{\left(\dfrac{M}{m}V\right)^2 + \left(\dfrac{M}{m}V + V\right)^2\tan^2\theta\right\} + \dfrac{1}{2}MV^2$，条件の数値を代入し，$V^2$について整理すると，$V^2 = \dfrac{4}{9}$，衝突直前の台車は水平左向きに動いているため$V < 0$より，$V = -\dfrac{2}{3}$，よって，求める速度の値は$|V|$を有効数字2桁で表した0.67〔m/s〕

【２】(1) $\dfrac{p_1 SL}{R}$ 〔K〕

(2)

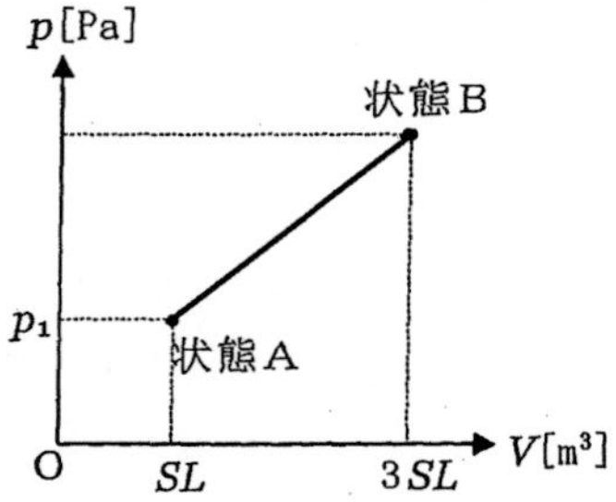

図２

(3) $\dfrac{3(p_1 S + 2kL)L}{R}$ 〔K〕　　(4) $(5p_1 S + 11kL)L$ 〔J〕　　(5) $\dfrac{p_1 S}{6L}$ 〔N/m〕

〈解説〉(1) 状態Aでの単原子分子の理想気体の状態方程式を考える。気体の体積はSLであるから状態方程式は$p_1 SL = RT_1$となる。これより$T_1 = \dfrac{p_1 SL}{R}$と温度が求められる。　(2) 気体Xが加熱されることで気体の圧力が増加する。それに伴って気体の体積が増加するため，ばねが縮み弾性力が生じる。増加した気体の圧力はばねからの弾性力とつりあう。加熱を続けると気体の圧力の増加に比例して気体の体積およびばねの縮みは増加する。圧力と気体の体積が比例関係にあるためグラフは状態Aと状態Bを結ぶ直線になる。よって正答は解答図のようになる。　(3) 状態Bでの気体の圧力をp_2とすると気体の状態方程式は$p_2 3SL = RT_2$となる。また圧力p_2はピストンに関する力のつりあいの式を満たすので，$p_2 S = p_1 S + k\dfrac{3SL - SL}{S}$，これらを連立して解くと$p_2 = p_1 + \dfrac{2kL}{S}$を得る。状態方程式に代入して，状態Bの温度$T_2 = \dfrac{3(p_1 S + 2kL)L}{R}$である。　(4) 気体Xに加えられた熱量$Q$は，気体の内部エネルギーの増加と気体がピストンへした仕事へと変換される。まず気体の内部エネルギーの増加量ΔUは$\Delta U = \dfrac{3}{2}R\Delta T = \dfrac{3}{2}R(T_2 - T_1) = \dfrac{3}{2}R\dfrac{1}{R}[3(p_1 S + 2kL)L - p_1 SL] = (3p_1 S + 9kL)L$と求められる。次に気体がピストンへし

た仕事Wを考える。Wはグラフ上で状態Aから状態Bへの遷移を表す直線と，$p=0$を表す直線とで囲まれる台形の面積に等しいので，$W=\dfrac{1}{2}(3SL-SL)(p_2-p_1)+p_1(3SL-SL)$，整理して，$W=2kL^2+2p_1SL$と求められる。よって，気体Xに加えられた熱量$Q$は$Q=\Delta U+W=(5p_1S+11kL)L$となる。　(5)　真空室への膨張であるためバルブを開放する前後で気体の温度は変化しない。バルブを開放する前の気体の体積は$3SL$であり開放後の体積は$4SL$である。開放後の気体の圧力がp_1となったことから$p_2 3SL=p_1 4SL$，再びp_2の表式を代入すればばね定数kは$k=\dfrac{p_1 S}{6L}$と求められる。

【3】　Ⅰ　(1)　7.3×10^{-19}〔J〕　　(2)　1.6×10^{15}〔Hz〕　　(3)　最大値$K_0\cdots$ 1.4×10^{-18}〔J〕　光電子の数$\cdots4.5\times10^{19}$〔個〕　　Ⅱ　(1)　1.7〔V〕
(2)

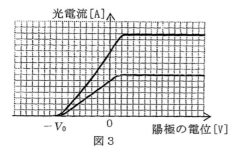

図3

(3)　A$\cdots$銅　　B$\cdots$セシウム

〈解説〉Ⅰ　(1)　振動数νをもつ光のエネルギーと金属から飛び出す光電子の運動エネルギーの最大値K_0，金属の仕事関数Wの関係式$h\nu=K_0+W$を用いる。$K_0=0$となる振動数ν_0を用いて仕事関数は$W_A=h\nu_0$と計算できる。問題図1から$\nu_0=1.1\times10^{15}$〔Hz〕と読み取れるので$W_A=6.6\times10^{-34}\times1.1\times10^{-15}=7.26\times10^{-19}$〔J〕と求められる。よって金属Aの仕事関数$7.3\times10^{-19}$〔J〕　　(2)　上記の関係式において$K_0=3.3\times10^{-19}$，$\nu=\nu_1$を代入して振動数$\nu_1$を求めると$6.6\times10^{-34}\nu_1=3.3\times10^{-19}+7.26\times10^{-19}$，これを解いて$\nu_1=1.6\times10^{15}$〔Hz〕と求められる。　　(3)　照射し

た光の振動数から光電子の運動エネルギーの最大値K_0を求める。$\nu=3.2\times10^{15}$〔Hz〕を上記の関係式に代入して$K_0=6.6\times10^{-34}\times3.2\times10^{15}-7.26\times10^{-19}=13.86\times10^{-19}$〔J〕,1つの光電子を金属から飛び出させるために$h\nu=6.6\times10^{-34}\times3.2\times10^{15}=21.12\times10^{-19}$〔J〕だけエネルギーを要する。一方,1.6Wの強度の光を1分間照射することで供給できるエネルギー量は$1.6\times60=96$〔J〕である。ゆえに1分間あたりに生じる光電子の数は$96\div(21.12\times10^{-19})\fallingdotseq4.545\times10^{19}$〔個〕と計算できる。よって,正答は最大値$K_0=1.4\times10^{-18}$〔J〕,光電子の数$4.5\times10^{19}$〔個〕となる。

II (1) 光の振動数が限界振動数ν_0のとき光電子が金属から飛び出し始める。したがって,金属Bの仕事関数W_Bは$W_B=h\nu_0=6.6\times10^{-34}\times4.3\times10^{14}=2.838\times10^{-19}$〔J〕と計算できる。振動数$\nu=8.3\times10^{14}$〔Hz〕の光を照射したとき飛び出した光電子の運動エネルギーの最大値K_0は$K_0=h\nu-W_B=6.6\times10^{-34}\times8.3\times10^{14}-2.828\times10^{-19}=2.65\times10^{-19}$〔J〕と求められる。この光電子の運動エネルギーを持った光電子がちょうど陽極へ到達できなくなるときの電圧が阻止電圧である。このとき$K_0=eV_0$,これより,$V_0=2.65\times10^{-19}\div1.6\times10^{-19}\fallingdotseq1.66$〔V〕,したがって求める阻止電圧の正答は$V_0=1.7$〔V〕となる。 (2) 光の振動数によって阻止電圧V_0の大きさが決まるので光電流がゼロになるのは変わらず陽極の電圧が$-V_0$のときである。一方,光の強度が2倍になると金属から飛び出す光電子の数も2倍になり,光電流の最大値も2倍になる。よってグラフは点$(-V_0,0)$を出発し最大値に到達する電圧の値が同じでその最大値が2倍になった形となる。 (3) eV(電子ボルト)とは1つの電子を1Vの電圧で加速した時に電子が得るエネルギーのことである。エネルギーの単位ジュールJとは1〔eV〕$=1.6\times10^{-19}$〔J〕によって換算できる。2つの金属の仕事関数W_A,W_BをeVの単位で表せば$W_A=7.26\times10^{-19}$〔J〕$=4.5375$〔eV〕$\fallingdotseq4.5$〔eV〕,$W_B=2.838\times10^{-19}$〔J〕$=1.77375$〔eV〕$\fallingdotseq1.8$〔eV〕となる。これより金属A,BはそれぞれAが銅,Bがセシウムと推定できる。

【化学】

【1】(1) $\dfrac{\frac{1.42}{284}}{\frac{200}{1000}}=2.50\times10^{-2}$　2.50×10^{-2}〔mol/L〕　　(2)　ア

(3)　ステアリン酸のヘキサン溶液V〔mL〕には$X\times\dfrac{V}{1000}$〔mol〕のステアリン酸分子が含まれる。つまり，$X\times\dfrac{V}{1000}\times6.02\times10^{23}$個の分子が含まれる。故に，ステアリン酸分子1個が占める面積Aは，

$\dfrac{S}{X\times\dfrac{V}{1000}\times6.02\times10^{23}}$　つまり，$\dfrac{1000S}{6.02\times10^{23}\times XV}=\dfrac{S}{6.02\times10^{20}\times XV}$

$A=\dfrac{S}{6.02\times10^{20}\times XV}$

〈解説〉(1)　ステアリン酸の分子量は284だから1.42gは$\dfrac{1.24}{284}$〔mol〕であり，溶液200mLは$\dfrac{200}{1000}$〔L〕　　(2)　メスフラスコは，固体を溶かしたり濃い溶液を薄めたりして，一定濃度の溶液をつくる場合に用いる。

(3)　モル濃度に溶液の体積をかけると物質量になるので，ステアリン酸は$X\times\dfrac{V}{1000}=\dfrac{XV}{1000}$〔mol〕である。これに1molあたりの分子の数$6.02\times10^{23}$個をかけると，$(6.02\times10^{23})\left(\dfrac{XV}{1000}\right)=(6.02\times10^{20}\times XV)$〔個〕になる。このステアリン酸の面積が$S$〔cm²〕だから，分子1個の占める面積$A$〔cm²〕は，$\dfrac{S}{6.0\times10^{20}\times XV}$である。

【2】(1)　A　CH_4　　B　HF　　C　水素結合

(2)　メタンは$\dfrac{0.023}{16}=2.0\times10^{-3}$〔mol〕　　酸素は$\dfrac{0.16}{32}=5.0\times10^{-3}$〔mol〕

$P\times1.0=(2.0\times10^{-3}+5.0\times10^{-3})\times8.3\times10^3\times300$

$P\fallingdotseq1.74\times10^4$　　　　　1.74×10^4〔Pa〕

(3)　$CH_4+2O_2\rightarrow CO_2+2H_2O$

(4)　反応式より$2.0\times10^{-3}\times2=4.0\times10^{-3}$　　　4.0×10^{-3}〔mol〕

(5)　燃焼により生じる水がすべて気体になると仮定し，このときの水

蒸気の圧力をP_1とすると，

$P_1 \times 1.0 = 4.0 \times 10^{-3} \times 8.3 \times 10^3 \times 300$　$P_1 = 9.96 \times 10^3$ 〔Pa〕

この値は，27℃の水の飽和水蒸気圧より大きいので，水の一部は液体となっている。その割合は，$\dfrac{9.96 \times 10^3 - 3.6 \times 10^3}{9.96 \times 10^3} \fallingdotseq 0.638$　　64〔％〕

(6)　燃焼により生じる二酸化炭素は2.0×10^{-3}〔mol〕であり，未反応の酸素は$5.0 \times 10^{-3} - 2.0 \times 10^{-3} \times 2 = 1.0 \times 10^{-3}$〔mol〕

従って，二酸化炭素と酸素の分圧の合計をP_2とすると

$P_2 \times 1.0 = (2.0 \times 10^{-3} + 1.0 \times 10^{-3}) \times 8.3 \times 10^3 \times 300$　$P_2 = 7.47 \times 10^3$

だから全圧は$7.47 \times 10^3 + 3.6 \times 10^3 = 1.07 \times 10^4$　1.1×10^4〔Pa〕

〈解説〉(1)　同じ族に属する元素が同じような分子をつくるとき，分子量が大きいほど分子間力が強くなるので融点や沸点は高くなる。よって，分子量が最も小さいCH_4の沸点が最も低くなる。HとFは電気陰性度の差が大きく極性が大きいため，HFの分子間でファンデルワールス力よりも強い水素結合が生じるので沸点が高くなる。　(2)　メタンの物質量は$\dfrac{0.032}{16} = 0.002$〔mol〕，酸素は$\dfrac{0.16}{32} = 0.005$〔mol〕である。よって，気体の状態方程式に代入すると，$P \times 1.0 = (0.002 + 0.005) \times 8.3 \times 10^3 \times (273 + 27)$より$P \fallingdotseq 1.74 \times 10^4$〔Pa〕　(3)　解答参照。

(4)　メタンは完全に燃焼し，メタン1molから水2molが生成するので，$0.002 \times 2 = 0.004$より，4.0×10^{-3}〔mol〕である。　(5)　生成した水が全て水蒸気になったときの圧力をP_1とすると，$P_1 \times 1.0 = (4.0 \times 10^{-3}) \times 8.3 \times 10^3 \times (273 + 27) = 9.96 \times 10^3$より，$P_1 = 9.96 \times 10^3$〔Pa〕である。27℃の飽和水蒸気圧は$3.6 \times 10^3$〔Pa〕だから，液体になっている部分の圧力は$(9.96 \times 10^3) - (3.6 \times 10^3) = 6.36 \times 10^3$〔Pa〕であり，その割合は$\dfrac{6.36 \times 10^3}{9.96 \times 10^3} \times 100 \fallingdotseq 64$より，64〔％〕である。　(6)　メタンは0.002molであり，燃焼すると二酸化炭素も0.002mol生成する。また，残った酸素は$0.005 - 0.002 \times 2 = 0.001$〔mol〕である。二酸化炭素と酸素の圧力を$P_2$とすると，$P_2 \times 1.0 = (0.002 + 0.001) \times 8.3 \times 10^3 \times (273 + 27)$より$P_2 = 7.47 \times 10^3$〔Pa〕である。よって，全圧は水蒸気の圧力を加えて，$(7.47 \times 10^3) + (3.6 \times 10^3) \fallingdotseq 1.1 \times 10^4$より$1.1 \times 10^4$〔Pa〕である。

【3】(1) A $2H_2S + SO_2 \rightarrow 2H_2O + 3S$　　B $2H_2S + O_2 \rightarrow 2H_2O + 2S$

(2) 名称…同素体　物質名…黒鉛，ダイアモンド　(3) 元素名…酸素　a…8　(4) ① -2　② $+4$　③ $+6$

(5) $K_1 \times K_2$で(iii)式の電離定数を表す式になるので$K = 9.6 \times 10^{-22}$
9.6×10^{-22}〔mol²/L²〕

(6) $K = \dfrac{[H^+]^2[S^{2-}]}{[H_2S]}$より，$[S^{2-}] = K \cdot \dfrac{[H_2S]}{[H^+]^2}$
$[S^{2-}] = 9.6 \times 10^{-21}$　　9.6×10^{-21}〔mol/L〕

(7) (6)より$[H^+] = 0.1$〔mol/L〕，$[H_2S] = 0.1$〔mol/L〕だから，$[S^{2-}] = 9.6 \times 10^{-21}$〔mol/L〕

水溶液Xでは，$[Cu^{2+}] = 1.0 \times 10^{-4}$〔mol/L〕だから，$[Cu^{2+}][S^{2-}] = 1.0 \times 10^{-4} \times 9.6 \times 10^{-21} = 9.6 \times 10^{-25}$〔mol²/L²〕となり，沈殿CuSが溶解平衡にあるときの積より大きい。よって，CuSが沈殿する。

水溶液Yでは，$[Mn^{2+}] = 1.0 \times 10^{-4}$〔mol/L〕だから，$[Mn^{2+}][S^{2-}] = 9.6 \times 10^{-25}$〔mol²/L²〕となり沈殿MnSが溶解平衡にあるときの積より小さい。よってMnSは沈殿しない。

以上より水溶液Xで沈殿が生じる。

(8) H^+の濃度を小さくすると，ルシャトリエの原理により(iii)式の平衡が右に移動し，S^{2-}の濃度が大きくなるため。

〈解説〉(1) A 硫化水素は酸化され，二酸化硫黄は還元される。B 硫化水素は酸化され，酸素は還元される。(2) 同じ元素からできている単体で，構造が異なることにより化学的性質や物理的性質が異なるものを互いに同素体といい，炭素の同素体にはダイアモンド，黒鉛，フラーレンなどがある。(3) 第16族で第2周期の元素は酸素である。硫黄の原子番号は16，酸素は8であり，硫黄は酸素より陽子および電子の数は8多い。(4) ① H_2Sでは，$H = +1$より，$S = -2$ ② SO_2では，$O = -2$より，$S = +4$ ③ H_2SO_4では，$H = +1$，$O = -2$より，$S = +6$　(5) $K_1 = \dfrac{[H^+][HS^-]}{[H_2S]}$，$K_2 = \dfrac{[H^+][S^{2-}]}{[HS^-]}$，$K = \dfrac{[H^+]^2[S^{2-}]}{[H_2S]}$

より，$K_1 \times K_2 = \dfrac{[\mathrm{H^+}][\mathrm{HS^-}]}{[\mathrm{H_2S}]} \times \dfrac{[\mathrm{H^+}][\mathrm{S^{2-}}]}{[\mathrm{HS^-}]} = \dfrac{[\mathrm{H^+}]^2[\mathrm{S^{2-}}]}{[\mathrm{H_2S}]} = K$である。よって，
$K = (9.6 \times 10^{-8}) \times (1.0 \times 10^{-14}) = 9.6 \times 10^{-22}$より，$9.6 \times 10^{-22}$〔$\mathrm{mol^2/L^2}$〕
である。　(6)　$K = \dfrac{[\mathrm{H^+}]^2[\mathrm{S^{2-}}]}{[\mathrm{H_2S}]}$から，$[\mathrm{S^{2-}}] = K \times \dfrac{[\mathrm{H_2S}]}{[\mathrm{H^+}]^2} = (9.6 \times 10^{-22})$
$\times \dfrac{0.10}{(0.10)^2} = 9.6 \times 10^{-21}$より，$9.6 \times 10^{-21}$〔$\mathrm{mol/L}$〕である。　(7)　水溶液X
のイオン濃度の積は，$[\mathrm{Cu^{2+}}][\mathrm{S^{2-}}] = (1.0 \times 10^{-4})(9.6 \times 10^{-21}) = 9.6 \times 10^{-25}$
〔$\mathrm{mol^2/L^2}$〕である。この値はCuSの溶解平衡の積より大きいので沈殿す
る。水溶液Yのイオン濃度積は，$[\mathrm{Mn^{2+}}][\mathrm{S^{2-}}] = (1.0 \times 10^{-4})(9.6 \times 10^{-21})$
$= 9.6 \times 10^{-25}$〔$\mathrm{mol^2/L^2}$〕である。この値はMnSの溶解平衡の積より小さ
いので沈殿しない。　(8)　$\mathrm{H_2S} \rightleftarrows 2\mathrm{H^+} + \mathrm{S^{2-}}$において，塩基性にすると
水素イオン$\mathrm{H^+}$が減少するので，平衡は右に移動して硫化物イオン$\mathrm{S^{2-}}$
が増加し，イオン濃度の積が溶解平衡の濃度より大きくなるため沈殿
が生ずる。

【4】(1)

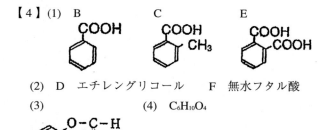

(2)　D　エチレングリコール　　F　無水フタル酸
(3)　　　　　　　　　　　(4)　$C_6H_{10}O_4$

〈解説〉(1)(2)　化合物Aは分子式$C_{17}H_{16}O_4$で，加水分解によりエーテル層
には化合物BとC，水槽には化合物Dが得られることからエステルであ
ると推定できる。化合物BとCは炭酸水素ナトリウム水溶液に溶解した
ので，ヒドロキシ基をもつ芳香族カルボン酸である。よって，芳香族
カルボン酸の化合物Bの分子式$C_7H_6O_2$より示性式C_6H_5COOH，化合物C
の分子式$C_8H_8O_2$より示性式$C_6H_4(CH_3)COOH$である。エステルの加水分
解でカルボン酸2個が分離したので，化合物Dは二価のアルコールであ

り，分子式$C_2H_6O_2$より示性式$HOCH_2CH_2OH$のエチレングリコールである。化合物Cを酸化すると化合物Eが得られたので，Eはフタル酸$C_6H_4(COOH)_2$である。化合物Eが分子内脱水反応すると化合物Fの無水フタル酸$C_6H_4(CO)_2O$が生成する。　（3）　化合物Bは安息香酸C_6H_5COOHであり，中性の構造異性体はC_6H_5OCHOである。　（4）　化合物Dのエチレングリコール$HOCH_2CH_2OH$と無水酢酸2molの反応は$2(CH_3CO)_2O+HOCH_2CH_2OH \rightarrow (CH_2)_2(OCOCH_3)_2+2CH_3COOH$である。よって，$C_6H_{10}O_4$である。

【5】(1)　名称…グリシン，グルタミン酸　　理由…不斉炭素原子を持たないα－アミノ酸はグルタミン酸のみである。また，等電点が3.22であるアミノ酸は酸性アミノ酸であり，与えられた7種の中でグルタミン酸しかない。　　(2)　PbS　　(3)　システイン
(4)

$$\begin{matrix} & \text{COOH} & & & & \text{CH}_2\text{SH} & & & \\ & | & & & & | & & & \\ \text{H}_2\text{N}- & \text{C} & -\text{CH}_2-\text{CH}_2-\text{C}- & \text{N}- & \text{C}- & \text{C}- & \text{N}-\text{CH}_2-\text{COOH} \\ & | & & | & | & | & | \\ & \text{H} & & \text{O} & \text{H} & \text{H} & \text{O} & \text{H} \end{matrix}$$

〈解説〉(1)　グリシンには不斉炭素原子がない。また，グルタミン酸の示性式は$HOOC-CH(NH_2)-(CH_2)_2-COOH$で，アミノ基が1個，カルボキシ基が2個存在する酸性物質であり，等電点は酸性領域の3.22である。よって，グリシンとグルタミン酸である。　(2)　酢酸鉛(Ⅱ)と反応して生じる黒色沈殿は硫化鉛であり，その化学式はPbSである。(3)(2)より，酢酸鉛(Ⅱ)と反応して黒色沈殿PbSを生じるのは，硫黄Sを含むシステインである。　(4)　グルタチオンの加水分解で生じる2種類のジペプチドが，酢酸鉛(Ⅱ)との反応でともにPbSの沈殿を生じるので，硫黄を含むシステインは真ん中に位置することがわかる。よって，グルタミン酸－システイン－グリシンの順に縮合重合しており，$HOOC-CH(NH_2)-(CH_2)_2-COOH+NH_2-CH(CH_2SH)-COOH+NH_2-CH_2-COOH \rightarrow HOOC-CH(NH_2)-CH_2-CH_2-CO-NH-CH(CH_2SH)-CO-NH-CH_2-COOH+2H_2O$である。

【生物】

【１】問1　(1)

(2)　A→C→B→D→E　　(3)　核小体　　(4)　イ　動原体　　タンパク質…チューブリン　　(5)　A　　(6)　①　G_1期　　②　G_2期

問2　細胞の総数は，326＋3＋20＋7＋4＝360

前期　$18×60〔分〕×\dfrac{20}{360}＝60$　　60〔分〕

問3　(1)　2本鎖を1本鎖に開裂させる。　　(2)　DNAポリメラーゼ

(3)　b, c, e, h, i　　(4)　う　ラギング鎖　　え　リーディング鎖

(5)　岡崎フラグメント　　問4　(1)　塩化セシウムの密度勾配を生じさせ，窒素同位体の違いによるわずかな質量差でも識別できるようにするため。　　(2)　1回分裂させたDNAの質量…^{15}Nの培地のみで増殖した大腸菌のDNAと^{14}Nの培地のみで増殖した大腸菌のDNAの中間の質量。　　2回分裂させたDNAの質量…中間の質量のものと^{14}Nの培地のみで増殖した大腸菌のDNAと同じ質量のものが半量ずつ含まれている。

〈解説〉問1　(1)　分裂期中期は染色体が赤道面に並び，動原体に紡錘糸が接続する。　　(2)　Aは間期，Bは後期，Cは前期，Dは終期，Eは分裂後である。分裂期は，前期→中期→後期→終期の順に進行する。　(3)　核小体ではrRNAが産生される。　　(4)　紡錘糸は細胞骨格の微小管からなり，微小管はチューブリンが結合して形成されたものである。(5)(6)　DNA合成期(S期)は間期に含まれる。間期は，分裂期終了直後から，G_1期(DNA合成準備期)→S期→G_2期(分裂準備期)の順に進行する。DNAに損傷がないかはG_1期，S期終了後DNAが正確に複製しているかはG_2期にそれぞれチェックされる。　問2　分裂期前期の細胞数は20

であるから，その割合は$\dfrac{20}{326+3+20+7+4}$である。

問3　(1)　DNAの複製は，DNA1本鎖に対して相補的な塩基を水素結合しながら，新生鎖を伸長してく。DNAヘリカーゼは二本鎖DNAの水素結合を切断し，一本鎖DNAに開裂する。　(2)　解答参照。

(3)(4)　えはリーディング鎖，うはラギング鎖である。リーディング鎖は5′→3′の方向へ連続的に複製されている鎖であるから，hとiが3′末端方向といえる。したがって，リーディング鎖に相補的なDNA鎖の相補鎖については，bが3′末端方向といえるから，その相補鎖のラギング鎖について，cとeが3′末端方向といえる。　(5)　岡崎フラグメントは岡崎令治によって発見された。　問4　(1)　放射線同位体の質量の差はわずかであるため，その差を識別できる方法が必要である。

(2)　^{15}Nの培地で増殖し終えた大腸菌のDNAを^{15}N^{15}Nとすると，^{14}Nの培地にて1回分裂させると，すべての大腸菌は^{14}N^{15}Nと表せる。更に，これをもう1度分裂させる(つまり初期から2回分裂させる)と，^{14}N^{15}Nを持つ大腸菌と^{14}N^{14}Nを持つ大腸菌が1：1の比率で生じる。

【2】問1　(1)　ア　123　　イ　702　　ウ　97.6

(2)

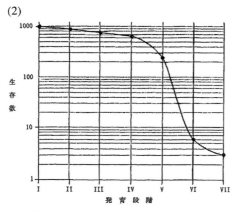

(3)　卵から2齢幼虫までは死亡率が低いが，3齢幼虫以上になると死亡率が急激に高くなる。　　(4)　32個体　　問2　ア　保護　　イ　晩

死　　ウ　早死　　エ　少な　　オ　低　　問3　99.8％以下

問4　(1)　　・配偶者を得やすい。　　・営巣して子を育てやすい。

(2)

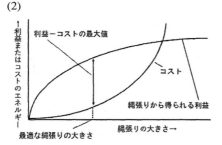

〈解説〉問1　(1)　ア　894－ア＝771，ア＝123　イ　771－69＝イ，イ＝702　ウ　$\frac{246}{252}×100≒97.6$〔％〕　(2)　縦軸は生存数なので，(1)　イで求めた値と共に数値を対数目盛であることに注意してプロットしていく。　(3)　解答参照。　(4)　100個体では60個体が死亡し，そのうち寄生バチによるものが24個体，それ以外が36個体となる。200個体では120個体が死亡し，そのうち寄生バチによるものが48個体，それ以外が72個体となる。寄生率の上昇によって48×2＝96〔個体〕が死亡すると考えると，200個体のうち，96＋72＝168〔個体〕の蛹が死亡し，200－168＝32〔個体〕が成虫になると考えられる。

問2　生存曲線はその曲線の型によって早死型，平均型，晩死型に分類される。晩死型では，産卵(産子)が少なく親の保護が発達しているため幼齢時の死亡率が低い。　問3　死亡率をxとすると，死亡数は1000xである。ここで，生存する雌の数は$\frac{1000-1000x}{2}$であり，この個体それぞれが1000個ずつ産卵すると，$\frac{1000-1000x}{2}×1000$〔個体〕が次世代に得られる個体数である。これがちょうど1000個，つまり，個体数を減らさない数であるとすると，$\frac{1000-1000x}{2}×1000＝1000$となり，これを解いて，$x＝0.998$，すなわち99.8％以下であるといえる。

問4　(1)　縄張りでは，食物の確保や，配偶子の確保により，自分の遺伝子を残せる環境を整えられる利点がある。　(2)　縄張りの大きさは大きいほどその得られる利益は大きくなるが，一方でその環境を維

持するコストも大きくなる。この利益とコストの差が最大となる縄張りの大きさがその生物にとって最適な縄張りの大きさとなる。

【3】問1　(1)　交感神経　　(2)　ノルアドレナリン　　(3)　c　皮　e　ランゲルハンス　　f　Aまたはα　　(4)　肝臓　(5)　ア　糖質コルチコイド　　イ　アドレナリン　　ウ　グルカゴン　　エ　インスリン　　(6)　エ　　(7)　ステロイドホルモンである。受容体は細胞内にあり，ホルモンが結合した複合体をつくると核内のDNAに作用して，遺伝子の発現に関係する。　　問2　(1)　間脳の視床下部は甲状腺刺激ホルモン放出ホルモンを分泌する。このホルモンの作用により脳下垂体前葉から甲状腺刺激ホルモンが分泌され，甲状腺が刺激を受けることで甲状腺からチロキシンが分泌される。　　(2)　負のフィードバック作用(調節)　　問3　皮膚の血管を拡張し，血流量を増加させて血液のもつ熱を皮膚から放散させる。また発汗によって汗の気化熱を利用し，皮膚からの熱放散量を増加させる。

〈解説〉問1　(1)(2)　(a)を通じた経路によって放出されたイがグリコーゲンの分解を促進し，血糖を上昇させる作用がある。このように血糖を上昇させる作用をもたらせるのは交感神経であると考えられる。交感神経の軸索末端からは神経伝達物質としてノルアドレナリンが分泌される。　　(3)(4)(5)　cを経由して分泌されたアはタンパク質を糖化しているので，アは糖質コルチコイド，cは副腎皮質であると考えられる。したがって，dは副腎髄質，イはアドレナリンである。bとgを経由し分泌されたエは血糖を減少させる作用をもたらしていることから，エはインスリンであり，bは副交感神経，gはB(またはβ)細胞であると考えられる。したがって，eはランゲルハンス(島)，fはA(またはα)細胞，ウはグルカゴンとなる。　　(6)　食後は血糖値が上昇するため，血糖値を下げるインスリンが働く。　　(7)　糖質コルチコイドなどはステロイドホルモンであり，その受容体は細胞内に存在する。これは，ステロイドホルモンが低分子であり，細胞膜を通過することができるからである。　　問2　チロキシン濃度が高くなると，チロキシンは脳下垂体

前葉や間脳視床下部に作用し，刺激ホルモンや放出ホルモンの分泌を抑制する。これを負のフィードバック調節という。　問3　皮膚の血管は，体表血管とも表現される。体表血管を拡張することで，効率よく熱放散させることができる。

【4】問1　ア　遺伝的浮動　　イ　自然選択　　ウ　中立　　問2　分子時計　　問3　(1)　A　ウシ　　B　マウス　　C　イヌ　　D　ニワトリ　　(2)　$9.0×10^6×(18÷2)=8.1×10^7$　$8.1×10^7$〔年前〕問4　ヒストンの構造が少しでも変化すると，染色体の構造が変化して個体の形質に致命的な影響を及ぼし，そのような個体は自然選択を経て淘汰されると考えられるため。　　問5　(1)　mRNAのコドンが指定するアミノ酸の種類が変化しない同義置換となりやすいため。(2)　転写直後にスプライシングで切り取られ，mRNAに含まれないので，遺伝情報として使われないため。

〈解説〉問1　解答参照。　　問2　DNAの塩基配列やアミノ酸配列の変化の速度のことを分子時計という。分子時計を基に種の分化の道筋や年代を推定することができる。　　問3　表1より，ヒトと比較したときのアミノ酸の違いが小さい方が近縁であるから，ヒトに近縁な順として，アカゲザル，ウシ，ウマ，マウス，イヌ，ニワトリ，マグロと考えることができる。また，この時，ウマとヒトのアミノ酸の違いは18であるので，$9.0×10^6×(18÷2)=8.1×10^7$となり，$8.1×10^7$〔年前〕となる。問4　アミノ酸の置換によって生存が不利になる変異が起きた場合，そのような個体は自然選択により淘汰され次代に継承されにくいため，全ての生物に共通でかつ生存に不可欠であるタンパク質のアミノ酸置換速度は，非常に小さいと考えられる。　　問5　mRNAのアミノ酸を指定するコドンのコードには，冗長性がある。コドンの1番目と2番目で主に決定される傾向にあり，コドンの3番目の塩基が置換されても同義置換となることが多い。また，DNA配列において，イントロンはスプライシングで取り除かれる部分であり，アミノ酸配列に影響を及ぼさないと考えられている。

【5】問1　ア　嗅上皮　　イ　(気体中の)化学物質　　ウ　うずまき管
(コルチ器)　　エ　味蕾(味覚芽)　　オ　(液体中の)化学物質
カ　平衡覚　　キ　前庭　　ク　半規管　　問2　(1)　D
(2)　ア　視神経細胞　　イ　錐体細胞　　ウ　桿体細胞　　エ　色素
細胞　　(3)　イ　　(4)　ロドプシン　　(5)　オプシン　　(6)　ビタ
ミンA　　問3　(1)　盲斑　　(2)　視神経が網膜を貫いているため。
(3)　右眼　　問4　遠いところを見るとき，毛様筋が緩むことでチン
小帯が引かれる。チン小帯の緊張により，水晶体が薄くなって焦点距
離が長くなることで，ピントが合う。

〈解説〉問1　解答参照。　問2　(1)(2)　エの色素細胞が強膜側であり，
アの視神経細胞はガラス体側になる。よって，光はDから入ることに
なる。　(3)(4)(5)(6)　視細胞の形状により，錐体細胞か桿体細胞か見
分けられる。例えば，イのように三角錐型の形状をしているのが錐体
細胞であり，ウのように棒状であれば桿体細胞である。錐体細胞は色
覚に，桿体細胞は光の強さに関係する。桿体細胞中にはロドプシンと
いう視物質が存在しており，これが光を吸収して，オプシンとレチナ
ールという物質に分解されるとその情報が光の量として大脳に伝えら
れる。ビタミンAはレチナールのもとになる物質であり，欠乏すると
暗順応しにくくなる。　問3　(1)(2)　盲斑は大脳に接続する視神経が
通過する個所であり，そこに視細胞が存在できない。したがって，そ
の個所においては光の受容も起こらない。　(3)　眼球は鼻側から盲斑，
視軸，黄斑と配置されている。視軸の中心(0°)から左側が鼻側である
ため，右眼であると考えられる。　問4　水晶体の焦点距離が長くな
ると遠くに，短くなると近くにピントがあるようになる。水晶体は，
チン小帯が緊張する(=水晶体を引っ張る)ことで薄くなるが，チン小
帯が弛緩すると水晶体はその弾力性にしたがい厚くなる。チン小帯が
緊張するかどうかは毛様体(毛様筋)によって調節され，毛様体が弛緩
するとチン小帯は緊張し，毛様体が収縮するとチン小帯は弛緩する。

【地学】

【１】A　(1)　①　　(2)　①　　(3)　6.0〔km/s〕　　B　(1)　③

(2)　④

〈解説〉A　(1)　①②　　定性的には，屈折波が直接波に追いつくには，地殻の深さが深いほどより長い震央距離を必要とするため，モホ面の深さは，地域Aの方が地域Bよりも深い。2つの地域の地殻内，マントル内のP波速度がそれぞれ等しければ，地殻の厚さは，走時曲線が折れ曲がる地点の震央距離に比例することを用いてもよい。　　③④　　走時曲線が折れ曲がる地点までの走時曲線の傾きの逆数が地殻内のP波速度，折れ曲がる地点以降の走時曲線の傾きの逆数がマントル内のP波速度である。図1で折れ曲がる地点以降の走時曲線は平行なので，マントル内のP波速度は2地点で等しい。　　(2)　②　　外核はS波が伝わらないことから，液体であることがわかった。　　③　　地球内部の温度はおおむね，地殻＜マントル＜核である。　　④　　外核を除く各層の中では，深さとともに密度が増加するため，S波の速度は深さとともに増加する。　　(3)　震源から震央(震央距離0km)に鉛直に伝わったP波は，30kmを5.0秒で進んだので，P波速度は$\frac{30}{5.0}$＝6.0〔km/s〕である。

B　(1)　①　　重力の測定値に様々な補正を加えて求めたその地点でのジオイド面での重力と，標準重力の差が重力異常である。地球楕円体は，ジオイドの形に最も近い回転楕円体であるが，厳密にはジオイド面には一致していない。　　②　　アイソスタシーが成り立っている場合，地表より上空から見れば直下の質量はどこでも等しい。したがって，等しい実測値をフリーエア補正しても等しい値となる。よって，アイソスタシーが成り立つ場合，フリーエア異常は観測されない。一方，アイソスタシーが成り立っていると，標高の高い地形の場所では，密度の小さい地殻がマントル内の深いところまで入り込んでいるため，負のブーゲー異常が観測されることが多い。　　④　　ジオイド面よりも下に密度の大きい(小さい)物質があるとき，ブーゲー異常は正(負)になる。　　(2)　重力として万有引力だけを考えればよい。マグマが地点Xに達するまでは，マグマまでの距離が小さくなるため，マグマによる

万有引力の分だけ増加する。マグマが地点Xを過ぎると，通り過ぎた分のマグマによって上向きに引かれるため，マグマによる万有引力は減少する。この増減は，重力加速度の増減に対応する。

【2】(1) ④　(2) ①　(3) ③　(4) ②

〈解説〉(1)　ア　西南日本では南海トラフにほぼ平行である。　イ　火山の分布の海溝側の限界線を火山フロント(火山前線)という。
(2)　沈み込むプレートの上面付近は海水と接していたため，含水鉱物の形で水が含まれている。プレートが沈み込み，温度・圧力が上昇すると，深さ100〜200kmで蛇紋岩が脱水反応を起こし，水が楔型マントル(マントルウェッジ)に放出される。水は上昇し，マントルを構成する岩石の融点を下げて，マグマの発生を促す。　(3)　地下深部で発生し上昇したマグマの密度が周囲の岩石の密度とつり合うことで停滞し，マグマだまりができる。　(4)　マグマだまりの中で，玄武岩質マグマの温度が下がると，かんらん石，輝石，角閃石，黒雲母などの有色鉱物が結晶化するため，マグマからはMg^{2+}やFe^{2+}が取り除かれ，残りのマグマはSiO_2の割合が高くなる。

【3】(1) ③　(2) b→a→c　(3) ④　(4) ④

〈解説〉(1)　(ア)　可視画像は，地表や雲頂で反射した太陽光線を観測した画像で，反射が強いところほど白く，弱いところほど黒く見える。一般に，積乱雲や層積雲など雲粒の密度が大きい雲では白く，巻雲などの密度が小さい上空の雲は灰色になる。赤外放射は，地表や雲の赤外放射を観測した画像で，温度が高いほど赤外線が多く放射されることを利用し，温度が低い上空の雲ほど白色に，温度が高い地表に近い雲ほど濃い灰色になる。　(イ)　赤外画像は昼夜を問わず観測できる。
(ウ)　水蒸気画像は赤外画像の一種で，水蒸気が放射する波長$6.2\mu m$帯の赤外線を観測した画像である。対流圏中上層の水蒸気が多いほど白く観測される。　(2)　気圧の谷(トラフ)は西から東へ移動することを考える。cの東経130°付近にある気圧の谷は，aの東経115°付近にあ

る気圧の谷が移動してきたものである。また，日本列島南にある高気圧が時間とともに西側に延びている点にも注目したい。　(3)　①　台風は低緯度で発生し西に移動し，太平洋高気圧の西縁に沿って進み，中緯度で偏西風に乗って北東へ移動する。　②　台風は低気圧なので，北半球では反時計回りの渦である。そのため，台風が北日本まで北上した後は太平洋上の温暖な空気の影響を受けやすい。　③　台風の目は勢力が強くなり遠心力によって中心に吹き込む風が届かない領域が発生することでできると考えられている。台風が上陸すると，水蒸気の供給が絶たれて勢力が弱まり，目が不明瞭になることが多い。④　台風は北太平洋高気圧の西縁に沿って移動する傾向があるためである。　(4)　空気塊Bはより低温で相対湿度が低いため，水蒸気圧が低く露点が空気塊Aよりも低い。そのため，曲線が折れ曲がるところの気温が低い。直線の傾きはどちらも，凝結高度までは乾燥断熱減率で温度が低下し，それより上空では湿潤断熱減率で温度が低下するため，対応する部分では平行になる。

【4】(1)　横軸…半径　　縦軸…平均密度　　(2)　③　　(3)　0.6〔倍〕
(4)　③　　(5)　②

〈解説〉(1)　縦軸の値は，地球型惑星で大きく，木星型惑星で小さいので，平均密度と考えられる。横軸について，木星型惑星の自転周期は地球より短く0.4〜0.7日なので不適，公転周期は，木星…約12年，土星…約29年，天王星…約84年，海王星…約165年で不適である。赤道半径は，地球が約6400kmに対して，木星…約7万km，土星…約6万km，天王星・海王星…約2万5000kmで，図1に適する。　(2)　(イ)では，木星型惑星における岩石と氷の核の周囲は，木星・土星では金属水素とヘリウム(液体)，天王星・海王星ではアンモニア・水・メタンの氷と考えられている。　(3)　地球における太陽方向に垂直な単位面積・単位時間あたりの太陽放射エネルギー(太陽定数)をP〔kW/m²〕とすると，各惑星が受け取る単位面積・単位時間あたりの太陽放射エネルギーは，金星…$P \times 2 \times (1-0.8) = 0.4P$，地球…$P \times (1-0.3) = 0.7P$となる。本

問では半径の違いを無視するので，これらを比較して，$\dfrac{0.4P}{0.7P} \fallingdotseq 0.6$〔倍〕

(4)　①　1太陽日と1恒星日の違いは，地球が公転しているため，太陽の南中から次の南中までに約361°自転する必要があることによる。これらの要素は変化していない。　②　均時差は，黄道面が傾いていること，および地球が楕円軌道を公転していることにより生じる。後者が残るため，均時差がなくなることはない。　③　黄道面の傾きは，地球の自転軸の傾きが原因である。　④　地球上の各地点で南中高度は1年中同じになり，(南中高度)＝90°－(緯度)となる。東京はおよそ北緯36°にあるので，南中高度は1月1日に限らず1年中およそ54°になる。

(5)　原始星が輝くエネルギー源は，星間物質が収縮することで解放される重力による位置エネルギーである。

【5】(1)　12.5〔億年〕　　　(2)　14.4〔倍〕　　　(3)　①

〈解説〉(1)　問題文より，$\left(\text{恒星の寿命}\right) \propto \dfrac{(\text{恒星の質量})}{(\text{恒星の光度})} = \dfrac{(\text{恒星の質量})}{(\text{恒星の質量})^4} = \dfrac{1}{(\text{恒星の質量})^3}$，すなわち，恒星の寿命は恒星の質量の3乗に反比例する。2太陽質量の恒星の寿命は，100〔億年〕$\times \dfrac{1}{2^3} = 12.5$〔億年〕

(2)　5等級の差が100倍の明るさの差なので，求める恒星の光度は太陽の$100(= 10^2)$倍である。シュテファン・ボルツマンの法則より，恒星の光度をL，(球体として)半径をR，表面の絶対温度をTとすると，$L = 4\pi\sigma R^2 T^4$が成り立つ。太陽の物理量に$\odot$を付けて表すと，$\dfrac{L}{L_\odot} = \dfrac{R^2}{R_\odot^2} \cdot \dfrac{T^4}{T_\odot^4}$となり，値を代入すると，$\dfrac{10^2 L_\odot}{L_\odot} = \dfrac{R^2}{R_\odot^2} \cdot \left(\dfrac{5000}{6000}\right)^4$，$\dfrac{10 L_\odot}{L_\odot} = \dfrac{R}{R_\odot} \cdot \left(\dfrac{5}{6}\right)^2$，$\dfrac{R}{R_\odot} = 10 \times \dfrac{36}{25} = 14.4$〔倍〕　　　(3)　ア　太陽質量程度の恒星は，進化の最終段階で白色矮星になる。褐色矮星とは，質量が小さく中心部で水素の核融合が起こらない星をいう。質量が太陽の8％以下の場合，中心部での温度が十分に上がらず，水素からヘリウムへの核融合が起こらないため，天体は時間とともに冷えていく。　イ　ケプラーの第3

法則は，惑星間の平均距離a，公転周期P，万有引力定数G，惑星の質量M，mとすると$\dfrac{a^3}{P^2}=\dfrac{G}{4\pi^2}\cdot(M+m)$と表され，これは連星の主星と伴星の間でも成り立つ。$\dfrac{G}{4\pi^2}$は定数なので，$M+m$は同じだと右辺は同じで，aが小さくなると，Pは小さく(公転周期は短く)なる。

【6】(1)　②　　(2)　②　　(3)　②

〈解説〉(1)　砂岩と礫岩の間の層理面，および礫岩と泥岩の間の不整合面は，走向がE−W(東西)，傾斜が30°N(北に30°傾斜)，泥岩と石灰岩の間の層理面，石灰岩と凝灰岩の間の層理面は，走向がN30°Eで，傾斜は垂直である。　(2)　地層の上位方向に向けて粒径が小さくなる堆積構造なので，級化層理(級化構造)である。　(3)　ア　白亜紀は，現在よりも二酸化炭素濃度が高い時代であった。　イ　海底ではプランクトンの遺骸などを起源とする有機物に富んだ黒色泥岩・黒色頁岩などの堆積物が形成され，これが現在の石油資源のもととなったと考えられている。

2023年度　実施問題

中 学 理 科

【1】次の文は，中学校学習指導要領(平成29年3月告示)の「第2章　各教科　第4節　理科　第2　各分野の目標及び内容」の抜粋である。(①)～(⑤)にあてはまる語句を答えよ。

〔第2分野〕

1　目標

　　生命や地球に関する事物・現象を科学的に探究するために必要な資質・能力を次のとおり育成することを目指す。

(1)　生命や地球に関する事物・現象についての観察，実験などを行い，生物の体のつくりと働き，生命の(①)性，大地の成り立ちと変化，(②)とその変化，地球と宇宙などについて理解するとともに，科学的に探究するために必要な観察，実験などに関する基本的な技能を身に付けるようにする。

(2)　生命や地球に関する事物・現象に関わり，それらの中に問題を見いだし見通しをもって観察，実験などを行い，その結果を分析して解釈し表現するなど，科学的に探究する活動を通して，(③)性に気付くとともに(④)性を見いだしたり課題を解決したりする力を養う。

(3)　生命や地球に関する事物・現象に進んで関わり，科学的に探究しようとする態度と，生命を尊重し，自然環境の保全に寄与する態度を養うとともに，自然を(⑤)的に見ることができるようにする。

(☆☆☆◎◎◎◎)

【2】次の各問いに答えよ。

1　浮力の大きさについて調べるために，図1のように，大きさと形が同じで，質量の異なる2つの直方体P(600g)，Q(800g)を用いて以下の実験を行った。後の(1)～(4)の問いに答えよ。ただし，質量100gの物体にはたらく重力の大きさを1.0Nとし，糸の重さは考えないものとする。

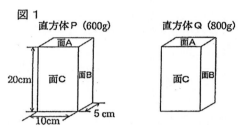

図1
直方体P (600g)　　直方体Q (800g)
面A
面C　面B
20cm
10cm　5cm

≪実験≫

①　直方体Pの面Aとばねばかりを糸でつなぐ。

②　図2のように，深さ60cmまで水を入れた水槽に，糸でつないだ直方体を，上面と水面とが平行になるように保ったまま，ゆっくりとしずめ，水面から直方体の下面までの深さとばねばかりの値を測定する。

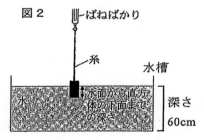

図2　ばねばかり
糸
水槽
水　水面から直方体の下面までの深さ
深さ
60cm

③　面Aについて測定した②の結果を，表1にまとめる。

④　糸でつなぐ直方体を直方体Qに変えて，面Aとばねばかりを糸でつなぎ，②と同様の操作をし，測定した②の結果を，表1にまとめる。

⑤　直方体P，直方体Qについて，糸でつなぐ面をそれぞれ面Bに変えて，②と同様の操作をし，その結果を表2にまとめる。

＜結果＞

表1，表2のような結果が得られた。

表1

水面から直方体の下面までの深さ [cm]		0	2	4	6	8	10	12	14	16	18
ばねばかりの値 [N]	直方体P	6.0	5.0	4.0	3.0	2.0	1.0	0			
	直方体Q	8.0	7.0	6.0	5.0	4.0	3.0	2.0	1.0	0	

表2

水面から直方体の下面までの深さ [cm]		0	2	4	6	8	10
ばねばかりの値 [N]	直方体P	6.0	4.0	2.0	0		
	直方体Q	8.0	6.0	4.0	2.0	0	

(1)　直方体Pについて，②の操作で，水面から直方体の下面までの深さが2cmのとき，直方体Pにはたらいている浮力の大きさは何Nか。

(2)　次の文は，表1，表2から浮力についてわかることを述べたものである。文中の（　X　），（　Y　）にあてはまる語句を，以下のア～エから選び，記号で答えよ。

> 　表1から，水面から直方体の下面までの深さが同じとき，直方体にはたらく浮力の大きさが（　X　）ことがわかる。また，表1，表2の比較から，浮力の大きさは，直方体の「水にしずんでいる部分」の（　Y　）で決まることがわかる。

ア　同じである　　イ　異なる　　ウ　体積　　エ　深さ

(3)　直方体Pの面Cとばねばかりを糸でつなぎ，②の操作を行った。ばねばかりの値が0になったとき，水面から直方体の下面までの深さは何cmか。

(4)　図3の直方体Rは，直方体Pと同じ大きさと形であり，質量は3000gである。直方体Rの面Aとばねばかりを糸でつなぎ，②の操作を行った。水面から直方体Rの下面までの深さが0〜30cmのとき，その深さと，ばねばかりの値の関係を表すグラフは，以下の

ア～エのうちどれか。適切なものを選び，記号で答えよ。

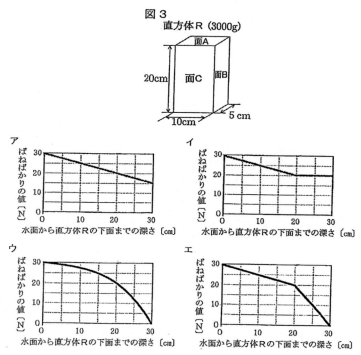

図３
直方体Ｒ（3000g）

2　3個の抵抗器A・B・Cと電流計D・E，電池を使って，図1，図2に示す回路をつくり，回路に流れる電流の大きさをそれぞれ測定した。後の(1)～(4)の問いに答えよ。ただし，抵抗器Cの電気抵抗の大ききは30Ωであることが分かっているものとする。

図１

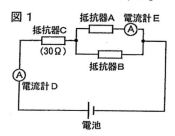

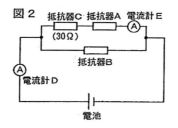

図2 　抵抗器C 抵抗器A 電流計E

（30Ω）

抵抗器B

電流計D

電池

≪実験≫

　電流計D・Eの示す値を，測定した。

＜実験の結果＞

　電流計の値は表のような結果になった。

表

	図1	図2
電流計D〔mA〕	70	124
電流計E〔mA〕	50	62

(1)　抵抗器Aの電気抵抗の大きさをR〔Ω〕とする。図1の回路における電流計の値から考えて，抵抗器Bの電気抵抗の大きさは，Rを用いて表すとどうなるか。次のア～オから選び，記号で答えよ。
ア　$\frac{2}{5}R$　　イ　$\frac{5}{7}R$　　ウ　R　　エ　$\frac{7}{5}R$　　オ　$\frac{5}{2}R$

(2)　図2について，抵抗器Cにかかる電圧は何Vか。

(3)　図2の回路における電流計の値から考えると，抵抗器Aの電気抵抗の大きさは何Ωか。

(4)　電池の電圧は何Vか。

（☆☆☆◎◎◎◎）

【3】次の各問いに答えよ。

　1　学校の裏山に，マツやツツジが見られ，その周辺にはゼンマイやゼニゴケが生えていた。マツの若い枝の先とゼンマイの葉を切りとって学校に持ち帰り，観察した。次の(1)～(5)の問いに答えよ。

(1)　以下の文は，図1の双眼実体顕微鏡のピントのあわせ方を説明したものである。文中の(Ⅰ)～(Ⅳ)のそれぞれにあてはまる適切な語を，後の語群からそれぞれ選び，答えよ。

図1

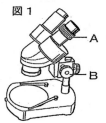

(Ⅰ)目でのぞきながら(Ⅱ)を回してピントを合わせた後，(Ⅲ)目でのぞきながら(Ⅳ)を回してピントを合わせる。

語群

　左　　右　　A　　B

(2)　図2は，観察で用いたマツの若い枝の先を，図3は，図2のX，Yのいずれかのりん片を双眼実体顕微鏡で観察したものである。図3のPの説明として適切なものを，以下のア～エから選び，記号で答えよ。

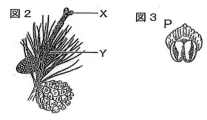

図2　　**図3**

ア　PはXからはがしたもので胚珠がある。

イ　PはYからはがしたもので花粉のうがある。

ウ　PはXからはがしたもので花粉のうがある。

エ　PはYからはがしたもので胚珠がある。

(3)　マツのように，風により花粉が運ばれ，受粉を行う花の総称を

答えよ。また，マツの花粉について，風で遠くまで飛ばされるの
に適した特徴を簡潔に説明せよ。

(4) 受粉や受精に関して，次の文中の（　①　）〜（　②　）にあては
まる語句を，それぞれ答えよ。

> マツは，花粉が雌花の胚珠に直接ついて受粉するが，ツ
> ツジは，めしべの（　①　）についた花粉から（　②　）がのび
> て，子房に包まれた胚珠に到達して受精が行われる。

(5) ゼンマイの葉の裏を観察すると，胞子のうがたくさんあり，こ
れを乾燥させると胞子が出てきた。胞子による子孫のふやし方に
ついて説明した文として適切なものを，次のア〜エから選び，記
号で答えよ。

ア　胞子と卵細胞が受精し，子孫をふやす。

イ　胞子と精細胞が受精し，子孫をふやす。

ウ　胞子単独で，子孫をふやす。

エ　胞子と花粉が受精し，子孫をふやす。

2　森林の役割について調べた。次の(1)，(2)の問いに答えよ。

(1) 落ち葉，木の皮や製材した残りの木くずなどの生物資源を利用
した新しい発電方法を何というか，答えよ。

(2) 滋賀県の森林面積，森林の二酸化炭素の吸収量，自動車の二酸
化炭素の排出量について調べてわかったことを資料にまとめた。
資料の数値をもとに，自動車1台が1か月に40Lのガソリンを消費
するとすれば，滋賀県内の森林は1か月に，自動車何台分の排出
する二酸化炭素を吸収できることになるか答えよ。

資料

> ・滋賀県の森林面積　20万ha
> ・森林1ha，1か月あたりの二酸化炭素の吸収量　920kg
> ・自動車1台，ガソリン1Lあたりの二酸化炭素の排出量
> 　2.3kg

(☆☆☆◎◎◎◎)

【4】次の各問いに答えよ。

1　ある場所の露頭を観察し，地層を調べた。図1は，そのようすを模式的に表したものである。後の(1)〜(5)の問いに答えよ。ただし，大地の変動による地層の逆転はなかったものとする。

図1

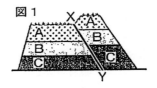

＜観察の結果＞

A層は小さなれきの層，B層はアンモナイトの化石を含む砂の層，C層は白っぽい鉱物を多く含む火山灰の層であった。また，断層X−Yを境にそれぞれの層がずれていた。

(1)　図1について，断層X−Yができたときの地層のずれ方と，地層にかかった力の組合せはどのようになるか。次のア〜エから選び，記号で答えよ。ただし，地層のずれた向きを ⇔，地層にかかった力の向きを ➡ で表すものとする。

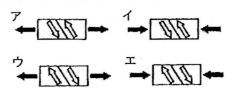

(2)　次のア〜エの文は，図1のそれぞれの地層が形成された当時の環境や大地の変動を示したものである。図1の地層が形成されていく順に並び変え，記号で答えよ。

ア　断層X−Yができた。　　イ　海岸近くの波打ち際であった。
ウ　火山活動があった。　　エ　浅い海の底であった。

(3)　下線部に関わり，溶岩の色や火山の形などについて述べた文として，最も適切なものを，次のア〜ウから選び，記号で答えよ。

ア　「白っぽい色をした溶岩」をつくるもとになるマグマの性質は，ねばりけが大きく，平成新山(長崎県)のような傾斜が急で

盛り上がった形の火山になる。

イ 「白っぽい色をした溶岩」をつくるもとになるマグマの性質
は，ねばりけが小さく，マウナロア(アメリカ合衆国ハワイ州)
のような傾斜のゆるやかな形の火山になる。

ウ 溶岩の色とマグマのねばりけには関係がなく，平成新山のよ
うな傾斜が急で盛り上がった形の火山になる場合もあれば，マ
ウナロアのような傾斜のゆるやかな形の火山になる場合もあ
る。

(4) B層にみられるアンモナイトの化石のように，地層が堆積した
年代を知ることに役立つ化石のことを何というか，答えよ。

(5) B層が堆積した地質年代はいつ頃と考えられるか，次のア～ウ
から選び，記号で答えよ。また，アンモナイトと同じ頃に生存し
ていたと考えられる生物はどれか。以下の語群から選び，答えよ。

ア 新生代 イ 中生代 ウ 古生代

語群

　ナウマンゾウ　　　ティラノサウルス　　　サンヨウチュウ

　ビカリア　　　　　フズリナ

2 白っぽい色をした火成岩A，Bと，黒っぽい色をした火成岩C，Dの
観察を行った。後の(1)～(3)の問いに答えよ。

≪観察≫

火成岩A～Dのつくりをそれぞれ観察した。

＜観察の結果＞

　AとCはいずれも，①肉眼では形がわからないほど小さな粒からな
る部分と，まばらに含まれる比較的大きな鉱物の部分からできてい
た。

　BとDはいずれも，②比較的大きな鉱物だけでできていた。BとD
に含まれる鉱物の色や形の違いから，鉱物a～dとその他の鉱物に分
け，岩石に含まれる鉱物の割合をグラフに示した。

グラフ

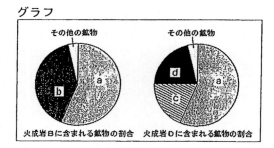

火成岩Bに含まれる鉱物の割合　火成岩Dに含まれる鉱物の割合

(1)　下線部①のような部分は何とよぶか，名称を答えよ。

(2)　下線部②のようなつくりを持つ火成岩を，次のア～エから選び，記号で答えよ。

　　　ア　安山岩　　イ　花崗岩　　ウ　凝灰岩　　エ　チャート

(3)　上のグラフにおいて，鉱物a～dの組合せとして最も適切なものを，次のア～エから選び，記号で答えよ。

	a	b	c	d
ア	石英	輝石	角閃石	長石
イ	長石	角閃石	輝石	石英
ウ	石英	輝石	長石	角閃石
エ	長石	石英	角閃石	輝石

(☆☆☆◎◎◎)

【5】次の各問いに答えよ。

1　塩酸とマグネシウムの反応について調べるため，次の実験を行った。後の(1)～(4)の問いに答えよ。

　《実験1》

　①　図1のような装置で，30cm³のうすい塩酸と0.1gのマグネシウムリボンを反応させ，発生した気体をメスシリンダーに集めて体積を測定する。

図 1

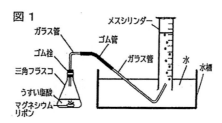

② ①と同じ濃度の塩酸30cm³を用いて，マグネシウムリボンの質量を0.2g，0.3g，0.4g，0.5g，0.6g，0.7gに変え，それぞれについて①と同じことを行う。

＜実験1の結果＞

表

うすい塩酸の体積[cm³]	30	30	30	30	30	30	30
マグネシウムリボンの質量[g]	0.1	0.2	0.3	0.4	0.5	0.6	0.7
発生した気体の体積[cm³]	100	200	300	400	500	500	500

表の値を用いて，横軸にマグネシウムリボンの質量を，縦軸に発生した気体の体積をとり，その関係をグラフに表すと，図2のようになった。

図 2

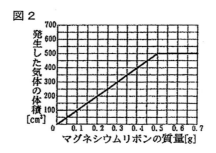

≪実験2≫

① ビーカーに実験1で用いたうすい塩酸30cm³と，うすい水酸化ナトリウム水溶液10cm³を入れてよくかき混ぜた。

② その後，実験2の①のビーカーの水溶液をすべて三角フラスコ

に入れ，実験1と同じ方法で0.7gのマグネシウムリボンを反応さ
せて，発生した気体をメスシリンダーに集めて体積を測定した。

(1) 実験1の①の化学反応によって発生する気体について，化学式
を答えよ。また，その気体の性質について，正しく説明している
ものを，次のア〜エから選び，記号で答えよ。

ア　石灰水を入れてよくふると，石灰水が白く濁る。

イ　マッチの炎を近づけると，音がして燃える。

ウ　水で湿らせた赤色リトマス紙を近づけると，赤色リトマス紙
は青色に変わる。

エ　うすい黄緑色の気体である。

(2) 実験1の②で，マグネシウムリボンの質量を0.7gとしたときに，
気体の発生が終わったあとの三角フラスコの中には，マグネシウ
ムリボンの一部が残っていた。残ったマグネシウムリボンをすべ
て反応させるためには，実験1で用いたうすい塩酸を少なくとも
何cm³加えればよいか，求めよ。

(3) 実験1で用いた塩酸の濃度を半分にし，実験1と同様の実験を行
った。このとき，マグネシウムリボンの質量と，発生した気体の
体積との関係を表すグラフとして最も適切なものを，次のア〜エ
から選び，記号で答えよ。ただし，濃度を半分にした塩酸の体積
は，30cm³のままとする。

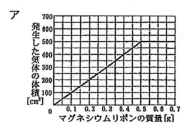
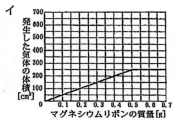

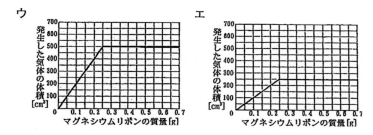

(4) 実験2では，実験1と同じ種類の気体のみが発生した。また，このとき発生した気体の体積は，実験1で0.7gのマグネシウムリボンを反応させたときに発生した気体の体積とは異なった。次の文は，この理由を説明したものである。文中の（　Ⅰ　）〜（　Ⅲ　）のそれぞれにあてはまる語句の組合せとして最も適切なものを，以下のア〜クから選び，記号で答えよ。

> 　　実験2で発生した気体の体積は，実験1で0.7gのマグネシウムリボンを反応させたときに発生した気体の体積500cm³に比べて（　Ⅰ　）した。これは，実験2では，塩酸と水酸化ナトリウム水溶液を混ぜると（　Ⅱ　）という反応が起こり，実験1で0.7gのマグネシウムリボンを反応させたときよりも，マグネシウムリボンと反応できる塩酸が（　Ⅲ　）したからである。

	Ⅰ	Ⅱ	Ⅲ		Ⅰ	Ⅱ	Ⅲ
ア	増加	酸化	増加	イ	増加	酸化	減少
ウ	増加	中和	増加	エ	増加	中和	減少
オ	減少	酸化	増加	カ	減少	酸化	減少
キ	減少	中和	増加	ク	減少	中和	減少

2　酸とアルカリの反応を調べる実験を行った。以下の(1)〜(3)の問いに答えよ。

≪実験≫

① 塩酸，うすい硫酸，水酸化ナトリウム水溶液，水酸化バリウム水溶液をそれぞれ1Lずつ用意する。

② 水酸化ナトリウム水溶液10cm³をはかりとり，これにフェノールフタレイン溶液を加えたものを2つ用意し，それぞれを溶液A，溶液Bとする。

③ 水酸化バリウム水溶液10cm³をはかりとり，これにフェノールフタレイン溶液を加えたものを溶液Cとする。

④ 溶液Aに塩酸を少しずつ加えていきながらよく混ぜ，色の変化と，加えた塩酸の体積を記録する。

⑤ 溶液Bにうすい硫酸を少しずつ加えていきながらよく混ぜ，色の変化と，加えた硫酸の体積を記録する。

⑥ 溶液Cに塩酸を少しずつ加えていきながらよく混ぜ，色の変化と，加えた塩酸の体積を記録する。

＜実験の結果＞

④で，溶液Aに塩酸を少しずつ加えていったところ，8cm³加えたところで色が完全に変化した。

⑤で，溶液Bにうすい硫酸を少しずつ加えていったところ，5cm³加えたところで色が完全に変化した。

⑥で，溶液Cに塩酸を少しずつ加えていったところ，12cm³加えたところで色が完全に変化した。

(1) この実験で用いた，同体積の溶液Aと溶液Cに含まれる水酸化物イオンの数の比を，最も簡単な整数の比で表せ。

(2) この実験で用いた，同体積の塩酸とうすい硫酸に含まれる水素イオンの数の比を，最も簡単な整数の比で表せ。

(3) 溶液Cにうすい硫酸を少しずつ加えていくと，何cm³加えたところで色が完全に変化するか。

(☆☆☆◎◎◎◎)

高 校 理 科

【物理】

【1】 次の各問いに答えよ。

1　図のように，電気容量Cのコンデンサーと2個の電気容量20μFのコンデンサーを接続した。ab間の合成容量は12μFであった。Cの値を求めよ。

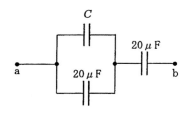

2　平行板コンデンサーがある。

(a)　コンデンサーが蓄えている電気量を一定に保つたまま，コンデンサーの極板の間隔を$\frac{1}{2}$倍にした。このとき極板間の電圧はもとの何倍になるか求めよ。

(b)　コンデンサーを電源につなぎ十分時間が経過した後，極板間の電圧を一定に保ったまま極板の間隔を2倍にした。このときコンデンサーが蓄える電気量はもとの何倍になるか求めよ。

3　図のように，直線AB上の0.68m離れた2点S_1，S_2に音源を置き，同じ振動数，同じ振幅，同じ位相の音波を点Bに向けて発する。音の振動数を450Hzから徐々に高くしていくとき，音源から十分に離れた点Bの観測者が聞く音の大きさが最初に極大になる振動数を求めよ。ただし，音速は340m/sとする。

(☆☆☆◎◎◎)

103

【2】図に示すように，水平なあらい床面上に質量mの物体Aを置き，ばね定数kのつるまきばねを取りつける。ばねが床面と平行となるように，ばねの他端を壁に固定する。物体Aは，図のように右向きを正とするx軸上を運動し，その位置を座標xで表す。ばねが自然の長さのときの物体Aの位置に原点$x=0$をとる。重力加速度の大きさをgとし，ばねの質量は無視できるものとする。

　　物体Aを点P($x=5l$)まで引っ張り，時刻$t=0$で静かに手をはなした。このとき，物体Aはx軸の負の向きに動き始め，点Q ($x=-3l$)で運動の向きを反転し，再びx軸の正の向きに運動した。

　　その後，物体Aは時刻$t=2\pi\sqrt{\dfrac{m}{k}}$で点Rに停止した。

(1)　物体Aと床面との間の動摩擦係数を求めよ。

(2)　物体Aが，点Pから点Qに向かっている間に，座標xで物体Aが受ける水平方向の力の合力を求めよ。

(3)　この間の，物体Aの最大の速さを求めよ。

(4)　点Qに達する時刻を求めよ。

(5)　点Rの座標xの値を求めよ。

(☆☆☆◎◎)

【3】次図のような電源電圧$V = V_0\sin\omega t$の交流電源からなる回路の端子AB間に，抵抗値Rの抵抗，電気容量Cのコンデンサー，自己インダクタンスLのコイルを次の(1)〜(3)のように接続する。時刻をt，角周波数をωとし，導線の抵抗やコイルの内部抵抗は無視できるものとする。

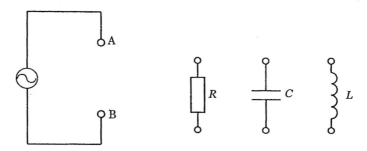

(1) AB間にコンデンサーをつないだとき，回路に流れた電流は$I = I_1\sin(\omega t + \theta_1)$であった。

(ア) I_1をV_0, C, ωを用いて表せ。

(イ) θ_1の値を求めよ。

(2) AB間に抵抗，コンデンサー，コイルをすべて直列につないだとき，回路に流れた電流は$I = I_2\sin(\omega t + \theta_2)$であった。

(ア) I_2をV_0, R, C, L, ωのうち必要なものを用いて表せ。

(イ) $\tan\theta_2$の値をV_0, R, C, L, ωのうち必要なものを用いて表せ。

(3) AB間に抵抗，コンデンサー，コイルをすべて並列につないだとき，回路に流れた全電流は$I = I_3\sin(\omega t + \theta_3)$であった。

(ア) I_3をV_0, R, C, L, ωのうち必要なものを用いて表せ。

(イ) $\tan\theta_3$の値をV_0, R, C, L, ωのうち必要なものを用いて表せ。

(☆☆☆◎◎◎)

【4】図のように，薄く硬い平面ガラス板の上に半径Rの平凸レンズの凸面を下にし，真上から波長λの赤色光線を入射させると，レンズの上方から見てもガラス板の下方から見ても，レンズとガラス板の接点を中心とする同心円状の縞模様(ニュートンリング)が見られた。ただし，

ガラス板と平凸レンズの屈折率は同じであり，空気の屈折率1より大きい。また，図のように点O，P_1，Q_1を定め，$OP_1 = r$，$P_1Q_1 \ll R$とし，mを負でない整数とする。

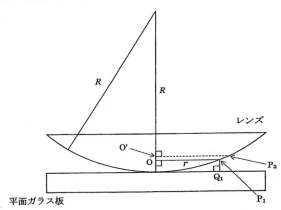

レンズの上から見る場合，真上からP_1に入射する光線の一部はP_1で反射され，P_1を透過してQ_1で反射された後にP_1を透過した光線と干渉する。

(1) これら2つの光線が強め合う条件を，r，R，λ，mを用いた式で表せ。

(2) P_1の位置に明環が現れているとき，P_1の隣の明環が図のP_2の位置に現れた。図で$OP_1 + O'P_2 \fallingdotseq 2r$となることを用いて，$P_1$と$P_2$の位置に現れる明環の間隔($O'P_2 - OP_1$)を求めよ。

(3) レンズとガラスの間を，ガラスよりも屈折率の大きい油(屈折率をnとする)で満たし，レンズをガラス板の下から見る。このときP_1の位置に明環が現れる条件を，r，R，λ，m，nを用いた式で表せ。

(4) 赤色光線の代わりに青色光線を用いた場合，明環の間隔はどうなるか答えよ。

(☆☆☆◎◎◎)

【化学】

```
注意事項
1  問題文中の体積の単位記号Lは，リットルを表す。
2  必要であれば，全問を通して，次の値を用いなさい。
   原子量：H＝1.0，C＝12，N＝14，O＝16，Na＝23，S＝32，
          Cl＝35.5
   水のイオン積：Kw＝[H⁺][OH⁻]＝1.0×10⁻¹⁴(mol/L)²
   なお，指定がない場合は気体は理想気体として取り扱うもの
   とする。
```

【1】次の(1)〜(4)の各問いに1〜5の番号で答えなさい。ただし，答えは1つまたは2つある。

(1) 次の記述1〜5のうち，誤りを含むものはどれか。

1 電気分解の際，陽極で起こる反応は酸化反応である。

2 電池の正極では酸化反応，負極では還元反応が起こる。

3 2種類の金属を両極とした電池では，イオン化傾向の大きい方の金属が負極になる。

4 硫酸銅(Ⅱ)水溶液を白金電極を用いて電気分解すると，陽極付近のpHは小さくなる。

5 塩化ナトリウムを融解して炭素電極で電気分解すると，陰極にナトリウムの単体が得られる。

(2) 次の記述1〜5のうち，誤りを含むものはどれか。

1 イオン結晶は，一般に融点が高く固体のままでも電気をよく通す。

2 共有結合では，結合している原子間の距離は，それぞれの原子半径の和に等しい。

3 配位結合は非共有電子対を一方の原子から提供して形成される共有結合である。

4 金属結晶では，自由電子が金属原子を互いに規則正しく結びつ

けている。
5　金属結晶で原子が結晶中の空間に占める体積の割合は，体心立方格子の方が面心立方格子より小さい。
(3)　次の記述1〜5のうち，誤りを含むものはどれか。
1　Fe^{3+}を含む水溶液に，ヘキサシアニド鉄(Ⅱ)酸カリウム水溶液を加えると濃青色沈殿を生じ，チオシアン酸カリウム水溶液を加えると血赤色水溶液となる。
2　Zn^{2+}を含む塩基性水溶液に硫化水素を通すと，黒色の沈殿を生じる。
3　AgClの沈殿にアンモニア水を加えても沈殿は溶解しない。
4　$Al(OH)_3$は塩酸にも水酸化ナトリウム水溶液にも反応する両性水酸化物である。
5　$Cu(OH)_2$の沈殿にアンモニア水を過剰に加えると沈殿は溶解する。
(4)　次の塩に関する記述1〜5のうち，誤りを含むものはどれか。
1　NaClは正塩で，水溶液は中性である。
2　NH_4Clは塩基性塩で，水溶液は塩基性である。
3　CH_3COONaは正塩で，水溶液は塩基性である。
4　KNO_3は正塩で，水溶液は酸性である。
5　$NaHCO_3$は酸性塩で，水溶液は塩基性である。

(☆☆◎◎◎)

【2】次の文章を読み，以下の各問いに答えなさい。
　実験室でアンモニアをつくるには，①塩化アンモニウムと水酸化カルシウムの混合物を加熱して反応させる。工業的な規模でアンモニアを製造するには，窒素と水素を出発原料とし，鉄の存在下に高温高圧で反応させるハーバー・ボッシュ法が用いられる。
　窒素と水素からのアンモニアの合成は，ルシャトリエの原理を化学工業に応用して成功した例として知られている。②体積V〔L〕の反応容器中で窒素a〔mol〕と水素$3a$〔mol〕を反応させたところ，アンモ

<u>ニアb〔mol〕が生成して平衡に達した。</u>このときの熱化学方程式は次のようになる。

$$N_2〔g〕+3H_2〔g〕=2NH_3〔g〕+92kJ$$

アンモニアは，窒素肥料，火薬，医薬品などの原料であり，最も重要な無機物質の1つである。

アンモニアを出発原料とする硝酸の工業的な製造法はオストワルト法と呼ばれ，次の③～⑤の3段階の化学反応を利用している。

$$4NH_3+5O_2→4NO+6H_2O \quad \cdots \quad ③$$
$$2NO+O_2→2NO_2 \quad \cdots \quad ④$$
$$3NO_2+H_2O→2NHO_3+NO \quad \cdots \quad ⑤$$

(1) 下線部①の反応を化学反応式で書きなさい。

(2) 次の(ア)～(ウ)について，下線部②の平衡状態の記述として正しいものには〇印を，誤っているものには×印を記しなさい。

(ア) アンモニアの生成反応の速さと分解反応の速さが等しくなった状態。

(イ) 窒素，水素，アンモニアの分圧がすべて等しくなった状態。

(ウ) 窒素，水素，アンモニアの物質量の比が1：3：2になった状態。

(3) 下線部②の平衡状態から，容器内の圧力を一定にして温度を下げると，アンモニアの生成率は，「大きくなる」，「小さくなる」，「変化しない」のいずれであるか答えなさい。

(4) 下線部②の平衡状態において，次の(ア)(イ)の量をa, b, Vのうち必要なものを用いて表しなさい。

(ア) 水素の物質量

(イ) 平衡定数

(5) 窒素分子の結合エネルギーをx〔kJ/mol〕，水素分子の結合エネルギーをy〔kJ/mol〕とした場合，アンモニア分子のN－H結合の結合エネルギーは何kJ/molか。x, yを用いて表しなさい。

(6) オストワルト法において，標準状態のアンモニア112Lをすべて反応させて硝酸にするために必要な酸素の物質量は何molか。またこのとき，質量パーセント濃度60％の濃硝酸は何g得られるか。計算

の過程を示して答えなさい。

（☆☆☆◎◎◎◎）

【3】次の文章を読み，以下の各問いに答えなさい。ただし，ナフタレンの分子量は128，安息香酸の分子量は122とする。

次のような凝固点降下を測定する実験を行った。

〔実験〕

① ベンゼン100gを試験管に入れ，かき混ぜながら冷却し温度を測定したところ，図のⅠの結果が得られた。ベンゼンの温度は時間とともに低下し，B点まで到達したところで急激に上昇した。そして，C点以降では，ベンゼンの温度はほぼ一定となった。

② ナフタレン1.28gをベンゼン100gに溶解させ，同様に冷却しながら温度を測定したところ，図のⅡの結果が得られた。また，この冷却曲線から凝固点を求めたところ，凝固点降下度は0.512Kであった。

③ 安息香酸2.44gをベンゼン100gに溶解させ，同様に冷却しながら温度を測定したところ，図のⅡの結果が得られた。また，この冷却曲線から凝固点を求めたところ，凝固点降下度は0.616Kであった。

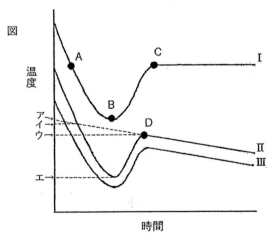

〔考察〕

・実験②の凝固点降下度から，ベンゼンのモル凝固点降下は5.12K・kg/molと求められた。

・凝固点降下度は質量モル濃度に比例するが，実験③で得られた凝固点降下度は，安息香酸の質量モル濃度から計算して求められる凝固点降下度より小さい値となっている。これは，ベンゼン中では水素結合により2つの安息香酸分子が会合し，安定な二量体を形成するためである。この安息香酸二量体が1分子のように振る舞うため，見かけの溶質濃度が低くなる。

(1) 実験①において，B点からC点にかけて温度が上昇した理由を書きなさい。

(2) 実験②で冷却した溶液の質量モル濃度はいくらか。答えなさい。

(3) 実験②で，D点以降も温度が徐々に低下した理由を書きなさい。

(4) 実験②の溶液の凝固点を示しているのは，図中のア～エのどれか。記号で答えなさい。

(5) 安息香酸二量体を構造式で書きなさい。ただし，水素結合を点線で示しなさい。

(6) 実験③の溶液中の安息香酸分子のうち二量体を形成している安息香酸分子の割合はいくらか。また，安息香酸二量体の物質量はいくらか。計算の過程を示して答えなさい。

(☆☆☆◎◎◎◎)

【4】次の各問いに答えなさい。ただし，計算の過程を示し，小数第2位まで求めなさい。

(1) 0.30mol/Lの塩酸のpHを求めなさい。ただし，$\log_{10}3 = 0.48$とする。

(2) 1.0×10^{-6}mol/Lの塩酸を純水で100倍に希釈した溶液のpHを求めなさい。ただし，$\log_{10}1.05 = 0.02$，$\sqrt{401} = 20$とする。

(☆☆☆☆◎◎◎)

【5】 次の文章を読み，各問いに答えなさい。

　　①ベンゼンに濃硫酸を加えて加熱すると化合物Aが得られる。Aに室温で水酸化ナトリウム水溶液を加えると化合物Bが生じる。Bを高温で融解した水酸化ナトリウムと反応させると化合物Cになる。Cの水溶液に二酸化炭素を通じると化合物Dが得られる。一方，Cを高圧の二酸化炭素と反応させると化合物Eになる。Eを希硫酸で処理するとサリチル酸が得られる。

　　また，②ベンゼンに濃硫酸と濃硝酸の混合物を加えて加熱すると化合物Fが生成する。Fを濃塩酸とスズを用いて還元すると水に溶ける化合物Gが生じる。Gに室温で水酸化ナトリウム水溶液を作用させると化合物Hが得られる。③Hに無水酢酸を作用させると，アセトアニリドになる。

(1)　化合物A〜Hの構造式を例にならって書きなさい。

　　（例）

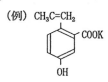

(2)　化合物A〜Hのうち，水に溶けて強い酸性を示すものはどれか。記号と化合物名を書きなさい。

(3)　下線部①〜③の反応の一般的な名称をそれぞれ区別できるように書きなさい。(例：「鉄粉を触媒としてベンゼンに塩素を作用させると，クロロベンゼンが生じる」という反応であれば，その名称を「塩素化」あるいは「ハロゲン化」としなさい。)

（☆☆☆◎◎◎◎）

【6】 有機化合物A〜Hに関する次の問に答えなさい。

(1)　化合物A〜Cは分子式がC_7H_8Oであり，いずれもベンゼン環を含む構造である。AとBは金属ナトリウムと反応して気体を発生するが，Cは反応しない。3つの中でBのみが塩化鉄(Ⅲ)水溶液と混ぜると青色に発色する。A〜Cの可能な構造式を1つずつ書きなさい。

(2)　化合物Dの分子式はC_6H_{10}である。Dは三重結合を1個と不斉炭素原子を1個持つ。Dの構造式を書き不斉炭素原子に＊印を付けなさい。

(3)　プロパンと過剰の塩素を混ぜて光を当てたところ，複数の水素原子が塩素原子に置き換わったプロパン誘導体Eが得られた。Eの分子量はプロパンの4.1倍であった。Eの分子式を計算の過程を示して求めなさい。

(4)　界面活性剤であるF(トリデカン酸ナトリウム：$C_{12}H_{25}COO^-Na^+$)とG (硫酸ドデシルナトリウム：$C_{12}H_{25}OSO_3{}^-Na^+$)の化学的な性質の違いを説明しなさい。

(5)　硝酸銀水溶液に水酸化ナトリウム水溶液を加えて暗褐色沈殿を作った。ここにアンモニア水を加えて沈殿を溶かすと，試薬Hの無色の溶液ができた。プロピオンアルデヒド(CH_3CH_2CHO)に試薬Hを作用させると，銀鏡反応が起こった。

(a)　硝酸銀水溶液から試薬Hを作る2段階の反応を化学反応式で書きなさい。

(b)　銀鏡反応によってプロピオンアルデヒドから生成する化合物の化学式を書きなさい。

(☆☆☆◎◎◎)

【生物】

【1】次の問いに答えなさい。

　　ジャコブとモノーは大腸菌を用いて，原核生物のオペロンによる転写調節の仕組みを明らかにした。大腸菌にとってグルコースは好ましい栄養源であるが，グルコースがないときでもラクトースがあれば，大腸菌はそれを栄養源として利用する。

　　ラクトースオペロンは約6,000塩基対のDNAからなり，図1のように遺伝子*lacI*，アクチベーター(活性化因子)結合部位，プロモーター，オペレーター，遺伝子*lacZ*, *lacY*, *lacA*が配置している。　ア　遺伝子である*lacI*は独立した転写単位を形成しリプレッサー(抑制因子)をコードしている。　イ　遺伝子である*lacZ*, *lacY*, *lacA*はラクトースの取

り込みと消化に必要な3種類の酵素をコードし1本のmRNAとしてまとめて転写されるが，その転写開始点付近にはオペレーターとよばれる領域がある。グルコースおよびラクトースの有無と　イ　遺伝子群の転写については，以下の表1のように整理できる。

表1

	グルコースがないとき	グルコースがあるとき
	シグナル分子Xが産生され濃度が上昇してアクチベーターが活性化される。	アクチベーターの活性化は起こらない。
ラクトースがないとき	リプレッサーがオペレーターに結合しているため，　ウ　がプロモーターに結合できず　イ　遺伝子の転写は妨げられて酵素は合成されない。	細胞内のシグナル分子Xの濃度は低くなりアクチベーターが活性化されない。そのためラクトースオペロンで，　イ　遺伝子の転写は抑制される。
ラクトースがあるとき	活性化されたアクチベーターがラクトースオペロンに結合するとともに，リプレッサーにラクトースの代謝産物が結合することでリプレッサーはオペレーターに結合できなくなる。その結果　ウ　がプロモーターに結合し，　イ　遺伝子が転写されるようになる。	

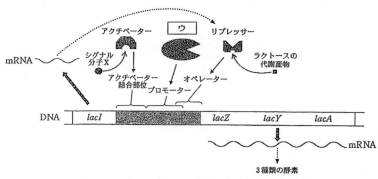

図1　ラクトースオペロンと関連する因子の模式図

問1　文中および表1中の　ア　～　ウ　に適切な語句を入れなさい。

問2　真核生物では，多くの場合，転写されてできたRNAはそのままでは翻訳に使われない。どのような過程を経て翻訳されるmRNAとなるのか。その過程について，名称を答え，内容を簡潔に説明しなさい。

問3　グルコースがなく，ラクトースがあるとき，　イ　遺伝子が転

写されるようになる。このときリプレッサーにラクトースの代謝産物が結合すると，リプレッサーがオペレーターに結合できなくなる。結合できなくなる理由を説明しなさい。

問4　ラクトース代謝に必要な3種類の酵素が制御を受けず常に発現するような2種類の突然変異株(変異株A，変異株B)がある。それぞれの変異株は，遺伝子*lacI*，オペレーターのどちらかの領域に原因となる突然変異を1つもつ。

　　　正常な遺伝子*lacI*を導入する実験を行うことにより，2種類の変異株は，2つの領域のどちらに突然変異が起こったのかが分かる。この実験について，どのような条件下でどのような結果が得られればどの領域の突然変異であると分かるのか説明しなさい。

問5　ラクトースに関する次の問いに答えなさい。

(1)　ラクトースは，二糖の一種である。次の(ア)～(エ)のうち，二糖であるものをすべて選び記号で答えなさい。

(ア)　スクロース　　(イ)　フルクトース　　(ウ)　マルトース
(エ)　セルロース

(2)　ラクトースを分解する酵素は，*lacZ*が発現してつくられる。この酵素は他の二糖には作用せずラクトースのみに働く。このような特定の酵素が特定の物質に作用する性質を何というか答えなさい。

(☆☆☆◎◎◎◎)

【2】次の問いに答えなさい。

　　　ヒトの腎臓は左右1つずつあり，機能上の単位である腎単位がそれぞれおよそ100万個ある。腎単位は　ア　と　イ　からなり，　ア　は　ウ　を　エ　が包み込んだ構造をしている。腎動脈から　ウ　に流れ込んだ血液は，血球などを除く成分が　エ　へろ過される。ろ過されたものを原尿という。原尿は　イ　を通るあいだに，水・グルコース・無機塩類などの成分が　イ　を取りまく毛細血管へ再吸収される。このようにして血液から有用成分が再吸収される

一方，老廃物はあまり再吸収されず尿として排出される。尿は腎臓から　オ　を経てぼうこうに溜まり，体外へ排出される。

腎臓では，恒常性を維持するために体液の浸透圧の調節が行われる。はげしい発汗などで体内の水分が減少し体液の浸透圧が高まると，脳下垂体後葉から　カ　が分泌され，腎臓の　キ　における水分の再吸収を促進する。また，副腎皮質から分泌される　ク　が腎臓の　イ　や　キ　でのナトリウムイオンの再吸収を促進する。

表1は，健康なヒトの血しょうと尿の成分を比較したものであるが，測定のためにイヌリンを静脈に注射している。イヌリンは，正常なヒトの血液中には存在しない。血液中のイヌリンは分解されたり何かに利用されたりすることなく，腎臓で全てろ過され，再吸収されることもなく尿中に排出される。

表1

成分	血しょう	尿
タンパク質	7.2	0
グルコース	0.1	0
尿素	0.03	2
ナトリウムイオン	0.3	0.34
イヌリン	0.1	12

（数値は　g/100mL）

問1　文中の　ア　～　ク　に適切な語句を入れなさい。

問2　表1のようにタンパク質とグルコースはどちらも尿中には排出されないが，その仕組みは異なる。どのように異なるか，説明しなさい。

問3　健康なヒトでは尿中にグルコースは排出されないが，糖尿病になるとグルコースが排出されるようになる。これは腎臓の働きとどのように関係しているか説明しなさい。

問4　測定を行った1時間に生成された尿は50mLであった。この間に再吸収された尿素は何gか。計算の過程を示して答えなさい。

（☆☆☆◎◎◎）

【3】 次の問いに答えなさい。

Ⅰ 図1は，陸上に見られるバイオームを示している。ただし，亜熱帯は熱帯に含んでいる。

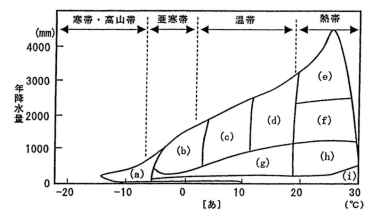

問1 図中の横軸[あ]は何を示しているか，答えなさい。

問2 日本で見られる森林のバイオームを，(a)～(i)からすべて選び記号で答えなさい。

問3 次の①，②の文にあてはまるバイオームを(a)～(i)の記号から選び，それぞれの名称を答えなさい。

① 熱帯・亜熱帯で雨季と乾季のある地域に分布する。落葉広葉樹のチークなどが見られる。

② 北極圏などに分布し，地下には永久凍土の層が存在する。高木は見られずほとんどが草本だが，地衣類やコケ植物が混じることもある。ジャコウウシやトナカイなどの大型哺乳類が生息し，は虫類や両生類などはほとんどみられない。

問4 オヒルギなどの常緑広葉樹で，潮間帯の河口付近に発達する植生(森林)を特に何というか答えなさい。

問5 日本では，標高差があるためバイオームに垂直分布がみられる。

(1) 滋賀県の標高約700m以上の山地では，ブナやミズナラの林

　　がみられる。このバイオームの名称を答えなさい。

(2)　本州中部の標高2500m付近までの亜高山帯の上限よりも標高
　　が高いところでは，森林はみられず，ハイマツやクロユリなど
　　の植生がみられる。この上限を何というか，答えなさい。

問6　図中には書かれていないバイオームに硬葉樹林がある。硬葉
　　樹林と照葉樹林は，図中に示したときの位置は重なるが，同じ地
　　域には存在しない。その理由を，それぞれのバイオームが存在す
　　る地域の気候特性の違いと関連づけて説明しなさい。

Ⅱ　表1は北アメリカのある森林における物質の収支を示している。

表1

総生産量	2650
生産者の呼吸量	1450
消費者・分解者の呼吸量	650
生産者の被食量	30
落葉・落枝量	360
根の脱落・枯死量	310

数値の単位は乾燥重量（g/m²・年）

問7　この森林の年間1m²あたりの純生産量は何gか答えなさい。

問8　この森林の年間1m²あたりの成長量は何gか答えなさい。

問9　次の文章のうち正しいものを2つ選び，記号で答えなさい。

　ア．生態系では物質とエネルギーは循環している。

　イ．一次消費者の摂食量は生産者の被食量に等しい。

　ウ．生産力ピラミッド(生産速度ピラミッド)は，ピラミッド型が
　　逆転することがある。

　エ．エネルギー効率は栄養段階が上がるほど小さい。

　オ．総生産量と純生産量は森林の高齢化に比例する。

　カ．地球全体の純生産量のうち約$\frac{2}{3}$が陸地で生産される。

(☆☆☆☆◎◎◎)

【4】次の文を読み，以下の問いに答えなさい。

Ⅰ　細胞膜は，リン脂質からなる膜にタンパク質がモザイク状に分布した構造をもつ。リン脂質の膜の透過性は，透過する物質の大きさや化学的な親和性の違いにより異なる。

問1　リン脂質はその分子内に親水部と疎水部の両方をもつ分子である(図1)。図1のリン脂質が細胞膜を構成する並び方を模式的に図示しなさい。

図1

問2　細胞膜上に分布するタンパク質には，細胞接着に関わるものがある。接着結合やデスモソームによる結合において，それぞれの細胞から伸びて結合するタンパク質の名称を答えなさい。

Ⅱ　ヒトの赤血球には核やミトコンドリアがなく，細胞内に膜構造がない。表1は，ヒトの赤血球の内外におけるNa^+(ナトリウムイオン)とK^+(カリウムイオン)の濃度分布を示したものである。このようなNa^+とK^+の濃度差は，細胞膜にある膜タンパク質の働きにより維持されている。

　赤血球の細胞膜におけるNa^+とK^+の輸送について調べるため，以下の実験1〜3を行った。

表 1

イオン	赤血球内	血しょう
Na^+	2	140
K^+	155	5

（数値は相対濃度）

[実験1]

　赤血球を血しょうと同じイオン組成の溶液(塩類溶液)に浮遊させ，4℃で一晩放置すると，表1の値に比べて赤血球内のNa^+濃度は増加

し，K^+濃度は減少した。

[実験2]

　実験1の赤血球浮遊液の温度を37℃に上げると，十数時間の間，赤血球内のNa^+濃度は減少し，K^+濃度は増加した。しかし，さらに数時間培養を続けると，赤血球内のNa^+濃度とK^+濃度は，それぞれ温度を上げる前とほぼ同じ濃度に戻った。

[実験3]

　実験2に引き続き，温度を37℃に保った赤血球浮遊液にグルコースを添加した。すると，再び赤血球内のNa^+濃度の減少とK^+濃度の増加が見られた。

問3　実験1，2に関して，Na^+とK^+が細胞膜を介して輸送されるしくみについて説明した次の文中の（　ア　）〜（　エ　）にあてはまる適切な語句を答えなさい。

　　Na^+，K^+は，細胞膜上にあるタンパク質から透過する。実験1のときには，主にそれぞれ専用のイオン（　ア　）から（　イ　）輸送で透過している。一方，実験2のときには，実験1の場合と同じようにイオン（　ア　）からの透過が起こっているが，（　ウ　）が働くことによる（　エ　）輸送によってNa^+，K^+のそれぞれの濃度が細胞膜を隔てて大きく異なる状態に保たれている。

　　しかし時間の経過によって（　ウ　）が働くためのエネルギー源が消費され尽くすと，（　エ　）輸送が十分に行われなくなる。

問4　実験3の下線部に関して，グルコースとともに次の①または②を赤血球浮遊液に加えた場合，赤血球内のNa^+濃度とK^+濃度はどうなるか。(あ)〜(う)から最も適切なものを選び記号で答えなさい。

　　ただし，Na^+濃度とK^+濃度の測定は，阻害剤を加えてから数時間の範囲で行うものとする。

①　解糖系の阻害剤

②　電子伝達系の阻害剤

(あ)　大きくなる　　　(い)　小さくなる　　　(う)　変わらない

問5　白血球の一種の細胞では，エンドサイトーシスがみられる。エンドサイトーシスとは，何に対するどのような作用か，説明しなさい。

(☆☆☆◎◎◎)

【5】次の文章を読み，各問いに答えなさい。

問1　次の表1に，被子植物の生殖に関するA～Dについて示した。

表1

（A）母細胞	（B）胞子	（C）配偶体	（D）②
花粉母細胞	花粉四分子または未熟な花粉	花粉管をのばした花粉	精細胞
胚のう母細胞	①	胚のう	卵細胞

(1)　表1の①，②にあてはまる語句を答えなさい。

(2)　成熟した花粉は2つの細胞からなる。それぞれの細胞の名称を答えなさい。

(3)　胚のう母細胞から卵細胞ができるまでの間に核分裂が起こる回数を答えなさい。

(4)　重複受精においては，精核と卵核が合体して受精卵の核ができる他に，別の核の合体が生じる。このとき，合体する二種の核の名称と，それらが合体してできる核の名称を答えなさい。

問2　シロイヌナズナの花が形成される茎頂分裂組織は図1のように(i)から(iv)の四つの領域に分けられ，(i)から順にがく，花弁，雄しべ，雌しべに分化する。このとき遺伝子A，B，Cが関与し，Aは(i)と(ii)，Bは(ii)と(iii)，Cは(iii)と(iv)の領域でそれぞれ働く。これらの遺伝子の発現でつくられる調節タンパク質の働きで，(i)から(iv)の領域はそれぞれ花の特定の器官に分化する。しかし，A，B，Cの遺伝子が正常に働かなくなった突然変異体では，花の構造が変化してしまう。

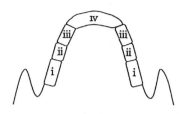

図１

　　上の文中の下線部について，ＡとＣの遺伝子は互いに働きを抑制する性質がある。(i)〜(iv)の領域全体に対して，一方の遺伝子が働かない場合には，他方の遺伝子が働くことがわかっている。Ｃが働かなくなった突然変異体では，(i)から(iv)の領域は，それぞれ花のどのような器官に分化するか，答えなさい。

問3　茎頂分裂組織にある形成中心および根端分裂組織にある静止中心は，周囲の始原細胞に対して共通した役割を果たしている。その役割を説明しなさい。

問4　種子に関する次の各問いに答えなさい。

(1)　無胚乳種子をすべて選んで記号で答えなさい。

　(ア)　シロイヌナズナ　　(イ)　ダイズ　　(ウ)　トウモロコシ
　(エ)　コナラ

(2)　成熟した無胚乳種子において栄養分が貯えられる部分はどこか答えなさい。

(3)　日本人研究者が発見した，種子の発芽を促進する植物ホルモンの名称を答えなさい。

(4)　上の(3)の植物ホルモンがオオムギの種子内で作用すると，どのように発芽が促進されるか。次の用語をすべて使ってその過程を説明しなさい。

　〔語句〕　デンプン　　糊粉層　　浸透圧

(☆☆☆◎◎◎)

【地学】

注意事項

必要であれば全問を通して次の値を使用しなさい。

地球の半径　6400km

$\sqrt{2} = 1.4$　　$\sqrt{3} = 1.7$　　$\pi = 3.1$

【1】

A　地磁気に関する次の文章を読み，以下の問いに答えなさい。

　地磁気は一定ではなく，時間とともに変化している。次の図1は磁北極(伏角が90°の地点)の移動曲線である。近年の地磁気観測によると，磁北極の移動する速さが急変しており，今後の変動が注視されている。

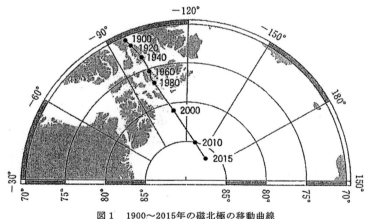

図1　　1900〜2015年の磁北極の移動曲線
灰色の部分は陸地を表す。

(1)　2010〜2015年の5年間に磁北極が移動した距離は，角距離で2.4°である。この5年間に磁北極が移動した平均的な速さは何km/年か，求めなさい。

　　ただし，地球を球と仮定し，角距離は地球の中心で測るものとする。

123

(2)　文章中の下線部に関して，数十～数千年の時間スケールで磁北極が移動する原因として最も適当なものを，次の①～④のうちから1つ選びなさい。

①　外核の対流　　②　プレートの運動　　③　マントルの対流
④　磁気嵐の発生

B　地震と断層に関する次の問いに答えなさい。

(1)　次の文章中の空欄（　ア　）・（　イ　）に当てはまる語句の組合せとして最も適当なものを，あとの①～④のうちから1つ選びなさい。

　　次の図2の(a)は，中国地方で起こった震源の浅い地震(本震)で観測された初動の押し引き分布を，(b)は本震の発生から1日以内に発生した地震(余震)の分布を示している。この本震を起こした断層の走向は，（　ア　）である。また，この地域では水平に（　イ　）方向から圧縮する力がはたらいている。

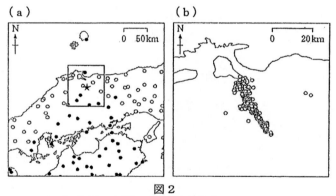

図2
（a）本震の初動の押し引き分布
　　　（●：押し，〇：引き，★：本震の震央）
（b）本震から1日以内に発生した地震
　　　（余震）の分布（（a）の太枠内のみ）

	ア	イ
①	北東－南西	東西
②	北東－南西	南北
③	北西－南東	東西
④	北西－南東	南北

(2)　断層が繰り返し活動すると，特徴的な地形が形成されることがある。ある地域では，次の図3に示す地図のように，川が横ずれ断層のところで屈曲している。地震が5000年に1回発生し，地震のたびに断層が水平に2mずつ，同じ向きにずれたとすると，この場所で断層が活動を開始したのはおよそ何万年前か。

　　ただし，川は断層が活動する前，北から南へ一直線に流れており，断層の活動のみによってずれたものとする。

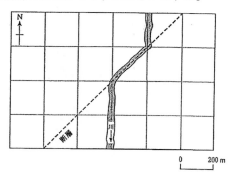

図3　断層と川の位置関係を示す
平面図（破線は断層を表す）

(☆☆☆○○○)

【２】次の文章を読み，以下の問いに答えなさい。

　地下の岩石の部分融解(部分溶融)によるマグマの発生には，温度や圧力の変化という要因だけでなく，水の存在も影響することがあげられる。図1は，マントル上部を構成するかんらん岩について，マントルが水を含まない場合の融解曲線と水に飽和している場合の融解曲線を示している。図中の点P，Qにおけるかんらん岩の状態について，かんらん岩が部分融解しているのは，マントルが水を含まない場合は（　ア　）で，水に飽和している場合は（　イ　）である。

　マグマが冷え固まってできた火成岩の薄片を偏光顕微鏡で観察すると，鉱物のもつさまざまな特徴が観察できる。開放ニコル(平行ニコル)では，へき開が観察できたり，載物台(ステージ)を回転することによって有色鉱物の（　ウ　）が観察できたりすることで，鉱物を同定できることがある。無色透明で区別しづらい石英と斜長石も，直交ニコルでは斜長石が特徴的な（　エ　）の消光を示すことで区別できる。さらに，へき開をもつ鉱物の場合は，消光したときのへき開線と偏光顕微鏡の十字線の方向との角度が鉱物の同定の手掛かりとなる。ある火成岩の中心部の岩石の薄片を偏光顕微鏡で観察したところ，図2のような組織を見ることができた。

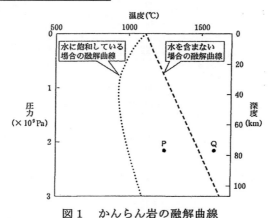

図１　かんらん岩の融解曲線

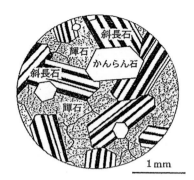

図2　火成岩の組織のスケッチ

(1)　文章中の空欄(ア)・(イ)に当てはまる点を，それぞれ点P，Qからすべて選びなさい。

(2)　文章中の空欄(ウ)・(エ)に当てはまる語句の組合せとして最も適当なものを，次の①～④のうちから1つ選びなさい。

	ウ	エ
①	干渉色	白黒縞状
②	干渉色	波状
③	多色性	白黒縞状
④	多色性	波状

(3)　文章中の下線部について，この火成岩の岩石名と，この火成岩がマグマから結晶化するときに最後に結晶化した鉱物名を，次の選択肢の中から選びなさい。

【選択肢】花こう岩，玄武岩，斑れい岩，流紋岩，かんらん石，
　　　　　輝石，斜長石

(4)　次の図3は，変成鉱物とその組合せが安定に存在できる温度・圧力の範囲を示したものである。この図を用いて，変成岩ができたときの温度・圧力条件を推定することができる。以下の変成岩a～cができたとき，圧力の低い順にa～cを並べなさい。

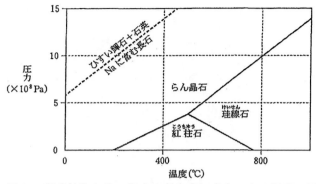

図3　変成鉱物とその組合せが安定に存在できる温度・圧力の範囲

a　温度が400℃で，ひすい輝石と石英が安定に共存する変成岩

b　圧力が10×10⁸Paで，らん晶石とNaに富む長石が安定に共存する変成岩

c　紅柱石と珪線石，らん晶石が安定に共存する変成岩

(☆☆☆◎◎)

【3】

A　地質調査に関する次の文章を読み，あとの問いに答えなさい。

　　次の図1は，ある地域の地形と地層の分布を示したものである。この地域で地質調査を行ったところ，地点A～Cで新たな露頭をみつけることができた。これらのうち，地点Aではチャート層と泥岩層の境界，地点Bでは凝灰岩層と砂岩層の境界がそれぞれ観察された。この地域の地層の走向は東西で，傾斜は北に45°である。

　　ただし，この地域では断層，褶曲，地層の逆転はないものとし，地層は全て整合に重なるものとする。

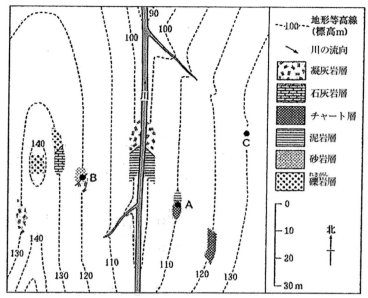

図1　ある地域の地形と地層の分布

(1)　この地域の地層の重なり方として最も適当なものを，次の①〜⑤のうちから1つ選びなさい。

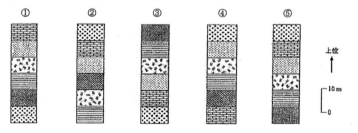

(2)　図1の地点Cに露出する地層について述べた文として最も適当なものを，次の①〜④のうちから1つ選びなさい。

①　直径$\frac{1}{16}$mmより小さな砕屑粒子(砕屑物)からなる砕屑岩

②　直径$\frac{1}{16}$〜2mmの砕屑粒子(砕屑物)からなる砕屑岩

③　直径2mm以上の砕屑粒子(砕屑物)からなる砕屑岩

④　石灰質の殻や骨格を持つ生物遺骸からなる生物岩

(3)　文章中の下線部に関連して，凝灰岩について述べた次の文①〜③のうち，正しいものをすべて選びなさい。

①　鍵層として，地層の対比に用いられる。

②　噴火した火山のマグマの性質や噴火様式を知る手がかりとなる。

③　火山灰が固結してできた岩石で，火成岩に分類される。

B　地層の対比に関する次の文章を読み，以下の問いに答えなさい。

　地層の詳しい時代を決めたり，離れた地域に露出する地層を比べたりする時に利用される示準化石は，進化速度が速く，分布範囲が広いという特徴をもつ。示準化石に基づいた地層の区分は相対年代と呼ばれ，これは化石となった生物の新旧関係に注目して区分したものである。このような化石や，火山灰層，地球(　ア　)の反転などに基づいて地層の対比をおこなうことができる。これに対して，放射性同位体の崩壊(壊変)を利用して地質年代を数値で表したものを放射年代(絶対年代)といい，例えば数百万年以前の地層の年代測定には，ウラン・鉛法などが用いられる。

(1)　文章中の空欄(　ア　)に当てはまる適当な語句を答えなさい。

(2)　文章中の下線部に関して，地層の対比について述べた文として最も適当なものを，次の①〜④のうちから1つ選びなさい。

①　放散虫は，中生代以降にのみ産出するため，中生代以降の地層の対比に利用できる。

②　同一の火山噴火による火山灰は，陸上や海底など異なる堆積環境で堆積したものでも地層の対比に利用できる。

③　地球の磁場は，新生代にのみ逆転するため，この時代の地層の対比に利用できる。

④　フズリナは，広域に分布するため，アメリカやヨーロッパなど離れた地域でも，湖沼などの淡水域や海域で堆積した地層の対比に利用できる。

(☆☆☆◎◎◎)

【4】次の文章を読み，以下の問いに答えなさい。

　　海上に一定の風が吹き続けると，海面付近では，海水が最終的に風
向からずれた方向に流される。また，そのずれ方は深さとともに変化
する。このような流れはエクマン吹送流と呼ばれる。エクマン吹送流
を深さ方向に足し合わせることで得られる全体としての海水の輸送(エ
クマン輸送)の向きは，（　ア　）半球ならば風下に向かって直角右向き
である。偏西風と貿易風に挟まれた海域では，それぞれエクマン輸送
によって海水が収束して海面が高くなり，亜熱帯環流が生じている。

　　南半球のペルーの沖合は，同じ緯度の他の海域に比べて，一般に海
面水温が低い。これはこの海域に吹いている(　イ　)風によるエクマ
ン輸送がもたらす湧昇が一つの要因である。しかし，エルニーニョ現
象が発生すると，赤道太平洋中東部の海面水温は平年に比べて高くな
る。

(1)　文章中の空欄(　ア　)・(　イ　)に当てはまる適当な方位を答え
　　なさい。

(2)　亜熱帯環流の特徴について述べた文として最も適当なものを，次
　　の①〜④のうちから1つ選びなさい。なお，環流の中心は，最も海
　　面が高いところを意味する。

　①　亜熱帯環流の中心付近の海面は，環流の外側の海面と比べて最
　　大で10cm程度高い。

　②　亜熱帯環流では，周辺海域から環流の中心に向かって圧力傾度
　　力がはたらいており，コリオリの力とつり合っている。

　③　北太平洋亜熱帯環流の中心は，北太平洋の西側に偏っている。

　④　同じ流速の海水にはたらくコリオリの力は経度によって異なる
　　ため，亜熱帯環流の流れは，北太平洋西側の方が東側より強い。

(3)　エルニーニョ・南方振動に関連する説明として最も適当なもの
　　を，次の①〜③のうちから1つ選びなさい。

　①　エルニーニョ現象の発生時には，赤道太平洋上の貿易風は弱まる。

　②　南方振動は，北太平洋と南太平洋の海面気圧が，一方が高けれ
　　ばもう一方が低いというシーソーのような変動をする現象である。

③　ラニーニャ現象の発生時には，赤道太平洋の湧昇は弱まる。

(4)　水深250mの海を津波が進む速さはおよそ何m/sか，求めなさい。ただし，重力加速度の大きさは10m/s²とする。また，次のA～Dについて，速さの遅い順に並べて，記号で答えなさい。

A　海面付近での黒潮の速さ　　B　非常に強い台風の最大風速

C　地殻を伝わるP波の速さ　　D　空気中を進む音波の速さ

(☆☆☆◎◎)

【5】

A　銀河系や銀河に関する次の問いに答えなさい。

(1)　次の図1は，ケフェウス座δ型変光星(セファイド型変光星)である天体Aの見かけの等級の時間変化を示している。この図1から，天体Aの1周期あたりの平均の見かけの等級はおよそ14.5等級と読み取れる。ケフェウス座δ型変光星の周期光度関係が以下の図2で示される場合，この天体Aまでの距離はおよそ何パーセクか，求めなさい。

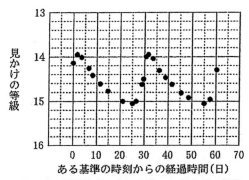

図1　ケフェウス座δ型変光星である天体Aの見かけの等級の時間変化

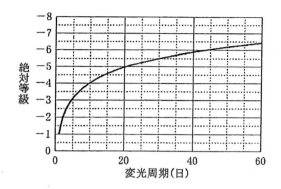

図2　ケフェウス座δ型変光星の絶対等級と変光周期との関係

(2)　ある銀河のスペクトルを観測したとき，本来の波長が656nmで
ある水素原子のHα線が，赤方偏移の効果によって波長がずれて，
678nmに観測された。この銀河の後退速度は，およそ何km/sと推
定することができるか，求めなさい。

ただし，光速を$3×10^5$km/sとする。

B　銀河系の構造に関する次の文章を読み，以下の問いに答えなさい。

多数の球状星団までの距離が測定された結果，球状星団は，銀河
系全域にほぼ球状に広がる領域に分布していることがわかった。球
状星団の分布の中心は，太陽系から約（　ア　）万光年の距離にあり，
その広がりの直径は約（　イ　）万光年である。この銀河系全域に球
状に広がる領域は（　ウ　）と呼ばれ，その中に，太陽系の属する円
盤部と銀河系の中央部の（　エ　）と呼ばれるふくらみが存在する。
銀河系に含まれるおよそ1000億〜2000億個の恒星の大部分は，この
円盤部と中央部のふくらみの中にある。

(1)　文章中の空欄（　ア　）・（　イ　）に当てはまる数値の組合せと
して最も適切なものを，次の①〜④のうちから1つ選びなさい。

	ア	イ
①	2.8	10
②	2.8	15
③	5.0	10
④	5.0	15

(2)　文章中の空欄(　ウ 　)・(　エ 　)に当てはまる適当な語句を答えなさい。

(☆☆☆◎◎◎)

解答・解説

中　学　理　科

【1】①　連続　　②　気象　　③　多様　　④　規則　　⑤　総合
〈解説〉学習指導要領における目標及び内容は育成を目指す資質・能力である「知識及び技能」,「思考力, 判断力, 表現力等」,「学びに向かう力, 人間性等」で構成されている。また, 第2分野では, 生命に関する自然の事物・現象を主として共通性・多様性の視点で捉え, 地球や宇宙に関する自然の事物・現象を主として時間的・空間的な視点で捉える見方・考え方を働かせ資質・能力の育成を目指すことが示されている。

【2】1　(1)　1.0〔N〕　　(2)　X　ア　　Y　ウ　　(3)　3〔cm〕
(4)　イ　　2　(1)　オ　　(2)　1.86〔V〕　　(3)　20〔Ω〕　　(4)　3.1〔V〕
〈解説〉1　(1)　ばねばかりが直方体Pを上向きに引く力と浮力の合力が, 直方体Pにはたらく下向きの重力とつり合っている。表1より, 水面から直方体Pの下面までの深さが2cmのとき, ばねばかりの値が5.0Nであ

ると読み取れる。また，直方体Pにはたらく重力の大きさは6.0Nである。したがって，浮力の大きさをf〔N〕とすると，力のつり合いから，5.0＋f＝6.0が成り立つ。これを解いて，f＝1.0〔N〕である。

(2)　X　深さが同じときの直方体P，Qのばねばかりの値の差を表1より読み取ると，常に2.0Nである。深さが変わっても直方体P，Qにはたらく重力の大きさは変化しないため，ばねばかりの値と直方体にはたらく重力との差である浮力の大きさも，深さが同じであれば同値であるとわかる。　Y　直方体Pについて，表1の4cmのばねばかりの値と表2の2cmのばねばかりの値が同じ4.0Nとなっているので，浮力の大きさが同じである。それぞれについて水にしずんでいる部分の体積を求めると，表1は，10×5×4＝200〔cm³〕，表2は，5×20×2＝200〔cm³〕と同じ体積である。直方体Qについても同様なことがいえるので，浮力の大きさは水にしずんでいる部分の体積で決まることがわかる。

(3)　(2)より，浮力の大きさは直方体の水にしずんでいる部分の体積で決まるため，直方体のうち10×5×12＝600〔cm³〕が水面下にしずめばよい。面Cの面積が10×20＝200〔cm²〕であるので，体積が600cm³となるために必要な深さは，600÷200＝3〔cm〕である。　(4)　直方体Rが深さ20cmに到達すると全体が水にしずむので，これ以上深さを大きくしても水にしずんでいる部分の体積は変化しないため浮力は一定。また，直方体Rにはたらく重力も変化しない。ゆえに，ばねばかりの値も変化しない。これに合致するグラフとしてはイである。

2　(1)　抵抗器AとBは並列に接続されている。ゆえに，A，Bにかかる電圧は等しい。表より，抵抗器Bに流れる電流は20mAであるとわかる。抵抗器Bの電気抵抗の大きさをR_B〔Ω〕とすると，抵抗器A，Bにかかる電圧が等しい条件から，$R×50＝R_B×20$が成り立つ。これをR_Bについて解いて，$R_B＝\dfrac{5}{2}R$を得る。　(2)　表から抵抗器Cに流れる電流が62mAとわかる。したがって，オームの法則から抵抗器Cにかかる電圧は，30×62＝1860〔mV〕＝1.86〔V〕となる。　(3)　図2において，抵抗器A，Cに流れる電流と抵抗器Bに流れる電流が等しい。したがって，抵抗器AとCの合成抵抗の値と抵抗器Bの電気抵抗の値が等し

いことがわかる。(1)の結果から抵抗器Bの電気抵抗の大きさは$R_B=\frac{5}{2}R$であり，AとCの合成抵抗30＋Rに等しいから，$30+R=\frac{5}{2}R$より，$R=20$〔Ω〕　(4)　(1)，(3)の結果から抵抗器Bの電気抵抗の大きさは，$R_B=\frac{5}{2}\times20=50$〔Ω〕，抵抗器Bは電池と並列に接続されているため，抵抗器Bにかかる電圧は電池の電圧に等しい。よって，オームの法則より，$50\times62=3100$〔mV〕＝3.1〔V〕となる。

【3】1　(1)　Ⅰ　右　　Ⅱ　B　　Ⅲ　左　　Ⅳ　A　　(2)　イ
(3)　総称…風媒花　　説明…花粉の左右に空気袋がついている。
(4)　①　柱頭　　②　花粉管　　(5)　ウ　　2　(1)　バイオマス発電
(2)　200万〔台〕

〈解答〉1　(1)　双眼実体顕微鏡では，接眼レンズを目の幅に合うように調節し，左右の視野が重なって1つに見えるようにしてからピントを合わせ，調節する。図1のAは視度調節リング，Bは調節ねじである。
(2)　Xは雌花，Yは雄花である。雌花のりん片には胚珠があり，雄花のりん片には花粉を収納している花粉のうがある。マツは裸子植物で，胚珠がむき出しになっている。そのため，Pは花粉のうであり，イが正しい。　　(3)　風媒花は，一般に花部の形や色は単純である。また，芳香・花蜜などがない。しかし，軽く粘着性のない多量の花粉を生じ，遠隔地まで飛散しやすい。例として，マツ・モミ・イネ・ムギなどが挙げられる。　　(4)　花粉がめしべの柱頭に受粉すると，花粉管が発芽・伸長して2つの精細胞を胚珠まで運ぶ。花粉管が破裂して2つの精細胞が卵細胞および中央細胞の間に送り込まれる。その結果，精細胞のひとつは卵細胞と，もうひとつは中央細胞と細胞膜融合を介して受精する重複受精が行われる。　　(5)　胞子とは，菌類やシダ植物が無性生殖する際につくる細胞である。　　2　(1)　解答参照。　　(2)　滋賀県の森林20万haの1か月あたりの二酸化炭素の吸収量は，20万×920〔kg〕，自動車1台が1か月に排出する二酸化炭素の量は，40×2.3〔kg〕，よって，滋賀県の森林は1か月に，$\frac{20万\times920}{40\times2.3}=200万$〔台〕の二酸化炭素を吸収できる。

【4】1 (1) イ　　(2) ウ→エ→イ→ア　　(3) ア　　(4) 示準化石

　　(5) 地質年代…イ　　生物…ティラノサウルス　　2 (1) 石基

　　(2) イ　　(3) エ

〈解説〉1 (1) 図の断層は上盤が上がっているので，逆断層である。逆断層は，地層に左右からの圧縮力が加わることにより発生する。

(2) 地層は逆転がない限りは地層累重の法則に従い，下位の地層ほど古い。また断層は，切られている地層の方が古い。　(3) 溶岩の色は黒っぽい方がSiO_2の含有量が少なく，粘性が低くて流れやすい。そのため，傾斜が緩やかな火山ができる。逆に，白っぽい溶岩の方がSiO_2の含有量が多く，粘性が大きく流れにくい。そのため，傾斜が急な鐘状の火山ができる。　(4) 地層の年代を特定できる化石を示準化石という。また，地層ができたときの環境を推定することができる化石を示相化石という。　(5) B層はアンモナイトの化石が出るので中生代である。ナウマンゾウ，ビカリアは新生代，サンヨウチュウ，フズリナは古生代の示準化石である。　2 (1) AとCは，斑晶と石基がある斑状組織を示す火山岩である。その中で石基は，溶岩が地表で急冷されたため，造岩鉱物が結晶化していないガラス質の部分をいう。

(2) 深成岩はマグマが地下でゆっくりと固まったため，造岩鉱物がすべて結晶化しており，等粒状組織を示す。安山岩は火山岩であり，凝灰岩とチャートは堆積岩に分類される。　(3) 鉱物aは両者に共通する鉱物なので，無色鉱物の長石である。火成岩Bは白っぽい色であることから無色鉱物の割合が高いと判断できる。よって，鉱物bは石英である。該当する選択肢はエである。なお，c，dは有色鉱物の角閃石と輝石であるが問題文の条件からは判断できない。

【5】1 (1) 化学式…H_2　　気体の性質…イ　　(2) 12〔cm³〕

　　(3) エ　　(4) ク　　2 (1) 2：3　　(2) 5：8　　(3) 7.5〔cm³〕

〈解説〉1 (1) 実験1の化学反応式は，$Mg＋2HCl→MgCl_2＋H_2$であり，水素H_2が発生する。水素は無色で可燃性がある。　(2) 図2のグラフより，マグネシウム0.5g以上で発生する気体の量は一定となるため，

塩酸30cm³と反応するマグネシウムは0.5gである。よって，マグネシウム0.7gが反応する塩酸の量をx〔cm³〕とすると，x：0.7＝30：0.5より，x＝42〔cm³〕である。したがって，加える塩酸の量は，42－30＝12〔cm³〕である。　(3)　塩酸の濃度を半分にしたので，反応するマグネシウムと発生する気体の体積は，それぞれ$\frac{1}{2}$になる。　(4)　実験2では，塩酸は水酸化ナトリウム水溶液で中和された分量だけ減少する。よって，マグネシウムと反応する塩酸の量が減少するので，発生する気体の量も減少する。　2　(1)　実験の結果④と⑥より，水酸化ナトリウム水溶液10cm³と中和した塩酸は8cm³，水酸化バリウム水溶液10cm³と中和した塩酸は12cm³である。それぞれの中和の化学反応式は，HCl＋NaOH→NaCl＋H₂O，2HCl＋Ba(OH)₂→BaCl₂＋2H₂Oだが，各式で水素イオンと反応する水酸化物イオンの数は同じなので，各溶液に含まれる水酸化物イオンの数の比は，(溶液A)：(溶液C)＝8：12＝2：3である。　(2)　実験の結果④と⑤より，溶液Aに加えた塩酸8cm³に含まれる水素イオンの数と，溶液Bに加えた硫酸5cm³に含まれる水素イオンの数が等しいので，同体積で水素イオンの数を比較すると，(塩酸)：(硫酸)＝1：$\frac{8}{5}$＝5：8である。　(3)　(2)より，硫酸は同体積の塩酸の$\frac{8}{5}$倍の水素イオンを含む。実験の結果⑥より，溶液Cは塩酸12cm³で色が完全に変化したので，硫酸の体積は，$12 \times \frac{5}{8}＝7.5$〔cm³〕である。

高 校 理 科

【物理】

【1】1　10〔μF〕　2　(a)　$\frac{1}{2}$〔倍〕　(b)　$\frac{1}{2}$〔倍〕　3　500〔Hz〕

〈解説〉1　電気容量Cのコンデンサーと電気容量20μFのコンデンサーは並列に接続されているため，それらの合成容量はC＋20〔μF〕となる。さらにこの合成容量に対して直列に接続されている電気容量20μFの

コンデンサーとの合成容量は，$\dfrac{1}{\dfrac{1}{20}+\dfrac{1}{C+20}}=\dfrac{20(20+C)}{40+C}$〔$\mu$F〕と

なる。問題文より，これが12μFに等しいので，$12=\dfrac{20(20+C)}{40+C}$が成

り立ち，これを解いて，$C=10$〔μF〕と求まる。　2　(a)　コンデン
サーの電気容量は極板の間隔に反比例する。また，コンデンサーが蓄
えている電気量が一定のとき，コンデンサーの電気容量は極板の間隔
に反比例する。したがって，極板の間隔と電圧は比例の関係にある。
ゆえに，コンデンサーの極板の間隔が$\dfrac{1}{2}$倍になるとき，極板間の電圧

も$\dfrac{1}{2}$倍になる。　(b)　コンデンサーが蓄える電気量は電気容量に比例

する。また，電気容量は極板の間隔に反比例する。したがって，コン
デンサーが蓄える電気量は極板の間隔に反比例する。よって，極板の
間隔が2倍になると，電気量は$\dfrac{1}{2}$倍になる。　3　Bで観測者が聞く音

の大きさが極大となるためには，点S_1，S_2で出された音波の振幅の極
大が重なる必要がある。これはS_1で出された音波の振幅がS_1において
極大だったとき，S_2においても振幅が極大になっていれば満たされる。
Bでの音が最初に極大となったことから，これらの音波の振幅の極大
が隣り合うものであること，すなわち点S_1，S_2の間隔が音波の波長に
等しいことがわかる。音波の振動数をf〔Hz〕とすると，この条件は，
$340=f\times0.68$と表せる。これより，$f=500$〔Hz〕となる。

【2】(1)　$\dfrac{kl}{mg}$　　(2)　$-k(x-l)$　　(3)　$4l\sqrt{\dfrac{k}{m}}$　　(4)　$\pi\sqrt{\dfrac{m}{k}}$

(5)　l

〈解説〉(1)　床面の動摩擦係数をμとする。点Pと点Qでの力学的エネル
ギーの保存を考える。この問題では非保存力である摩擦力が存在する
ため，力学的エネルギーの変化は動摩擦力による仕事に等しい。物体
Aの移動距離は，$5l-(-3l)=8l$なので，動摩擦力が物体Aにした仕事は
$mg\mu\times8l$，これがばねによる弾性エネルギーの変化に等しいので，
$\dfrac{1}{2}k(5l)^2-\dfrac{1}{2}k(3l)^2=8lmg\mu$，これを$\mu$について解いて，$\mu=\dfrac{kl}{mg}$を得

る。　(2)　点Pから点Qに向かう間，物体は運動と反対の向き，すなわちx軸の正方向に動摩擦力$mg\mu=kl$を受ける。ばねからの弾性力は$-kx$と表せるので，これらの合力は，$-kx+kl=-k(x-l)$である。(3)　物体Aにはたらく合力が0のとき，物体Aの速さが最大となる。(2)の結果からその位置は$x=l$である。$x=l$における物体Aの速さをv（>0）として，点Pと$x=l$での力学的エネルギーの保存を考えると，動摩擦力による仕事に注意して，$\frac{1}{2}k(5l)^2=\frac{1}{2}mv^2+\frac{1}{2}kl^2+mg\mu\times$
$(5l-l)$が成り立つ。$\mu=\frac{kl}{mg}$を代入しvについて解いて，$v=4l\sqrt{\frac{k}{m}}$を得る。　(4)　点Qで物体Aが運動の向きを反転したことから，点Qは単振動の端である。この単振動の周期は$2\pi\sqrt{\frac{m}{k}}$であり，点Pから点Qへの運動は単振動の半分である。したがって，点Pから点Qへかかる時間は，$\frac{1}{2}\times2\pi\sqrt{\frac{m}{k}}=\pi\sqrt{\frac{m}{k}}$である。　(5)　点Qと点Rでの力学的エネルギーの保存を考える。点Qで物体Aがもつばねによる弾性エネルギーと点Rで物体Aがもつばねによる弾性エネルギーの差が動摩擦力による仕事に等しい。物体Aの点Qから点Rへの移動距離は$3l+x$と表せるので，$\frac{1}{2}k(3l)^2=\frac{1}{2}kx^2+mg\mu\times(3l+x)$が成り立つ。これを$x$について解いて，$x=l$を得る。

【３】(1)　(ア)　ωCV_0　　(イ)　$\frac{\pi}{2}$

(2)　(ア)　$\dfrac{V_0}{\sqrt{R^2+\left(\omega L-\dfrac{1}{\omega C}\right)^2}}$　　(イ)　$-\dfrac{\omega L-\dfrac{1}{\omega C}}{R}$

(3)　(ア)　$V_0\sqrt{\dfrac{1}{R^2}+\left(\omega C-\dfrac{1}{\omega L}\right)^2}$　　(イ)　$R\left(\omega C-\dfrac{1}{\omega L}\right)$

〈解説〉(1)　コンデンサーに蓄えられる電気量を$Q(t)$とすると，コンデンサーにかかる電圧は$\frac{Q(t)}{C}$と表せる。これが交流電源からの電圧とつり合うので，$V_0\sin\omega t=\frac{Q(t)}{C}$が成り立つ。これより，$Q(t)=CV_0\sin\omega t$と

表せる。ここで，コンデンサーに電流が流れ込むことでコンデンサーに蓄えられる電気量が増加するので，$I(t)=\dfrac{dQ(t)}{dt}$ が成り立つ。これを用いると回路を流れる電流は，$I(t)=\dfrac{d}{dt}(CV_0\sin\omega t)=\omega CV_0\cos\omega t=\omega CV_0\sin\left(\omega t+\dfrac{\pi}{2}\right)$ と表せる。ゆえに，$I_1=\omega CV_0$，$\theta_1=\dfrac{\pi}{2}$ となる。

(2)　(イ)の公式解答は $\dfrac{\omega L-\dfrac{1}{\omega C}}{R}$ となっているが，下記のように導出すると正しい解答は $-\dfrac{\omega L-\dfrac{1}{\omega C}}{R}$ になると考えられる。なお，コンデンサー，コイルのインピーダンスはリアクタンスとも呼ばれるが，ここでは交流回路における抵抗という意味でインピーダンスに呼称を統一した。回路に流れる電流を $I(t)$，コンデンサーに蓄えられる電気量を $Q(t)$ とする。抵抗にかかる電圧は直流電源の場合と同じく $RI(t)$，コイルにかかる電圧は自己誘導起電力に対応する $L\dfrac{dI(t)}{dt}$，コンデンサーにかかる電圧は $\dfrac{Q(t)}{C}$ である。この和が交流電源からの電圧とつり合うので，$RI(t)+L\dfrac{dI(t)}{dt}+\dfrac{Q(t)}{C}=V_0\sin\omega t$ が成り立つ。$I=I_2\sin(\omega t+\theta_2)$ なので，$V_0\sin\omega t=RI_2\sin(\omega t+\theta_2)+\omega LI_2\sin\left(\omega t+\theta_2+\dfrac{\pi}{2}\right)+\dfrac{I_2}{\omega C}\sin\left(\omega t+\theta_2-\dfrac{\pi}{2}\right)$

$=RI_2\sin(\omega t+\theta_2)+\omega LI_2\cos\left(\omega t+\theta_2+\dfrac{\pi}{2}\right)-\dfrac{I_2}{\omega C}\cos\left(\omega t+\theta_2-\dfrac{\pi}{2}\right)$

$=RI_2\sin(\omega t+\theta_2)+\left(\omega LI_2-\dfrac{I_2}{\omega C}\right)\cos(\omega t+\theta_2)$

$=I_2\{R\sin(\omega t+\theta_2)+\omega L-\dfrac{1}{\omega C}\cos(\omega t+\theta_2)\}$

三角関数の合成式 $a\sin+b\cos=\sqrt{(a^2+b^2)}\sin(\theta+\varphi)$

$\tan\varphi=\dfrac{b}{a}$ を用いて，$V_0\sin\omega t=I_2\sqrt{R^2-\left(\omega L-\dfrac{1}{\omega C}\right)^2}\sin(\omega t+\theta_2+\varphi)$

$$\tan\varphi=\frac{\omega L-\dfrac{1}{\omega C}}{R}\qquad\text{両辺を比べると}\qquad I_2=\frac{V_0}{\sqrt{R^2+\left(\omega L-\dfrac{1}{\omega C}\right)^2}}$$

$$\theta_2=-\varphi\qquad\tan\theta_2=\tan(-\phi)=-\frac{\omega L-\dfrac{1}{\omega C}}{R}\quad\text{である。}$$

（別解）　$RI(t)+L\dfrac{dI(t)}{dt}+\dfrac{Q(t)}{C}=V_0\sin\omega t$ のとき，電流と電圧を複素化すると，$I(t)\to\widetilde{I}(t)=\widetilde{I}e^{i\omega t}$, $V(t)\to\widetilde{V}(t)=V_0e^{i\omega t}$, 回路に流れる電流とかかる電圧がこれら複素数の虚部であるとみなす。このとき，交流回路の複素インピーダンス Z は $\widetilde{I}=\dfrac{V_0}{Z}$ で与えられるので，

$Z=R+i\left(\omega L-\dfrac{1}{\omega C}\right)$ と求められる。この複素インピーダンスを三角関数の加法定理を用いて絶対値と位相に分けることで，$Z=|Z|e^{i\phi}$,

$|Z|=\sqrt{R^2-\left(\omega L-\dfrac{1}{\omega C}\right)^2}$, $\tan\phi=\dfrac{\omega L-\dfrac{1}{\omega C}}{R}$ と書き直すことができる。ゆえに，複素化した電流は $\widetilde{I}(t)=\dfrac{\widetilde{V}(t)}{Z}=\dfrac{V_0}{\sqrt{R^2+\left(\omega L-\dfrac{1}{\omega C}\right)^2}}e^{i(\omega t-\phi)}$

と求まり，回路に流れる電流は $\widetilde{I}(t)$ の虚部，すなわち

$$I(t)=\frac{V_0}{\sqrt{R^2+\left(\omega L-\dfrac{1}{\omega C}\right)^2}}\sin(\omega t-\phi)\text{となる。ゆえに，}$$

$$I_2=\frac{V_0}{\sqrt{R^2+\left(\omega L-\dfrac{1}{\omega C}\right)^2}},\quad\theta_2=-\phi\text{ となり，}\tan\theta_2=\tan(-\phi)=$$

$-\dfrac{\omega L-\dfrac{1}{\omega C}}{R}$ となる。　（3）　抵抗，コンデンサー，コイルが並列に接続されるとき，それぞれにかかる電圧が等しい。そのため，抵抗，コンデンサー，コイルに流れる電流をそれぞれ i_R, i_C, i_L とすると，$i_3\sin(\omega t+\theta_3)=i_R+i_C+i_L$, $V=Ri_R=\dfrac{Q}{C}=\dfrac{Ldi_L}{dt}$　　また各電流の値は，

$i_R = \dfrac{V}{R} = \dfrac{V_0}{R} \sin(\omega t)$ $i_C = \dfrac{d}{dt} CV = \omega CV_0 \cos(\omega t)$ $i_L = \displaystyle\int \dfrac{V}{L} dt =$

$-\dfrac{V_0}{L\omega} \cos(\omega t)$ なので，

$I_3 \sin(\omega t + \theta_3) = \dfrac{V_0}{R} \sin(\omega t) + \omega CV_0 \cos(\omega t) - \dfrac{V_0}{L\omega} \cos(\omega t) =$

$V_0 \left\{ \dfrac{1}{R} \sin(\omega t) + \left(\omega C - \dfrac{1}{L\omega} \right) \cos(\omega t) \right\}$

(2)と同様に，三角関数の合成を用いて

$I_3 \sin(\omega t + \theta_3) = V_0 \sqrt{\left(\dfrac{1}{R} \right)^2 + \left(\omega C - \dfrac{1}{L\omega} \right)^2} \sin(\omega t + \varphi)$

$\tan \varphi = \dfrac{\omega L - \dfrac{1}{\omega C}}{\dfrac{1}{R}} = R\left(\omega C - \dfrac{1}{L\omega} \right)$ 両辺を比べると

$I_3 = V_0 \sqrt{\left(\dfrac{1}{R} \right)^2 + \left(\omega C - \dfrac{1}{L\omega} \right)^2}$ $\varphi = \theta_3$ $\therefore$ $\tan \theta_3 = R\left(\omega C - \dfrac{1}{L\omega} \right)$

(別解)　それぞれの素子でのインピーダンスZ_R，Z_C，Z_Lを求め，回路全体における合成インピーダンスZを計算し，回路に流れる電流を求めることができる。(2)と同様に電流と電圧を複素化し，$I(t) \rightarrow \widetilde{I}(t) = \widetilde{I} e^{i\omega t}$，$V(t) \rightarrow \widetilde{V}(t) = V_0 e^{i\omega t}$，その虚部が回路に流れている電流とかかる電圧とみなす。抵抗については，インピーダンスは抵抗値Rに等しいので，$Z_R = R$，コンデンサーについては，複素化した電気量$\widetilde{Q}(t)$と電流$\widetilde{I}(t)$の間に$\dfrac{d\widetilde{Q}(t)}{dt} = \widetilde{I}(t) \rightarrow i\omega \widetilde{Q}(t) = \widetilde{I}(t)$の関係が成り立つことから，$\widetilde{V}(t) = \dfrac{\widetilde{Q}(t)}{C} = \dfrac{1}{i\omega C} \widetilde{I}(t)$が成り立つ。ゆえに，コンデンサーのインピーダンスは，$Z_C = \dfrac{1}{i\omega C}$とわかる。コイルについては，$\widetilde{V}(t) = L\dfrac{d\widetilde{I}(t)}{dt}$に複素化した電流と電圧を代入すると，$\widetilde{V}(t) = i\omega L\widetilde{I}(t)$が成り立つ。ゆえに，コイルのインピーダンスは，$Z_L = i\omega L$とわかる。以上3つのインピーダンスを合成した回路全体の合成インピーダンスは，

$Z = \dfrac{1}{\dfrac{1}{R} + i\omega C + \dfrac{1}{i\omega L}} = \dfrac{1}{\dfrac{1}{R} + i\left(\omega C + \dfrac{1}{\omega L} \right)}$となる。さらに三角関数の

加法定理を用いて絶対値と位相に分ければ，$Z = |Z| e^{i\alpha} =$

$$\frac{1}{\sqrt{\left(\frac{1}{R}\right)^2 + \left(\omega C - \frac{1}{\omega L}\right)^2}} e^{i\alpha}, \quad \tan\alpha = -R\left(\omega C - \frac{1}{\omega L}\right)$$ と表せる。複素化

した電流は，$\widetilde{I}(t) = \dfrac{\widetilde{V}(t)}{Z} = V_0 \sqrt{\left(\dfrac{1}{R}\right)^2 + \left(\omega C - \dfrac{1}{\omega L}\right)^2}\, e^{i(\omega t - \alpha)}$ と求めら

れ，回路に流れる電流はこの表式の虚部であり，

$I(t) = V_0 \sqrt{\left(\dfrac{1}{R}\right)^2 + \left(\omega C - \dfrac{1}{\omega L}\right)^2}\, \sin(\omega t - \alpha)$ と求められる。ゆえに，

$I_3 = V_0 \sqrt{\left(\dfrac{1}{R}\right)^2 + \left(\omega C - \dfrac{1}{\omega L}\right)^2}$，$\theta_3 = -\alpha$ となり，$\tan\theta_3 = \tan(-\alpha) = $

$R\left(\omega C - \dfrac{1}{\omega L}\right)$ となる。

【4】 (1) $\dfrac{r^2}{R} = \left(m + \dfrac{1}{2}\right)\lambda$ (2) $\dfrac{R}{2r}\lambda$ (3) $\dfrac{r^2}{R} = m\dfrac{\lambda}{n}$ (4) 狭くなる

〈解説〉(1)　P_1で反射された光線とQ_1で反射された光線の光路差$2P_1Q_1$は，$2P_1Q_1 = 2(R - \sqrt{R^2 - r^2})$と表せる。$r \ll R$より，$\sqrt{R^2 - r^2} = R\left(1 - \left(\dfrac{r}{R}\right)^2\right)^{\frac{1}{2}}$ $\approx R - \dfrac{r^2}{2R}$ と近似できることから光路差は，$2P_1Q_1 \approx 2\left(R - R + \dfrac{r^2}{2R}\right) = $ $\dfrac{r^2}{R}$ と近似できる。Q_1で反射された光線は屈折率の小さい媒質から大きい媒質への進行であるため，反射の際に位相がπずれる。よって，2つの光線が強め合う条件は，光路差が波長の半整数倍に等しくなること，すなわち$\dfrac{r^2}{R} = \left(m + \dfrac{1}{2}\right)\lambda$と表せる。 (2)　P_1での明環がm次，P_2での明環が$(m+1)$次のものであるとすると，$\dfrac{(OP_1)^2}{R} = \left(\dfrac{1}{2} + m\right)\lambda$，$\dfrac{(O'P_2)^2}{R} = \left(\dfrac{1}{2} + m + 1\right)\lambda$ が成り立つ。ここで$(O'P_2)^2 - (OP_1)^2$は，$(O'P_2)^2 - (OP_1)^2 = R\left(\dfrac{3}{2} + m\right)\lambda - R\left(\dfrac{1}{2} + m\right)R = R\lambda$ と表せる。一方，近似$O'P_2 + OP_1 \approx 2r$を用いれば，$(O'P_2)^2 - (OP_1)^2 = (O'P_2 - OP_1)(O'P_2 + OP_1) \approx (O'P_2 - OP_1) \cdot 2r$と表せる。これらを等しいと置き両辺を$2r$で割ることで，$O'P_2 - OP_1 = \dfrac{R\lambda}{2r}$を得る。 (3)　ガラス板の下から見る場合，真上から入射し一度も反射せず透過した光線と，Q_1とP_1で合計

2回反射した光線とが干渉する。このとき，ガラス以外の部分が屈折率 n の油で満たされていることから，反射によって光線の位相はずれず，また2つの光線の光路差は，$(3P_1Q_1 - P_1Q_1) \times n = 2P_1Q_1 \times n = n\dfrac{r^2}{R}$ となる。位相がそろった光線が強め合う条件は，光路差が波長の整数倍に等しいとき，すなわち $n\dfrac{r^2}{R} = m\lambda$ と表せる。これを整理して，$\dfrac{r^2}{R} = m\dfrac{\lambda}{n}$ となる。　(4)　(2)の結果から，隣り合う明環の間隔は光線の波長 λ に比例することがわかる。青色光線は赤色光線に比べて波長が短いため，明環の間隔は狭くなる。

【化学】

【1】 (1) 2　　(2) 1, 2　　(3) 2, 3　　(4) 2, 4

〈解説〉(1)　2　電池の正極では電子を受け取るので還元反応，負極では電子を放出するので酸化反応が起こる。　(2)　1　イオン結晶の液体や水溶液は電気伝導性があるが固体は電気伝導性がない。　2　共有結合している原子間の距離は，各原子の共有結合半径の和になる。(3)　2　硫化亜鉛ZnSは白色の沈殿である。　3　塩化銀にアンモニア水を加えるとジアンミン銀(Ⅰ)イオン$[Ag(NH_3)_2]^+$を生じて溶ける。(4)　2　NH_4Clは強酸と弱塩基の正塩であり，水溶液は酸性である。4　KNO_3は強酸と強塩基の正塩であり，水溶液は中性である。

【2】 (1)　$2NH_4Cl + Ca(OH)_2 \rightarrow CaCl_2 + 2HN_3 + 2H_2O$　　(2)　(ア)　○
(イ)　×　　(ウ)　×　　(3)　大きくなる　　(4)　(ア)　$3a - \dfrac{3}{2}b$
(イ)　$\dfrac{16b^2V^2}{27(2a-b)^4}$　　(5)　$\dfrac{x+3y+92}{6}$　　(6)　④×3＋⑤×2より
$4NO + 8O_2 \rightarrow 4H_2O + 4HNO_3$　…⑥　⑥式と問題の③式を足して整理すると，$NH_3 + 2O_2 \rightarrow HNO_3 + H_2O$　…⑦　112Lのアンモニアは5mol　5molのアンモニアを全て反応させて硝酸にするために必要な酸素は⑦式の化学反応式より10mol　5molのアンモニアを全て反応させると，⑦式より5molの硝酸が得られる。硝酸5molは63×5＝315〔g〕　60％の濃硝酸

がc〔g〕得られるとすると$c \times \dfrac{60}{100} = 315$　$c = 525$　必要な酸素…10〔mol〕　得られる60％硝酸…525〔g〕

〈解説〉(1)　解答参照。　(2)　(ア)　正反応と逆反応の反応速度が等しくなり，見かけ上反応が止まったように見える状態を平衡状態という。(イ)　化学平衡は，温度，濃度，圧力などの条件を変えると新たな平衡状態に移行するので，平衡状態では各分圧は等しくならない。(ウ)　化学反応式の係数は，反応する物質と生成する物質の分子の比を表している。　(3)　アンモニアの生成反応は発熱反応であり，温度を下げると生成反応が進むので，アンモニアの生成率は大きくなる。(4)　(ア)　アンモニアがb〔mol〕生成したので，反応した水素は$\dfrac{3}{2}b$〔mol〕である。反応前の水素は$3a$〔mol〕なので，平衡状態の水素の物質量は，$3a - \dfrac{3}{2}b$〔mol〕　(イ)　平衡状態における各物質の濃度は，

$$[N_2] = \frac{a - \dfrac{b}{2}}{V} \ \text{〔mol/L〕}, \quad [H_2] = \frac{3a - \dfrac{3}{2}b}{V} \ \text{〔mol/L〕}, \quad [NH_3] = \frac{b}{V} \ \text{〔mol/L〕}$$

よって，平衡定数$K = \dfrac{[NH_3]^2}{[N_2][H_2]^3} = \dfrac{\left(\dfrac{b}{V}\right)^2}{\left[\dfrac{a - \left(\dfrac{b}{2}\right)}{V}\right]\left[\dfrac{3a - \left(\dfrac{3}{2}\right)b}{V}\right]^3} = \dfrac{16b^2V^2}{27(2a-b)^4}$

(5)　(反応熱)＝(生成物の結合エネルギーの和)－(反応物の結合エネルギーの和)である。アンモニア分子のN－H結合の結合エネルギーをz〔kJ/mol〕とすると，$N_2 + 3H_2 \rightarrow 2NH_3 + 92$kJより，$92 = 2 \times (z \times 3) - (x + y \times 3)$となり，$z = \dfrac{x + 3y + 92}{6}$〔kJ/mol〕である。　(6)　解答参照。

【3】(1)　B点で凝固がはじまり，凝固熱が放出されたため。

(2)　0.1〔mol/kg〕　(3)　溶媒のみ凝固するので濃度が増え，凝固点降下度が大きくなるから。　(4)　イ

(5)　

(6)　安息香酸分子のうちx〔mol〕が二量体を形成しているとすると

$$2C_6H_5COOH \rightleftarrows (C_6H_5COOH)_2$$

$\dfrac{2.44}{122}$〔mol〕

$\dfrac{2.44}{122} - x$〔mol〕　　$\dfrac{1}{2}x$〔mol〕

実験Ⅲの溶液中には$\dfrac{2.44}{122} - x + \dfrac{1}{2}x = \dfrac{2.44}{122} - \dfrac{1}{2}x$〔mol〕の粒子が存在

することになる。　$0.616 = 5.12 \times \left(\dfrac{2.44}{122} - \dfrac{1}{2}x\right) \times \dfrac{1000}{100}$　$x = 0.01594$

よって，二量体を形成している安息香酸分子の割合は，$\dfrac{0.01594}{\frac{2.44}{122}} = 0.797$

安息香酸の二量体の物質量は$0.01594 \times \dfrac{1}{2} = 0.00797$

割合…0.797　　二量体の物質量…7.97×10^{-3}〔mol〕

〈解説〉(1)　液体が凝固して固体になるときは熱を発生するが，凝固熱が冷却でうばわれる熱量よりも大きいので温度が上がる。　(2)　質量モル濃度は，溶媒1kgに溶かした溶質の量を物質量で表す。よって，$\dfrac{\frac{1.28}{128}}{\frac{100}{1000}} = 0.1$〔mol/kg〕である。　(3)　溶液が凝固するときは溶媒だけが先に凝固するので，溶媒が減って濃度が大きくなるため，凝固点降下度も大きくなり右下がりのグラフになる。　(4)　溶液の凝固点は，過冷却後の傾いた直線を伸ばした線と，最初の冷却で温度が降下している曲線との交点になる。　(5)　ベンゼン中では水がないため安息香酸分子同士で水素結合して二量体になる。　(6)　二量体を形成している安息香酸をx〔mol〕とすると，単量体の安息香酸は$\dfrac{2.44}{122} - x$〔mol〕，二量体は$\dfrac{x}{2}$〔mol〕より，全体の物質量は，$\dfrac{2.44}{122} - x + \dfrac{x}{2} = 0.02 - \dfrac{x}{2}$〔mol〕である。これを凝固点降下の式$\Delta t = K_f \times m$に代入すると，$0.616 = 5.12 \times \dfrac{0.02 - \frac{x}{2}}{\frac{100}{1000}}$より，$x = 0.01594$〔mol〕である。よって，二量体の割合は，$\dfrac{0.01594}{\frac{2.24}{122}} = 0.797$である。また，二量体の物質量は，

$\dfrac{0.01594}{2} = 7.97 \times 10^{-3}$ 〔mol〕である。

【4】 (1)　$pH = -\log_{10}[H^+] = -\log_{10}(3 \times 10^{-1}) = 1 - 0.48 = 0.52$　　$pH = 0.52$　　(2)　$HCl \rightarrow H^+ + Cl^-$　$[H^+]_{HCl} = 10^{-8}$ 〔mol/L〕

$H_2O \rightleftarrows H^+ + OH^-$　$[H^+]_{H_2O} = [OH^-]_{H_2O} = x$ 〔mol/L〕

$[H^+]_{total} = [H^+]_{HCl} + [H^+]_{H_2O}$とすると，$[H^+]_{total} \times [OH^-]_{H_2O} = 10^{-14}$ 〔(mol/L)^2〕より，$(10^{-8}+x)x = 10^{-14}$　∴　$x = 9.5 \times 10^{-8}$ 〔mol/L〕

∴　$[H^+]_{total} = 1.05 \times 10^{-7}$ 〔mol/L〕　　$pH = -\log_{10}[H^+]_{total} = -\log_{10}(1.05 \times 10^{-7}) = 7 - 0.02 = 6.98$　　$pH = 6.98$

〈解説〉(1)　塩酸の水素イオン濃度は$0.30 = 3.0 \times 10^{-1}$ 〔mol/L〕であり，これを$pH = -\log_{10}[H^+]$の式に代入して求める。　(2)　水は$H_2O \rightleftarrows H^+ + OH^-$に電離しており，この水素イオンに塩酸から電離した水素イオンを加えたものが全体の水素イオンになる。問いにおいては，水素イオン濃度と水酸化物イオン濃度は，純水が電離している場合の濃度とは異なる。まずは，塩酸から生じる水素イオン濃度は$[H^+]_{HCl} = \dfrac{1.0 \times 10^{-6}}{100} = 1.0 \times 10^{-8}$ 〔mol/L〕，水の電離による水素イオン濃度と水酸化物イオン濃度を$[H^+]_{H_2O} = [OH^-]_{H_2O} = x$ 〔mol/L〕とすると，水素イオン濃度の合計は，$[H^+]_{total} = 1.0 \times 10^{-8} + x$ 〔mol/L〕になる。水のイオン積から，$[H^+]_{total} \times [OH^-]_{H_2O} = 10^{-14}$ 〔(mol/L)^2〕より，$(1.0 \times 10^{-8}+x)x = 10^{-14}$となるので，$x = 9.5 \times 10^{-8}$ 〔mol/L〕である。よって，全体の水素イオン濃度は，$[H^+]_{total} = (1.0 \times 10^{-8}) + (9.5 \times 10^{-8}) = 1.05 \times 10^{-7}$ 〔mol/L〕である。よって，$pH = -\log_{10}[H^+]_{total} = -\log_{10}(1.05 \times 10^{-7}) = 7 - 0.02 = 6.98$である。

【5】(1)

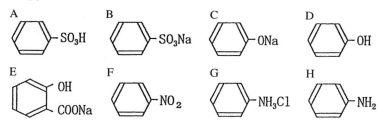

A
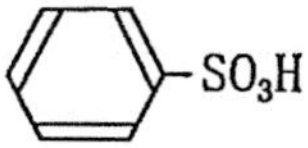
B
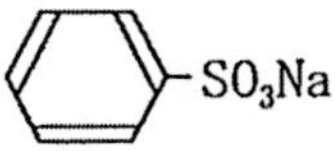
C
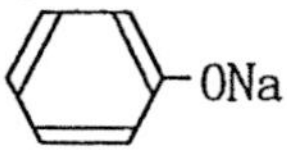
D
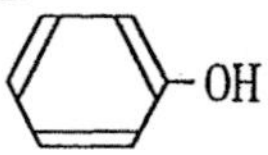

E
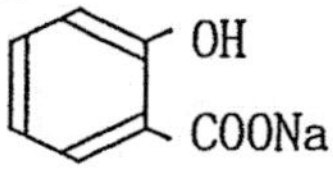
F
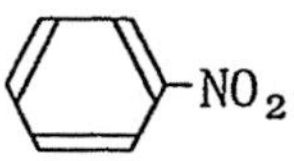
G
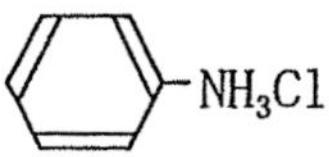
H
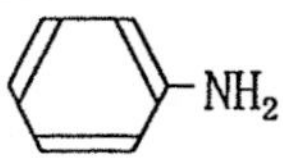

(2) 記号…A　化合物名…ベンゼンスルホン酸　(3) ① スルホン化　② ニトロ化　③ アセチル化

〈解説〉(1) A ベンゼンを濃硫酸とともに加熱すると，$C_6H_6+H_2SO_4 \rightarrow C_6H_5SO_3H+H_2O$により，ベンゼンスルホン酸が生成する。 B ベンゼンスルホン酸に水酸化ナトリウム水溶液を加えると，$C_6H_5SO_3H+NaOH \rightarrow C_6H_5SO_3Na+H_2O$により，ベンゼンスルホン酸ナトリウムが生成する。 C ベンゼンスルホン酸ナトリウムを高温で融解した水酸化ナトリウムと反応させると，$C_6H_5SO_3Na+2NaOH \rightarrow C_6H_5ONa+Na_2SO_3+H_2O$により，ナトリウムフェノキシドが生成する。 D ナトリウムフェノキシドの水溶液に二酸化炭素を通じると，$C_6H_5ONa+CO_2+H_2O \rightarrow C_6H_5OH+NaHCO_3$により，フェノールが生成する。
E ナトリウムフェノキシドを高圧の二酸化炭素と反応させると，$C_6H_5ONa+CO_2 \rightarrow C_6H_4(OH)COONa$により，サリチル酸ナトリウムが生成する。 F ベンゼンに濃硫酸と濃硝酸を加えて加熱すると，$C_6H_6+HNO_3 \rightarrow C_6H_5NO_2+H_2O$により，ニトロベンゼンが生成する。
G ニトロベンゼンを濃塩酸とスズで還元すると，$2C_6H_5NO_2+3Sn+14HCl \rightarrow 2C_6H_5NH_3Cl+3SnCl_4+4H_2O$により，アニリン塩酸塩を生成する。 H アニリン塩酸塩に水酸化ナトリウム水溶液を作用させると，$C_6H_5NH_3Cl+NaOH \rightarrow C_6H_5NH_2+NaCl+H_2O$により，アニリンが生成する。 (2) Aのベンゼンスルホン酸は，スルホ基をもつので強酸性を示す。その他，B：中性，C：塩基性，D：弱酸性，E：塩基性，F：中性，G：弱酸性，H：塩基性である。 (3) ① ベンゼン環の水素原子がスルホ基に置き換わるのでスルホン化である。 ② ベンゼン環

の水素原子がニトロ基に置き換わるのでニトロ化である。　③　アミノ基の水素原子がアセチル基に置き換わるのでアセチル化である。

【6】(1)　A

$$\text{〔ベンゼン環〕}-CH_2OH$$

B

$$\text{〔ベンゼン環〕}\begin{array}{l}-CH_3\\-OH\end{array}$$ （オルト，メタ，パラ体いずれも可）

C

$$\text{〔ベンゼン環〕}-O-CH_3$$

(2)　$CH_3-C^*H-C \equiv CH$ の下に CH_2-CH_3

(3)　$\dfrac{44+n(35.5-1)}{44} \fallingdotseq 4.1$　∴　$n \fallingdotseq 4$　　$C_3H_4Cl_4$　　(4)　Fの水溶液は$C_{12}H_{25}COO^-$の加水分解によって弱い塩基性を示すが，Gの水溶液は中性である。また，Fは硬水中では沈殿を生じ，界面活性作用を失うが，Gではそのようなことは起こらない。　　(5)　(a)　$2AgNO_3 + 2NaOH \rightarrow 2NaNO_3 + Ag_2O + H_2O$，　$Ag_2O + H_2O + 4NH_3 \rightarrow 2[Ag(NH_3)_2]OH$

(b)　CH_3CH_2COOH

〈解説〉(1)　化合物AとBは金属ナトリウムと反応するので，ヒドロキシ基−OHをもつ。また，化合物Bは塩化鉄(Ⅲ)水溶液により青色を発色するのでフェノールであり，−OHはベンゼン環に結合するので，他は−CH_3より，化合物Bは$C_6H_4(CH_3)OH$である。化合物Aは−OHをもつアルコールであり，−CH_2OHが結合した$C_6H_5CH_2OH$である。化合物CはOを挟んで−CH_3が結合する$C_6H_5OCH_3$である。　(2)　不斉炭素原子は，4個の互いに異なる原子または原子団と結合している炭素原子である。化合物Dの不斉炭素原子は，三重結合の−$C \equiv CH$の他に異なる原子または原子団3つをもつので，−CH_2CH_3，−CH_3，−Hが考えられる。　(3)　プロパンの水素原子と置き換わった塩素原子の数をn個とすると，分子式はC_3H_8から$C_3H_{(8-n)}Cl_n$になる。分子量は，$C_3H_8 = 44$，$C_3H_{(8-n)}Cl_n = 12 \times 3 + 1 \times (8-n) + 35.5 \times n = 44 + 34.5n$より，$\dfrac{44+34.5n}{44} = 4.1$から，$n = 4$である。よって，Eの分子式は$C_3H_4Cl_4$であ

る。　(4)　Fは弱酸の脂肪酸と強塩基の水酸化ナトリウムの塩で水溶液は弱塩基性であり，Ca^{2+}，Mg^{2+}を多く含む硬水中では難溶性の塩を生じて沈殿するので洗浄力がなくなる。一方，Gは強酸のスルホン酸と強塩基の水酸化ナトリウムの塩で水溶液は中性であり，Ca塩やMg塩は沈殿しないので洗浄力を失わない。　(5)　(a)　硝酸銀水溶液と水酸化ナトリウム水溶液が反応して，水に不溶の酸化銀Ag_2Oを生じる。ここにアンモニアを加えることにより，ジアンミン銀(Ⅰ)イオン$[Ag(NH_3)_2]^+$を生じて溶解する。　(b)　プロピオンアルデヒドによる銀鏡反応は，$CH_3CH_2CHO + 2[Ag(NH_3)_2]^+ + 2OH^- \rightarrow CH_3CH_2COOH + 2Ag + 4NH_3 + H_2O$により，プロピオン酸が生成する。

【生物】

【1】問1　ア　調節　　イ　構造　　ウ　RNAポリメラーゼ
問2　名称…スプライシング　　説明…転写されてできたRNAのイントロン部分が切り取られてmRNAとなる。　　問3　リプレッサーのオペレーター結合部位の立体構造が変化するため。　　問4　グルコースがなく，ラクトースもない条件下において，正常な遺伝子*lacI*を導入する。このとき酵素合成の遺伝子が発現しなくなれば，遺伝子*lacI*の領域の突然変異である。また，発現があれば，オペレーター領域の突然変異である。　　問5　(1)　(ア), (ウ)　　(2)　基質特異性

〈解説〉問1　タンパク質やRNAの一次構造を決定する構造遺伝子の発現を抑制する遺伝子を調節遺伝子と呼ぶ。ラクトースオペロンにおいて，構造遺伝子とはタンパク質をコードする遺伝子のことで，調節遺伝子とはリプレッサーをコードする遺伝子のことである。プロモーターと呼ばれるDNA配列にRNAポリメラーゼが結合して，転写複合体を形成する。　　問2　スプライシングは，真核生物のmRNA前駆体がRNAポリメラーゼによる転写の後に受ける転写後プロセシングのひとつである。　　問3　ラクトースオペロンのリプレッサーは，単体のときに活性で，ラクトースが結合すると不活性になる。ラクトースの存在によって不活性になったリプレッサーはオペレーターに結合できず，ラク

トースオペロンはONとなり，ラクトースが分解される。　問4　グルコースがなく，ラクトースもない条件下では，リプレッサーがオペレーターに結合し，ラクトースオペロンがOFFになる。リプレッサーをコードする正常な遺伝子*lacI*を導入して酵素合成の遺伝子が発現しなくなる，つまりラクトースオペロンがOFFになるとき，*lacI*が正常でないことがわかる。酵素合成の遺伝子が発現したとき，リプレッサーは正常だが，結合するオペレーターに異常があると考えられる。

問5　(1)　二糖類とは単糖類2つが結合してできた糖である。二糖類には，マルトース(麦芽糖)・セロビオース・ラクトース(乳糖)・スクロース(ショ糖)・イソマルトース・トレハロースなどがある。　(2)　酵素にはそれぞれ結合部位と相補的な構造を持つ基質のみと反応する性質をもつ。例えば，α-アミラーゼはデンプンを分解するが，タンパク質は分解することができない。

【2】問1　ア　腎小体(マルピーギ小体)　　イ　細尿管(腎細管，尿細管)　ウ　糸球体　　エ　ボーマンのう　　オ　輸尿管(尿管)　　カ　バソプレシン　　キ　集合管　　ク　鉱質コルチコイド　　問2　タンパク質は糸球体からろ過されず，原尿に含まれない。グルコースは糸球体でろ過されるが，細尿管からすべて再吸収される。　　問3　糖尿病で血液中の血糖量が高くなると，細尿管からすべてのグルコースを再吸収できる限界を超えてしまい，尿中にグルコースが排出されてしまう。　　問4　イヌリンの濃縮率は，$\frac{12}{0.1}=120$〔倍〕　(再吸収された尿素量)＝(原尿中の尿素量)−(尿中の尿素量)であることから尿100mLあたりでは，$0.03×120−2=3.6−2=1.6$〔g〕　測定した尿は50mLなので，$1.6×\frac{50}{100}=0.8$〔g〕

〈解説〉問1　腎動脈から送り込まれた血液は，糸球体でろ過され，血球・タンパク質以外の成分がボーマンのうでこし出され原尿になる。原尿は細尿管や集合管を通過する間に多くの成分が毛細血管に再吸収される。細尿管から水分の再吸収を促進するホルモンはバソプレシンで，無機塩類の再吸収を促進するホルモンは鉱質コルチコイドである。

問2　血液のうち液体成分の大半が糸球体の小さな穴からろ過される
が，タンパク質などの大きな分子と血球は，ろ過されずに血液中に残
る。グルコースは生体にとって重要な物質であるため，通常は，ろ過
されたものは100％再吸収されて尿中には出ない。　問3　160～
180mg/dLを超えた高血糖になると，尿にグルコースが排出されるとい
われている。　問4　濃縮率は，$\dfrac{(血しょう中濃度)}{(尿中濃度)}$で求められる。120
倍に濃縮されたのは，水が再吸収されてできた尿の量が原尿の120分
の1の量になったためと考えられる。

【3】Ⅰ　問1　年平均気温　　問2　(b), (c), (d), (e)　　問3　①　記
号…f　　名称…雨緑樹林　　②　記号…a　　名称…ツンドラ
問4　マングローブ(林)　　問5　(1)　夏緑樹林　　(2)　森林限界
問6　硬葉樹林は降水量が夏季に少ない地域に成立しているのに対し，
照葉樹林は降水量が夏季に多い地域に成立しているため。

　Ⅱ　問7　1200〔g〕　　問8　500〔g〕　　問9　イ，カ

〈解説〉Ⅰ　問1　バイオームとは，ある地域に生息するすべての生物の
集団のことである。バイオームは気温と降水量によって決まる。
　問2　日本列島にみられる，気温によって区分される気候帯と，各気
候帯に対応する森林のバイオームは，低緯度の地域から高緯度の地域
に向かって，亜熱帯の地域で(e)亜熱帯多雨林，暖温帯の地域で(d)照葉
樹林，冷温帯の地域で(c)夏緑樹林，亜寒帯の地域で(b)針葉樹林と変化
する。　問3　バイオームは，(a)ツンドラ，(b)針葉樹林，(c)夏緑樹林，
(d)照葉樹林，(e)熱帯・亜熱帯多雨林，(f)雨緑樹林，(g)ステップ，
(h)サバンナ，(i)砂漠に分けられる。①は雨緑樹林であり，雨季に緑葉
をつけて活動し，乾季に落葉する樹種が中心である。②はツンドラで
あり，低木，草本，コケ植物，地衣類が中心である。永久凍土層が地
表にも達しており，短い夏に表面が溶け出すとそこで草本が育ち，開
花する。　問4　マングローブは，熱帯・亜熱帯気候のほか，海水と
淡水が混ざり合う水質，軟弱土壌を好む。日本では，沖縄県，鹿児島
県で見られる植生である。　問5　緯度に伴って変化するバイオーム

の様子を水平分布，標高に伴って変化するバイオームの様子を垂直分布という。本州中部では，標高の低い方から，低地帯，山地帯，亜高山帯，高山帯と呼び，前三者には照葉樹林，夏緑樹林，針葉樹林が分布する。　(1)　ブナ，ミズナラはともに夏緑樹林でみられる植物である。　(2)　亜高山帯の最高部では高木が生育できない森林限界となる。
問6　硬葉樹林は，降水量が夏季に少ない地域に見られ，常緑で，小さく硬い葉をもつ。オリーブやコルクガシが挙げられる。照葉樹林は，降水量が夏季に多い地域に見られ，常緑で厚い葉をもつ。シイやカシが挙げられる。　Ⅱ　問7　(純生産量)＝(総生産量)－(生産者の呼吸量)＝2650－1450＝1200〔g/m²・年〕　問8　(成長量)＝(純生産量)－{(被食量)＋(枯死量)}＝1200－(30＋360＋310)＝500〔g/m²・年〕　なお，上式の枯死量は，表1の落葉・落枝量と根の脱落・枯死量を合わせたものである。　問9　ア　熱エネルギーは，そのあと化学エネルギーに変換されることはなく，最終的に生態系の外に出ていくので誤り。　イ　正しい。　ウ　生産力ピラミッドは，単位面積あたりに生産される有機物の量を示す。生産力とは，1段階上の栄養段階の捕食者が利用できるエネルギー量のことであり，捕食者より被食者の方が有機物量が小さくなることはないため，生産力ピラミッドは逆転しない。よって，誤り。　エ　(一次消費者のエネルギー効率〔％〕)＝$\frac{(\text{一次消費者の同化量})}{(\text{生産者の総生産量})}$×100で求められ，(二次消費者のエネルギー効率〔％〕)＝$\frac{(\text{二次消費者の同化量})}{(\text{一次消費者の同化量})}$×100で求められる。栄養段階が上位になるほどエネルギー効率は大きくなるので誤り。　オ　幼齢林では総生産量が増加し森林が成長するが，やがて総生産量は横ばいになる。森林の成長に伴い呼吸量は増加するので，純生産量は次第に減少する。よって，誤り。　カ　正しい。

【4】 I 問1 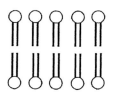　　　　　　　問2　カドヘリン

II 問3 ア チャネル　イ 受動　ウ ナトリウムポンプ
エ 能動　問4 ① Na$^+$濃度…(あ)　K$^+$濃度…(い)
② Na$^+$濃度…(う)　K$^+$濃度…(う)　問5 細胞膜を透過できない
ような分子量の大きな物質に対して，細胞膜が膜構造を保ちながら物
質を包み込み，やがて物質を包み込んだ小胞を細胞内に取り込む作用。
〈解説〉 I 問1　細胞膜はリン脂質のリン酸が外側を向くように上下二
重に並ぶ構造をもつ。親水性のリン酸が外側を向くことで，細胞膜自
体は水になじみやすい性質をもつ。　問2　カドヘリンは，細胞表面
に存在する糖タンパクの一種で，カルシウム依存的に細胞と細胞を接
着させる作用をもつ。　II 問3　細胞膜を介するナトリウムイオン
とカリウムイオンの輸送には濃度勾配に従って行われる受動輸送とエ
ネルギーを利用することで濃度勾配に逆らって行われる能動輸送とが
ある。ナトリウム―カリウムポンプは，ATPのエネルギーを使ってポ
ンプの形を変化させ，1回の輸送で3つのナトリウムイオンを細胞外に
出して，2つのカリウムイオンを細胞内に取り込む。ナトリウム―カ
リウムポンプを利用して細胞内はカリウム濃度が高く，細胞外はナト
リウムイオン濃度が高くなるように維持している。　問4　赤血球の
ようにミトコンドリアをもたない細胞では，解糖系がATPを合成する。
ナトリウムイオン濃度は赤血球内よりも血しょう中の方が高く，カリ
ウムイオン濃度は血しょう中よりも赤血球内の方が高い。これは，エ
ネルギーを用いてナトリウムイオンを細胞外へ，カリウムイオンを細
胞内へ輸送しているからである。①は，解糖系阻害剤により，ATP合
成が抑制される。つまり，ナトリウムイオンを細胞外へ，カリウムイ
オンを細胞内へ輸送する作用が弱まる。よって，ナトリウムイオン濃
度は大きくなり，カリウムイオン濃度は小さくなる。②は，赤血球に

はミトコンドリアが存在しないため，電子伝達系阻害剤を添加しても作用は変わらない。　問5　エンドサイトーシスの一例として食作用がある。好中球，好酸球，単球，マクロファージ，未熟樹状細胞は，食作用という機能をもつ。菌の取り込みと殺菌，抗原の取り込み，分解，T細胞への提示などを行う。

【5】問1　(1)　①　胚のう細胞　　②　配偶子　　(2)　雄原細胞，花粉管細胞　　(3)　5〔回〕　　(4)　二種の核…極核，精核　　合体してできる核…胚乳核　　問2　(i)　がく　　(ii)　花弁　　(iii)　花弁　(iv)　がく　　問3　隣接する始原細胞の分化を抑制し，細胞分裂を維持させる。　　問4　(1)　(ア)，(イ)，(エ)　　(2)　子葉　　(3)　ジベレリン　　(4)　糊粉層でのアミラーゼ合成を促進し，それが胚乳のデンプンを分子量の小さい糖に分解する。生じた糖は，胚の代謝を活発にさせるとともに浸透圧を高め吸水を引き起こす。

〈解説〉問1　薬の中では，成長した花粉母細胞から減数分裂により花粉四分子が生じる。1個の成熟花粉に含まれる核2個のうち，1個の核は花粉管核になり，もう一方の核は細胞膜に取り囲まれて雄原細胞の核となる。したがって，成熟花粉ができるまでに，減数分裂の核分裂2回と体細胞分裂の核分裂1回の計3回の核分裂が起こる。胚珠の中では，胚のう母細胞から胚のうができる過程で，減数分裂の核分裂2回で生じた4個の細胞のうち3個は退化・消失し，残った1個が胚のう細胞となり，この核が3回の核分裂を行うことで8個の核をもつ胚のうとなるので，計5回の核分裂が起こる。胚のうでは，8個の核が1個の卵細胞，2個の助細胞，3個の反足細胞の核になり，残り2個は中央細胞の極核になる。　　問2　花器官の性質を決定するABCモデルに関する問題である。A遺伝子はがくを，AとB遺伝子は花弁を，BとC遺伝子はおしべを，C遺伝子はめしべをつくるために必要である。C遺伝子が働かないとき，A遺伝子が働く。発現する遺伝子は，(i)Aのみ，(ii)AとB，(iii)AとB，(iv)Aのみとなり，(i)がく，(ii)花弁，(iii)花弁，(iv)がくに分化する。　　問3　形成中心や静止中心は周辺の始原細胞の分化を抑制

することで分裂を促進させ細胞数を増やしている。形成中心や静止中心から離れた細胞は分裂せず植物を構成する組織に分化する。

問4　(1)　ダイズなどのマメ科植物やクリなどの無胚乳種子は，胚乳が発生の初期にだけ生じ，成熟時には消滅する。必要な養分は代わりに子葉に蓄えられる。　(2)　解答参照。　(3)　ジベレリンは黒澤英一によってイネばか苗病から発見された。　(4)　必要な条件がそろって種子が発芽状態に移行することを，休眠打破という。発芽に必要な条件は，水，酸素，温度で，胚で認識・受容される。デンプンは水に溶けず，糖は水に溶ける。そのため，デンプンから糖がつくられると種子の中の浸透圧が上昇し吸水を引き起こす。

【地学】

【1】A　(1)　53〔km/年〕　(2)　①　　B　(1)　③　　(2)　70〔万年前〕

〈解説〉A　(1)　角距離2.4°の距離は，地球の外周を4.0×10^4〔km〕とすると$4.0 \times 10^4 \times \dfrac{2.4}{360} = 266.6\cdots$〔km〕になる。平均の速さは$\dfrac{266.6}{5} ≒ 53$〔km/年〕である。　(2)　地球の磁気は外核の対流により発生している。そのため，磁極が移動する原因は外核の対流の動きが原因と考えられている。　B　(1)　図2(a)の押し引きの分布から，この地域は北西から南東方向と，北東から南西方向とに分けることができる。また，図(b)の余震の方向から，断層の方向は，北西から南東方向へ伸びていると考えられる。断層の方向と押し引きの向きから，この地域には東西方向からの力がはたらいているといえる。　(2)　この川のずれは，$\sqrt{200^2 + 200^2} = 200\sqrt{2} ≒ 280$〔m〕のずれである。これが1回の地震の2mのずれで形成されたとすると，140回地震が発生したことになる。地震は5000年に1回発生しているので，活動を開始したのは70万年前となる。

【2】(1)　ア　点Q　イ　点P，Q　(2)　③　(3)　岩石名…斑れい岩　鉱物名…輝石　(4)　c→b→a

〈解説〉(1)　水を含まない場合の融解曲線に位置しているのは，点Qのみである。水に飽和した場合の融解曲線より高温側に位置しているのは，点P，Q両方である。　(2)　開放ニコルの場合は，偏光顕微鏡でへき開や有色鉱物の多色性を観察することができる。また，直交ニコルでは，斜長石内に特徴的な白黒縞模様が観察できる。　(3)　図2から，この火成岩は等粒状組織であることから深成岩であるといえ，含まれている鉱物から斑れい岩であるといえる。鉱物の晶出順が早いものは自形で晶出し，遅いものは鉱物の隙間を埋めるように晶出するため結晶面が発達しない。鉱物の自形を見ていくと，かんらん石が一番初めに晶出し，次に斜長石，最後に輝石であることがわかる。　(4)　図3から，aは約14×10^8〔Pa〕である。cは3つの鉱物の交点の位置になるので，約4×10^8〔Pa〕である。よって，圧力の低い順番は，c→b→aの順番になる。

【3】A　(1)　⑤　　(2)　③　　(3)　①，②　　B　(1)　磁場
　　(2)　②

〈解説〉A　(1)　問題文より，この地域は断層，褶曲，地層の逆転はないので，東西方向の走行と北に45度の傾斜を素直に読めばよい。その結果，地層の重なりは，⑤になる。　(2)　地点Cには，図1より，礫岩層が露出することになる。　(3)　③　凝灰岩は火山灰が固まった地層である。そのため，火成岩には分類されない。　B　(1)　地層に残されるものには，地層が堆積した当時の地球の磁場も存在する。
(2)　①　放散虫は現代も生存している生物である。　③　地球の磁場は新生代のみではなく，過去何度も逆転している。　④　フズリナは古生代末の示準化石であり，温かい海で生息していたと考えられる。また，古生代末当時は，アメリカとヨーロッパは一続きの大陸であり，現在ほど離れてはいない。

【4】(1)　ア　北　　イ　南東(東)　　(2)　③　　(3)　①　　(4)　速さ
　　…50〔m/s〕　　遅い順…A→B→D→C

〈解説〉(1)　海水の輸送の向きが，コリオリの力により風下に向かって直角右向きに変化するのは北半球である。また，南半球のペルー沖の海水温が低いのは，この地域の南東貿易風による湧昇流の影響である。(2)　①　亜熱帯環流の中心の海水は外側に比べて，1〜2m程度高くなっている。　②　亜熱帯環流では，外側の海面が高いため中心から外側に向かって圧力傾度力がはたらいている。　④　コリオリの力は，緯度が高くなるほど大きくなる。　(3)　②　南方振動は東太平洋(タヒチ)と西太平洋(ダーウィン)の海面気圧がシーソーのように変動する現象である。　③　ラニーニャ現象発生時は貿易風が強まるので湧昇流は強まる。　(4)　津波の速度は重力加速度をg，水深をhとすると$\sqrt{gh}$ で計算することができる。よって，津波の速度は$\sqrt{10 \times 250} = 50$〔m/s〕である。海面における黒潮の流速は約1.5m/s，気象庁における階級分けにおける非常に強い台風の最大風速は44m/s〜54m/s，P波の速度は約5〜7km/s，常温(15℃)での空気中の音速は約340m/sである。

【5】A　(1)　1.0×10⁵〔パーセク〕　　(2)　1×10⁴〔km/s〕

B　(1)　②　　(2)　ウ　ハロー　　エ　バルジ

〈解説〉A　(1)　天体までの距離d〔パーセク〕，絶対等級M，見かけの等級mとして，次式$M = m + 5 - 5\log_{10}d$から計算することができる。図1より変光周期は30日とわかるため，図2より絶対等級は−5.5等級とわかる。−5.5 = 14.5 + 5 − 5$\log_{10}d$を計算すると，$d = 1.0 \times 10^5$〔パーセク〕になる。　(2)　銀河の後退速度は，c×$\dfrac{\Delta \lambda}{\lambda}$で計算することができる。そのため，$3 \times 10^5 \times \dfrac{(678 - 656)}{678} \fallingdotseq 1 \times 10^4$〔km/s〕と推定できる。

B　(1)　球状星団の中心は銀河系の中心と同じである。そのため，太陽系から約2.8万光年離れた位置にある。球状星団の広がりは，半径7.5万光年，直径15万光年の範囲である。　(2)　球状星団の広がりの範囲をハローといい，太陽系や散開星団が存在する円盤部の中心にあるふくらみをバルジという。

2022年度　実施問題

中　学　理　科

【1】次の各問いに答えよ。

次の文は，中学校学習指導要領(平成29年3月告示)の「第2章　各教科　第4節　理科　第2　各分野の目標及び内容」の抜粋である。(①)～(⑩)にあてはまる語句を以下のア～タから選び，記号で答えよ。

〔第1分野〕

1　目標

物質やエネルギーに関する事物・現象を科学的に(①)するために必要な(②)・能力を次のとおり育成することを目指す。

(1)　物質やエネルギーに関する事物・現象についての観察，実験などを行い，身近な(③)現象，電流とその利用，運動とエネルギー，身の回りの物質，化学変化と原子・分子，化学変化とイオンなどについて理解するとともに，(④)の発展と(⑤)との関わりについて(⑥)を深めるようにする。また，それらを科学的に(①)するために必要な観察，実験などに関する基本的な(⑦)を身に付けるようにする。

(2)　物質やエネルギーに関する事物・現象に関わり，それらの中に問題を見いだし(⑧)をもって観察，実験などを行い，その結果を分析して解釈し表現するなど，科学的に(①)する活動を通して，規則性を見いだしたり課題を(⑨)したりする力を養う。

(3) 物質やエネルギーに関する事物・現象に進んで関わり，科学的に(①)しようとする(⑩)を養うとともに，自然を総合的に見ることができるようにする。

ア 印象	イ 資質	ウ 認識	エ 技能
オ 解決	カ 姿勢	キ 探究	ク 努力
ケ 物理	コ 人間生活	サ 態度	シ 宇宙
ス 知識	セ 見通し	ソ 科学技術	タ 理解

(☆☆◎◎◎)

【2】次の各問いに答えよ。

1 運動とエネルギーの関係について調べるために，次の実験を行った。以下の(1)〜(4)の問いに答えよ。ただし，小球とレール間の摩擦や，空気抵抗は考えないものとする。

≪実験≫

① 図1のように，水平な台の上に置いたレールをスタンドで固定する。レールの水平部分を高さの基準(高さ0cm)として定め，20.0cmの高さにあるレール上の点をA，15.0cmの高さにあるレール上の点をB，10.0cmの高さにあるレール上の点をC，5.0cmの高さにあるレール上の点をD，レールの水平部分にE，F，Gの各点を定める。木片をGの位置に合わせて置く。

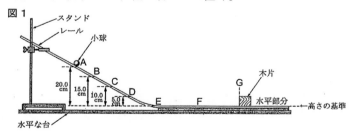

図1

② 質量20gの小球Xを，A点から静かに離し，レール上を転がして木片に当て，木片がGの位置から移動する距離(木片の移動距離)

を測定する。測定後は，再び木片をGの位置に置く。その後，同様に，B〜Dの各点から小球Xを，静かに離したときについても，木片の移動距離をそれぞれ測定する。

③　小球Xのかわりに，質量30gの小球Yを使い，②と同様に，A〜Dの各点から小球Yを静かに離したときの，Gの位置からの木片の移動距離をそれぞれ測定する。

＜結果＞

実験の測定結果から，小球を離した高さと木片の移動距離の関係を，グラフに表すと，図2のようになった。

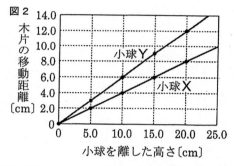

図2

(1)　小球Xがレール上のAからDの区間を運動しているとき，小球Xの運動する向きにはたらく力について正しく述べた文は，次のア〜エのうちどれか。最も適切なものを1つ選び，記号で答えよ。

ア　小球Xの運動する向きにはたらく力は，しだいに大きくなっている。

イ　小球Xの運動する向きにはたらく力は，しだいに小さくなっている。

ウ　小球Xの運動する向きにはたらく力は，一定である。

エ　小球Xの運動する向きに力は，はたらいていない。

(2)　小球Yを使って木片を移動させるとき，Cから小球Xを離した場合と同じ移動距離にするには，小球Yを離す高さは何cmにすればよいか。答えは小数第2位を四捨五入し，小数第1位まで求めよ。

(3) レール上のAからFの区間を運動する小球Xがもつエネルギー（① 位置エネルギー, ② 運動エネルギー）の大きさについて，模式的に表したグラフは，それぞれ次のア～カのうちどれか。最も適切なものを1つずつ選び，記号で答えよ。ただし，高さの基準であるレールの水平部分における，位置エネルギーを0とする。

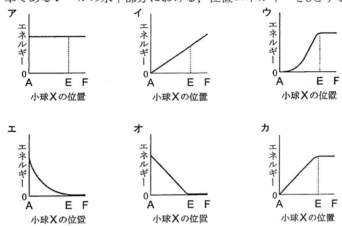

(4) Aから静かに離した小球Xが，Bの位置を通過したとき，小球Xがもつ位置エネルギーの大きさは，そのときの小球Xがもつ運動エネルギーの大きさの何倍か。ただし，高さの基準であるレールの水平部分における，位置エネルギーを0とする。

2 図1, 図2のような回路をつくり，実験1，実験2を行った。以下の(1)～(4)の問いに答えよ。ただし，実験前には，電気抵抗の値について，電熱線bが35Ωであることのみ分かっているものとする。

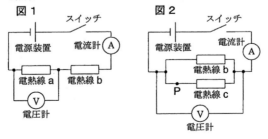

≪実験1≫

　図1のように，電熱線aと，電熱線bを用いて回路をつくった。その後，スイッチを入れ，電源装置の電圧を順に変化させ，電熱線aにつないだ電圧計と，電流計の示す値をそれぞれ測定した。

＜実験1の結果＞

　　表のような結果が得られた。

表

電圧〔V〕	0	2.0	3.0	4.0	6.0
電流〔mA〕	0	80	120	160	240

≪実験2≫

　図2のように，電熱線bと電熱線cを用いて回路をつくった。その後，スイッチを入れ，電源装置の電圧を1.4Vに調節し，電流計の示す値を測定した。

＜実験2の結果＞

　　電流計は120mAを示した。

(1)　実験1について，電熱線aの電気抵抗は何Ωか。

(2)　実験1について，電熱線aにつないだ電圧計が7.0Vを示しているとき，電熱線bの両端に加わる電圧は何Vか。

(3)　実験2について，回路のP点を流れる電流は何mAか。

(4)　図1，図2の回路を用いて，それぞれスイッチを入れ，電源装置の電圧を調整し，電流計の示す値がどちらも180mAを示すようにした。このとき，消費する電力が最も大きい電熱線は，次のア～エのうちどれか。適切なものを1つ選び，記号で答えよ。

　　ア　図1の電熱線a　　　イ　図1の電熱線b
　　ウ　図2の電熱線b　　　エ　図2の電熱線c

　　　　　　　　　　　　　　　　　　　(☆☆☆◎◎◎◎)

【3】次の各問いに答えよ。

1　図1は，ヒトの体の一部の器官と，循環系の一部を模式的に示し，図2は，小腸の内側の壁にあるひだとその表面を拡大し，模式的に

示したものである。以下の(1)～(5)の問いに答えよ。

図1

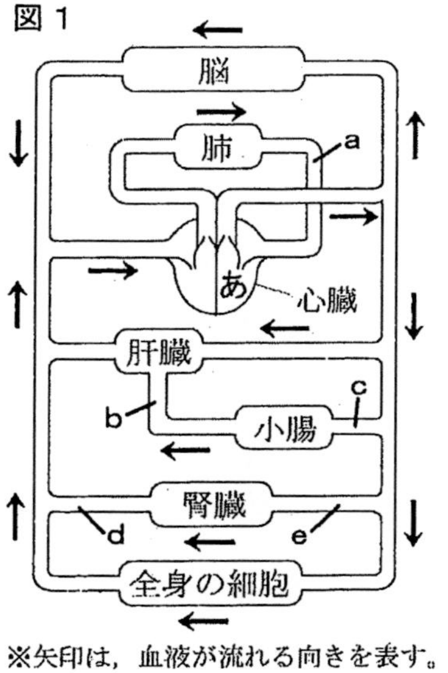

図2

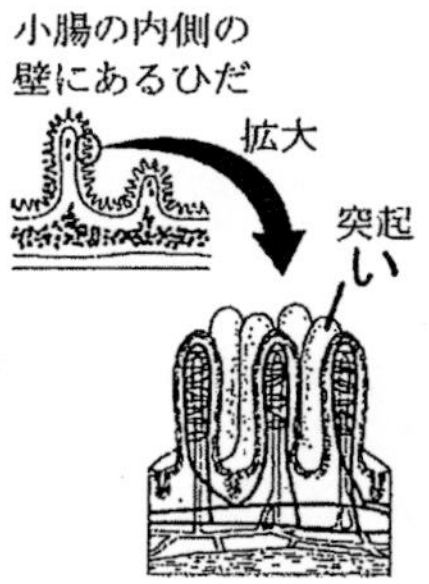

※矢印は，血液が流れる向きを表す。

(1) 図1について，心臓の部屋 あ の名称を，漢字で答えよ。

(2) 図1について，aの血管内を通り，心臓の部屋 あ に戻る血液は，動脈血・静脈血のどちらか答えよ。

(3) 図2について，小腸の壁にある突起 い の名称を答えよ。また，小腸の壁に突起 い がたくさんあることは，栄養分を吸収するうえでどのように都合がよいか，簡潔に説明せよ。

(4) 食事をすませて3～4時間後，図1のb～eの血管内を流れる血液の成分を調べた。次の①，②について適切なものを，以下のア～カから選び，記号で答えよ。

① bとcの血管内を流れる血液の成分を比較し，bの血管内により多く含まれている物質を2つ選べ。

② dとeの血管内を流れる血液の成分を比較し，eの血管内により多く含まれている物質を1つ選べ。

　　ア　糖(ブドウ糖)　　イ　デンプン　　ウ　タンパク質

エ　アミノ酸　　　　オ　脂肪酸　　　カ　尿素

(5)　肝臓のはたらきに関して，次の文中の(　①　)～(　④　)にあてはまる語句を，それぞれ答えよ。

> 　肝臓で合成され，胆のうに貯蔵されている(　①　)は，(　②　)を小さな粒にして，(　②　)の消化を助ける。
> 　デンプンは消化器官で最終的に(　③　)にまで分解され，その一部は，肝臓で(　④　)に合成されて貯蔵される。

(☆☆☆◎◎◎)

【4】次の各問いに答えよ。

1　ある日，滋賀県のある地点で天体の観察を行ったところ，金星と三日月が図1のように見えた。図2は，太陽，金星，地球，月の位置関係を，図3は，太陽，金星，地球，火星の位置関係をそれぞれ模式的に地球の北極側から示したモデル図である。以下の(1)～(4)の問いに答えよ。

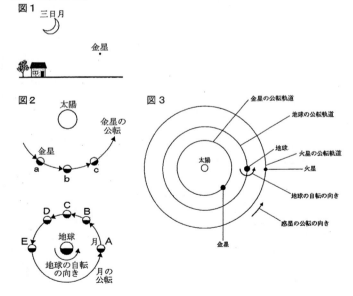

166

(1) 図1のように観察した金星と月は，図2のどの位置にあるときに観察したものか。金星の位置をa～c，月の位置をA～Eからそれぞれ1つずつ選び，記号で答えよ。

(2) 図1のように観察した翌日，月を再び同時刻に同地点で観察したところ，月の位置は前日に比べて変化していた。図1と同じ位置に月を観察するためには，図1のときに観察した時刻を基準として，何分前または何分後に観察すればよいか。最も近いものを，次のア～クから1つ選び，記号で答えよ。ただし，月は地球のまわりを約1か月かけて公転しているものとする。

ア　約5分前　　　イ　約5分後　　　ウ　約15分前

エ　約15分後　　オ　約30分前　　カ　約30分後

キ　約50分前　　ク　約50分後

(3) 観察を続けると，午前0時00分に満月が南中した日があった。その日から7日後に同地点で南中する月は，どのような形に見えるか。最も適切なものを，次のア～オから1つ選び，記号で答えなさい。ただし，地平線は図の下方にあるものとし，月の傾きについては考えないものとする。

ア イ ウ エ オ

(4) 太陽，金星，地球，火星が，図3のような位置関係にあるとき，日本では金星と火星はどのように見えるか。このときの金星と火星の見え方に関して説明した，以下の文中の（　①　）～（　③　）にあてはまる適切な語句を，語群から選び，それぞれ答えよ。

　　金星は，（　①　）に（　②　）の空に見え，火星は真夜中には（　③　）の空に見える。

語群

　　明け方　　正午　　夕方　　真夜中　　東　　西　　南　　北

2　次の資料を読み，以下の(1)～(3)の問いに答えよ。

資料

> 　太陽系には，8個の惑星とさまざまな_a小天体が太陽のまわりを公転している。図1は数か月間の天球上での火星の見かけの動きを観察したものである。
>
> 　星座の星や太陽の見かけの動きと異なり，_b火星は太陽の通り道である黄道の近くを，不規則に位置を変えながら動いているように見える。
>
> 　_c火星に限らず，太陽系の他の惑星も黄道付近を移動するように見える。
>
> 図1
>
>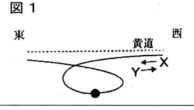

(1)　下線部aについて，太陽系には岩石を主体とした数十万の小惑星からなる小惑星帯が存在する。これはおもにどの惑星間に位置するか，最も適切なものを，次のア～オから1つ選び，記号で答えよ。

　　ア　金星と地球　　イ　地球と火星　　ウ　火星と木星
　　エ　木星と土星　　オ　土星と天王星

(2)　図1について，天球上の火星の見かけの動きは，X・Yのどちらか。適切な向きを1つ選び，記号で答えよ。また，下線部bの理由について，簡潔に説明せよ。ただし，「公転周期」，「地球」，「位置関係」という語を必ず用いること。

(3)　下線部cの理由について，太陽系のすべての惑星に関し，共通して言えることを簡潔に説明せよ。

(☆☆☆◎◎)

【5】次の各問いに答えよ。

1 次の実験を行った。以下の(1)～(4)の問いに答えよ。

≪実験1≫

　図1のような電気分解装置にうすい塩酸を満たし，6Vの電圧をかける。どちらかの極に気体が4目盛りまで集まったら，電源を切る。

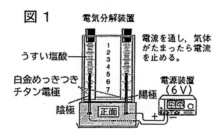

図1　電気分解装置

電流を通し，気体がたまったら電流を止める。

うすい塩酸

白金めっきつきチタン電極

陽極

陰極

正面

電源装置（6V）

＜実験1の結果＞

　両極付近で気体が発生した。

≪実験2≫

　図2のように，スライドガラスに食塩水をしみこませたろ紙と，リトマス紙a，bを置き，電極用のクリップでとめる。次に，塩酸をしみこませた細長いろ紙を陰極と陽極の中央に置いて電圧をかけ，それぞれのリトマス紙の色の変化を調べる。

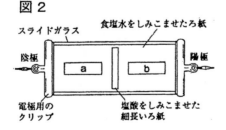

図2

スライドガラス　　食塩水をしみこませたろ紙

陰極　　　　　　　　　　　　　　陽極

電極用のクリップ　　塩酸をしみこませた細長いろ紙

≪実験3≫

　塩酸と水酸化ナトリウム水溶液を，表に示した体積の組み合わせで，それぞれビーカーA～Fに入れてよく混ぜ合わせ，それぞれの水溶液のpHを測定する。

表

ビーカー	A	B	C	D	E	F
塩酸〔cm³〕	20.0	20.0	20.0	20.0	20.0	20.0
水酸化ナトリウム水溶液〔cm³〕	2.0	4.0	6.0	8.0	10.0	12.0

＜実験3の結果＞

　　ビーカーDのpHの値のみ7.0となった。

(1)　実験1の陽極付近で発生した気体について正しく説明している
　　ものを，次のア～オから1つ選び，記号で答えよ。

　　ア　空気中で火をつけると，爆発して燃える。

　　イ　ものを燃やすはたらきがある。空気のおよそ$\frac{1}{5}$の体積を占
　　　め る。

　　ウ　水で湿らせた赤色リトマス紙をかざすと青色になり，有毒で
　　　ある。

　　エ　石灰水を白く濁らせる。

　　オ　有毒な気体で，殺菌作用や漂白作用がある。

(2)　実験2でリトマス紙の色の変化が起こるのはどの場合か。次の
　　ア～エから1つ選び，記号で答えよ。

　　ア　aを赤色リトマス紙にする。

　　イ　aを青色リトマス紙にする。

　　ウ　bを赤色リトマス紙にする。

　　エ　bを青色リトマス紙にする。

(3)　実験3について，用いた水酸化ナトリウム水溶液の体積と，混
　　ぜ合わせた溶液中の陽イオンの数との関係を表すグラフとして最
　　も適切なものを，次のア～オから1つ選び，記号で答えよ。

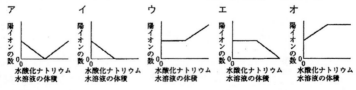

(4)　実験3を行った後，ビーカーA～Fの水溶液を混ぜ合わせたとき，
　　pHが7.0になる組み合わせを次のア～クからすべて選び，記号で

答えよ。

　ア　AとD　　イ　AとE　　ウ　AとF　　エ　BとD

　オ　BとE　　カ　BとF　　キ　CとE　　ク　CとF

2　水酸化ナトリウム(固体)80gを溶かした水溶液に，塩化水素(気体)73gを通じるとちょうど中和し，塩化ナトリウム117gが溶けた水溶液が生じた。ただし，気体の塩化水素は，水やほかの物質を溶かした水溶液に完全に溶けるものとする。次の(1)～(3)の問いに答えよ。

(1)　水酸化ナトリウムと塩化水素との反応を化学反応式で答えよ。

(2)　水酸化ナトリウムx〔g〕を水に溶かして50gにした水溶液の質量パーセント濃度は何％か。xを用いた簡単な式で答えよ。

(3)　16％の水酸化ナトリウム水溶液100gに塩化水素を通じて，ちょうど中和させ塩化ナトリウム水溶液をつくった。この塩化ナトリウム水溶液の質量パーセント濃度は何％か。小数第2位を四捨五入して求めよ。ただし，生じた塩化ナトリウムはすべて水に溶解しているものとする。

(☆☆☆☆◎◎◎◎)

高 校 理 科

【物理】

【1】半径Rの円柱を4分の1にした曲面台が水平な床面に置かれ，曲面，水平面，傾角αの斜面がなめらかにつながっている。図1のように，斜面上の，水平面から高さhの位置から質量mの小球を静かにはなすと，小球は水平面を通過して曲面上を動いたあと，ある点Pで曲面台から離れた。重力加速度の大きさをgとし，摩擦や空気抵抗は無視できるものとして，以下の問いに答えなさい。

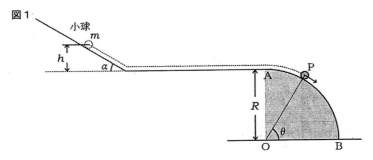

(1)　小球が斜面上を動いているときの加速度を求めなさい。

(2)　∠POBを θ としたとき，はじめの小球の高さhを求めなさい。

　はじめの小球の高さhを変えて，同じように小球を運動させると，小球が曲面上を離れる点Pの位置も変わる。図2のように，点Pの床面からの高さをyとする。

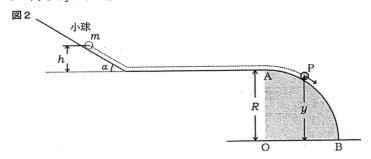

(3)　小球が曲面台の最上部Aですぐに曲面台から離れるような高さhの最小値Hを求めなさい。

(4)　高さhの値が$0<h\leqq H$である場合について，hとyの関係をグラフに示しなさい。ただし，グラフの縦軸には，hが限りなく0に近いときと，$h=H$のときのyの値をそれぞれ書き入れなさい。

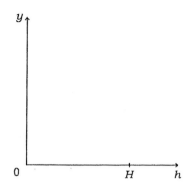

(☆☆☆○○○○○)

【2】図のように，2枚の透明な平面ガラス板が接する点Oから距離L離れた位置に，厚さDのアルミはくをはさんだ。真上から波長λの光を当てて，真上から観察すると，等間隔の干渉縞が見えた。ガラス，空気の屈折率をそれぞれ1.5，1.0として，以下の問いに答えなさい。

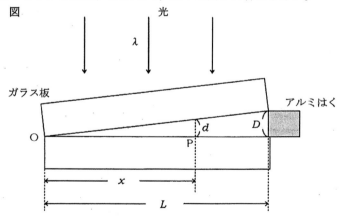

(1) 図のように，接点Oからの距離がxで，空気層の厚さがdである位置Pに明線が見える場合について

(a) d，λの間に成り立つ関係式を整数m（$m=0$，1，2，…）を用いて表しなさい。

173

 (b)　xをλ，L，D，整数m $(m=0，1，2，\cdots)$を用いて表しなさい。

(2)　$L=0.10$〔m〕，$\lambda=6.0\times10^{-7}$〔m〕のとき，観察された干渉縞の間隔は2.0〔mm〕であった。このとき，はさんだアルミはくの厚さD〔m〕を求めなさい。

(3)　2枚のガラス板の間を水で満たしたとき，観察される干渉縞の間隔を求めなさい。ただし，水の屈折率を1.3とし，有効数字2桁で答えなさい。

(4)　下側のガラス板の真下から観察すると，干渉縞はどのように見えるか。真上から観察したときと比べて書きなさい。

(☆☆☆◎◎◎◎)

【3】図のように，磁束密度がB〔T〕で鉛直下向き(紙面に垂直に表から裏向き)の一様な磁場の中に，2本の平行な直線導体のレールが間隔d〔m〕で水平面(紙面)に置かれている。この上に，質量m〔kg〕の一様な金属棒をレールに対して垂直に置く。金属棒とレールの接点をX，Yとし，XY間の電気抵抗をR〔Ω〕とする。レールには起電力E〔V〕の電池Eと電気容量C〔F〕のコンデンサーC，スイッチSからなる電気回路が接続されている。摩擦や空気抵抗，レールおよび電気回路の電気抵抗は無視できるものとし，導体に流れる電流によって生じる磁場の影響はないものとする。また，レールは十分に長く，金属棒はレール上のみを動くものとする。

 この装置で，以下の[Ⅰ]・[Ⅱ]・[Ⅲ]の操作をそれぞれ別々に行った場合について，後の問いに答えなさい。

図

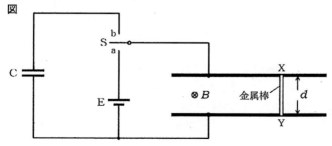

[I] Cに電荷が蓄えられておらず，金属棒が静止している状態で，S
をaに接続する。

(1) Sをaに接続した直後について

  (a) 金属棒に流れる電流の大きさを求めなさい。

  (b) 金属棒が磁場から受ける力の向きと大きさを求めなさい。

(2) 金属棒の速さがv_1〔m/s〕となったとき，金属棒に流れる電流の大
きさを求めなさい。

(3) Sをaに接続してから十分に長い時間が経過すると，金属棒の速度
は一定になる。このときの金属棒の終端速度を求めなさい。

[II] Cに電荷が蓄えられておらず，金属棒が静止している状態で，S
をbに接続する。その後，金属棒を右向きに一定の速さv_2〔m/s〕で
運動させる。

(4) 金属棒の速さがv_2〔m/s〕で一定になってから十分に長い時間が経
過した後，Cに蓄えられる電気量の大きさと静電エネルギーの大き
さを求めなさい。

[III] CにQ_0〔C〕の電気量が蓄えられており，金属棒が静止している
状態で，Sをbに接続する。金属棒が動き始めてから十分に長い時間
が経過すると，金属棒の速さは一定になる。この間に金属棒で発生
する熱エネルギーをe〔J〕とする。

(5) このときの金属棒の終端速度を求めなさい。

(☆☆☆◎◎◎◎)

【化学】

> ・数値を計算して答える場合は，結果のみではなく途中の計算
> 式も書き，計算式には簡単な説明文または式と式をつなぐ文
> をつけなさい。
> ・問題文中の体積の単位記号Lは，リットルを表す。
> ・必要であれば，全問を通して，次の値を用いなさい。
> $\sqrt{2}=1.41$　　$\sqrt{3}=1.73$
>   原子量：H＝1.0，C＝12，N＝14，O＝16，S＝32，Cu＝63.5，

```
        Pb＝207
   気体定数：8.3×10³Pa・L/(K・mol)
   ファラデー定数：9.65×10⁴ C/mol
   アボガドロ定数：6.02×10²³/mol
   水のイオン積：Kw＝[H⁺][OH⁻]＝1.0×10⁻¹⁴(mol/L)²
   なお，指定がない場合，気体は理想気体として取り扱うもの
とする。
```

【１】次の(1)～(4)の各問いに1～5の番号で答えなさい。ただし，答えは1つまたは2つある。

(1) 次の記述1～5のうち，誤りを含むものはどれか。

1　電気陰性度とは，異なる2つの原子間のイオン結合において，それぞれの原子が電子対を引きつけようとする強さの程度を表した値である。

2　絶対温度とは，絶対零度を基準とし，目盛りの間隔がセルシウス温度と等しくなるように定めた温度である。

3　凝固点降下度とは，純溶媒と溶液の凝固点の差である。

4　質量モル濃度とは，溶媒1kg当たりに溶けている溶質の量を物質量で表した濃度である。

5　転移温度とは，超伝導を示す物質が超伝導状態になる温度である。

(2) 次の記述1～5のうち，誤りを含むものはどれか。

1　コロイド溶液において，分散媒が液体で分散質が溶液のコロイドを乳濁液(エマルション)といい，分散媒が液体で分散質が固体のコロイドを懸濁液(サスペンション)という。

2　親水コロイドに多量の電解質を加えていくと，水和している水分子が引き離され，さらに電荷が中和されるため，コロイド粒子どうしが反発力を失って集まり沈殿する現象を凝析という。

3　コロイド粒子が，熱運動する溶媒(分散媒)分子に衝突されて不規

則に運動することをチンダル現象という。

4　水中のコロイド粒子は，正または負に帯電しているため，コロイド溶液に直流の電圧をかけると，コロイド粒子は自身が帯電している電荷とは反対の電極の方に移動する。このような現象を電気泳動という。

5　コロイド溶液を半透膜に入れて水中に浸すと，コロイド粒子は出られないが，イオンや小さな分子は半透膜を透過して半透膜の外に出られる。このような操作を透析という。

(3)　次の記述1〜5のうち，誤りを含むものはどれか。

1　アルミニウムAlは，アルミニウムの鉱石であるアルミナ(主成分 $Al_2O_3 \cdot nH_2O$)を精製してボーキサイト(酸化アルミニウム Al_2O_3)をつくり，そのボーキサイトを融解塩電解すると得られる。

2　黄リン P_4 は，リン酸カルシウム($Ca_3(PO_4)_2$)を主成分とする鉱石にけい砂(主成分 SiO_2)とコークス(主成分C)を混ぜて電気炉中で強熱すると得られる。

3　銅Cuは，黄銅鉱 $CuFeS_2$ を溶鉱炉で加熱して得られた粗銅を電解精錬すると得られる。

4　ナトリウムNaは，塩化ナトリウムNaClを融解塩電解すると得られる。

5　アルゴンArは，液体空気を分留すると得られる。

(4)　次の記述1〜5のうち，誤りを含むものはどれか。

1　メタノールと比べて，1－プロパノールの方が沸点は高い。

2　1－ブタノールと比べて，2－ブタノールの方が沸点は高い。

3　ギ酸と比べて，酢酸の方が融点は高い。

4　オレイン酸と比べて，リノレン酸の方が融点は高い。

5　フタル酸と比べて，イソフタル酸の方が融点は高い。

(☆☆☆◎◎◎)

【2】次の文章を読み，以下の各問いに答えなさい。

化学電池は酸化還元反応を利用して化学反応のエネルギーを電気エ

ネルギーとして取り出す装置である。最初の電池は，イタリアのボルタによって，1800年頃に発明されたといわれる。ボルタ電池は，正極に[　ア　]，負極に[　イ　]を用いている。この電池の①起電力は，電流を流すとすぐに低下してしまう。イギリスのダニエルにより改良されたダニエル電池ではボルタ電池のような起電力の低下は起こらない。

化学電池には前述の一次電池の他に二次電池や燃料電池がある。二次電池として利用されている鉛蓄電池は，正極活物質にPbO_2，負極活物質にPb，電解質にH_2SO_4を用い，起電力が約[　ウ　]Vである。また，リン酸形燃料電池は，電解質にH_3PO_4を用い，起電力が約1.2Vである。

次に，鉛蓄電池を使って電気分解を行った。鉛蓄電池の両極にそれぞれ白金電極をつなぎ，それらを硫酸銅(Ⅱ)水溶液に浸して電気分解した結果，鉛蓄電池の[　エ　]極とつながれた白金電極上では銅が0.127g析出した。また，②もう一方の白金電極上では気体が発生した。③この電気分解の過程で，電流はつねに77.2mAであった。④この反応で，電気分解に用いた鉛蓄電池の[　エ　]極の質量が増加した。

(1)　文中の空欄[　ア　]～[　エ　]にあてはまる最も適当な語句・数値を答えなさい。

(2)　下線部①について，ボルタ電池の起電力が低下する原因を説明しなさい。

(3)　リン酸形燃料電池の正極活物質，負極活物質を化学式で答えなさい。

(4)　下線部②について，気体が発生する反応を電子e^-を含む反応式で答えなさい。

(5)　下線部③について，この電気分解を行った時間は何秒か。答えなさい。

(6)　下線部④について，鉛蓄電池の[　エ　]極の質量は何g増加したか。有効数字3桁で答えなさい。

(☆☆☆◎◎◎◎)

【3】次の図は，二酸化炭素の状態図である。二酸化炭素は大気圧(1.0×10^5 Pa)のもとで，低温であれば固体の状態として存在する。以下の各問いに答えなさい。

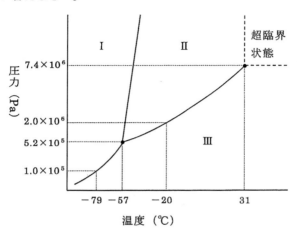

温度（℃）

(1) 次の文章を読んで，空欄[ア]，[イ]にあてはまる適切な語句を以下の選択肢から選び答えなさい。

　　固体の二酸化炭素は[ア]力という引力で[イ]結晶を形成している。

【選択肢】

原子	イオン	分子	金属
非金属	共有	極性	無極性
水素結合	イオン結合	金属結合	共有結合
ファンデルワールス	ボッシュ		

(2) 温度，圧力，容積を調節できる密閉容器に二酸化炭素だけ264g入れ，－20℃，3.0×10^5 Paにした。その後，温度を一定に保ちながら，容器内の容積を0.10倍にしたとき，固体の二酸化炭素はなかった。このとき，容器内に存在する気体の二酸化炭素の物質量は何molか。有効数字2桁で求めなさい。答えを導く過程も記述しなさい。ただ

し，液体の二酸化炭素の体積は無視できるものとする。

(3)　二酸化炭素は水1Lに，標準状態(0℃，1.0×10^5 Pa)のとき1.7L溶け，17℃，1.0×10^5 Paのとき(標準状態に換算した気体の体積で)0.95L溶ける。また，二酸化炭素の水への溶解は，ヘンリーの法則に従うものとする。

温度，圧力，容積を調節できる密閉容器に，十分な二酸化炭素と500mLの水のみが入れてある場合について，次の問いに答えなさい。ただし，気体は理想気体と考え，密閉容器内の気体中の水蒸気圧は無視できるものとし，容器および水の膨張はないものとする。

①　密閉容器内を1.0×10^5 Pa，17℃に保った。この状態から，圧力を一定にして温度を0℃まで低下させたとき，水にさらに溶解した二酸化炭素の物質量は何molか。有効数字2桁で求めなさい。

②　密閉容器内を2.0×10^5 Pa，17℃に保った。このとき，水に溶解している二酸化炭素の物質量は何molか。有効数字2桁で求めなさい。

(☆☆☆◎◎◎)

【4】硫酸を工業的に製造する反応について，以下の各問いに答えなさい。

気体の可逆反応のひとつとして，①二酸化硫黄と酸素から三酸化硫黄を生じる反応がある。この反応は次式で表される。

$$2SO_2 + O_2 \rightleftarrows 2SO_3$$

この反応がある温度で化学平衡の状態にあるとき，各物質のモル濃度(mol/L)を$[SO_2]$，$[O_2]$，$[SO_3]$のように表すと，各モル濃度の間には次式で表される関係が成り立つ。

$$K_c = \frac{[\quad ア \quad]}{[\quad イ \quad]}$$

このK_cを濃度平衡定数または単に平衡定数と言う。K_cは，温度が一定であれば，各物質の濃度が変化しても一定である。

次に，②三酸化硫黄から硫酸をつくる。この硫酸を水で希釈した希硫酸の電離平衡について考える。硫酸のような二価の強酸は，水溶液中では次のように二段階に電離する。

第一段階：$H_2SO_4 \rightleftarrows H^+ + HSO_4^-$

第二段階：$HSO_4^- \rightleftarrows H^+ + SO_4^{2-}$

第一段階の電離定数K_1は，第二段階の電離定数K_2よりも極めて大きく，第一段階は完全に電離していると考えてよい。このとき，K_2は1.0×10^{-2}mol/Lである。

(1) 空欄[ア]，[イ]に当てはまる文字式を答えなさい。

(2) 下線部①の反応について，10Lの密閉容器に3.0molの二酸化硫黄と3.0molの酸素を入れ，温度を一定に保つと，2.0molの三酸化硫黄が生じて平衡状態になった。このときのK_cを有効数字2桁で求めなさい。

(3) 下線部②の硫酸を水で希釈して濃度が1.0×10^{-2}mol/Lの希硫酸をつくった。この希硫酸の水素イオン濃度を有効数字2桁で求めなさい。

(4) 下線部②の硫酸を水で希釈してpH＝1.0の希硫酸をつくった。この希硫酸のモル濃度として適切なものを(あ)～(う)から選び記号で答えなさい。

(あ) 1.0×10^{-1}mol/Lよりも小さい。　　(い) 1.0×10^{-1}mol/L

(う) 1.0×10^{-1}mol/Lよりも大きい。

(☆☆☆☆◎◎◎◎)

【5】Ⅰ～Ⅲに示された反応について，以下の各問いに答えなさい。

Ⅰ　アルケンに濃硫酸を作用させた後，水を加えるとアルコールが生成する。この反応は，(i)アルケンの二重結合部分に水素原子と酸素原子が付け加わる付加反応であり，アルケンに水が付加した生成物が得られているので水和反応とも呼ばれる。プロペン(プロピレン)に対して同様の水和反応を行うと，2種類の異性体混合物である化合物①と化合物②が得られた。この水和反応では，プロペンの二重結合を形成する2つの炭素原子のうち，水素の結合数が多い方の炭素原子に水素原子が付け加わった化合物①が主生成物であった。

Ⅱ　ベンゼンに濃硫酸を加え加熱すると化合物③が生成する。化合物

③は(ii)<u>ナトリウムフェノキシドを経てフェノールにすることができ</u>る。一方，ベンゼンに濃硫酸と化合物④の混合物を加え加熱すると化合物⑤が生成する。この化合物⑤を濃塩酸とスズで還元した後，水酸化ナトリウム水溶液を加えるとアニリンにすることができる。

Ⅲ　炭素，水素，酸素からなり，不斉炭素原子をもつ中性化合物⑥2.64gを完全に加水分解したところ，アルコール⑦1.20gとカルボキシ基をもつ1価の酸⑧1.80gが得られた。中性化合物⑥はエーテル結合をもたない。アルコール⑦は，組成式がC_3H_8Oであり，硫酸酸性の二クロム酸カリウム水溶液を用いて酸化すると，含まれる炭素の数がアルコール⑦と同じであるカルボニル化合物⑨が得られた。カルボニル化合物⑨にフェーリング液を加えて加熱すると，赤色沈殿が生じた。

　　酸⑧を元素分析したところ，組成式がCH_2Oであることがわかった。また，酸⑧0.900gを含む水溶液の中和には，1.00mol/L水酸化ナトリウム水溶液10.0mLが必要であった。

(1)　下線部(i)について，付加反応とは，一般に不飽和結合の部分に原子または原子団が付け加わる反応である。次のa～dの中から付加反応であるものを2つ選び記号で答えなさい。

　　a　エチレンを臭素水に通すと臭素水の赤褐色が消えた。

　　b　アンモニア性硝酸銀水溶液にアセチレンを通すと白色の沈殿が発生した。

　　c　ベンゼンに白金を触媒として高温下で加圧した水素を作用させると水素の圧力が低下した。

　　d　ベンゼンに鉄粉を加え塩素を作用させると塩素の黄緑色が薄くなった。

(2)　化合物①と化合物②について正しく述べているものを次のa～dの中から2つ選び記号で答えなさい。

　　a　化合物①は水に溶けるが，化合物②は水に溶けない。

　　b　化合物①，化合物②ともに，水酸化ナトリウムの水溶液に溶かしヨウ素を加えて温めると黄色の沈殿が発生する。

c　化合物①に過剰のニクロム酸カリウムの硫酸酸性溶液を作用させ得られる化合物は，銀鏡反応を示さない。

d　化合物②に過剰のニクロム酸カリウムの硫酸酸性溶液を作用させ得られる化合物には，炭酸水素ナトリウム水溶液と反応して二酸化炭素を発生するものがある。

(3)　化合物③，④，⑤の名称を記しなさい。

(4)　下線部(ii)の反応について，ナトリウムフェノキシドをフェノールにするために必要な操作を次のa～dの中から1つ選び記号で答えなさい。

a　水を加え加熱する。

b　塩酸を加える。

c　水酸化カリウム水溶液を加える。

d　常圧の水素の中に入れる。

(5)　中性化合物⑥，アルコール⑦，酸⑧，カルボニル化合物⑨の構造式を次の例にならって書きなさい。

〈例〉

$$HO-\text{（ベンゼン環）}-CH_2-\underset{\underset{CH_3}{|}}{CH}-O-\underset{\underset{O}{\parallel}}{C}-\underset{\underset{CH_3}{|}}{\overset{\overset{CH_3}{|}}{C}}-CH_3$$

(☆☆☆☆◎◎◎)

【地学】

【1】次の文を読み，以下の問いに答えよ。

地球は丸い。ギリシャ時代にはすでに一部の人々はそれを理解していた。地球の大きさの見積もりも，紀元前3世紀にはエラトステネスがエジプトで行っている。

彼は，ナイル河口のアレクサンドリアで夏至の日の太陽の南中高度を測定して，図のように，太陽が天頂より7.2°南に傾いて南中することを知った。また，アレクサンドリアから南へナイル川を5000スタジ

ア*さかのぼったところにあるシエネ(現在のアスワン)では，夏至の日に太陽が真上を通り，正午には深い井戸の底まで日が射すことが当時広く知られていた。これらの事実から，彼は地球一周の長さを[　1　]スタジアであると計算した。これは，現在の測定値と15％ほどしか違わない良い値であった。

地球の形が球からずれていることは18世紀に明らかになった。フランス学士院は赤道付近と高緯度地方に測量隊を派遣し，同じ緯度差1°でも高緯度地方の方が経線弧の長さが[　2　]ことを見いだした。現在では人工衛星の軌道観測から地球の形は非常に正確に測定されている。地球の赤道半径をaとし，極半径をbとすると，偏平率は[　3　]で表される。

＊スタジアはエラトステネスの時代の距離の単位

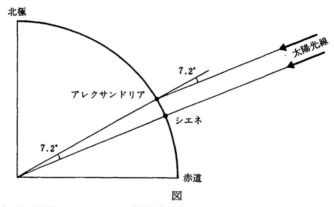

図

(1) 文中の空欄[　1　]に入る数値を求めよ。

(2) 一周4m(直径約1.3m)の地球儀を考える。この縮尺では世界で最も高いエベレスト山(チョモランマ山)の高さ(8848m)は何mmになるか，求めよ。ただし，地球一周は約40000kmとする。

(3) 文中の空欄[　2　]に入る最も適当なものを，次の①～③のうちから1つ選べ。

　　① 長い　　　② 同じである　　　③ 短い

(4) 文中の下線部で決めることができるのはジオイドの形である。ジ

オイドとはどのようなものか，説明せよ。

(5) 文中の空欄[3]に入る値を*a*, *b*を用いて表せ。

(☆☆○○○)

【2】次の文を読み，以下の問いに答えよ。

　乾燥した空気塊が急速に上昇すると，温度は高さ1kmにつき約[1]℃の割合で下がる。一方，水蒸気で飽和している空気塊(飽和空気塊)が急速に上昇すると，温度は高さ1kmにつき約[2]℃の割合で下がる。この原理によれば，水蒸気で飽和した空気が風上側のふもとから山を越え，山の風下側ですぐに乾燥して下りてくると，空気は山越え前より昇温する。この現象はフェーン現象と呼ばれている。正確には，飽和空気塊の気温減率は，気温が上昇すると小さくなる。同じ場所のフェーン現象による気温の上昇量を比較すると，[3]。

(1) 文中の空欄[1]と[2]に入る最も適当なものを，次の①〜⑥のうちから，1つずつ選べ。

　① 0.5　② 1　③ 2　④ 5　⑤ 10　⑥ 15

(2) 風上側のふもとでは，地上風と呼ばれる風が吹いていた。次の図には，北半球中緯度での地上風の向きと，摩擦力のベクトルが矢印で示されている。摩擦力のベクトルを参考にして，次の図に，気圧傾度力と転向力のベクトルを矢印で示せ。ただし，矢印にはそれぞれの名称を書き入れ，作図に用いた線は消さないこと。

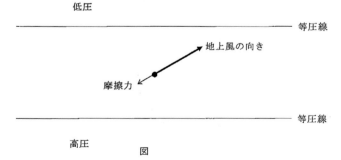

図

(3)　地上から約1kmより高いところでは，大気と地表の間の摩擦の影響がほとんどない。そのような上空で等圧線に平行に吹く風の名称を答えよ。

(4)　北半球中緯度における高気圧で傾度風が生じている場合は，気圧傾度力，転向力，遠心力の大きさについて，

> 気圧傾度力　＋　遠心力　＝　転向力

という関係が成り立っている。北半球中緯度における低気圧で傾度風が生じている場合には，これら3力の大きさの間に成り立つ関係を示せ。

(5)　文中の空欄[　3　]に入る最も適当なものを，次の①～③のうちから1つ選べ。
①　夏のほうが冬より大きい　　②　冬のほうが夏より大きい
③　夏も冬も同じである

(☆☆☆◎◎◎)

【3】次の文を読み，以下の問いに答えよ。

　ある地域の地質調査を行い，次の地質図を作成した。この地域の地層は，A層～E層の5層に区分される。A層～D層は，それぞれ整合に重なる堆積岩からなる。A層～D層の走向および傾斜は，それぞれ，N－Sおよび30°Wである。E層は，柱状節理が規則的に発達した溶岩で，高さ140m以上の高いところに分布し，下位のA層～D層をおおっている。地質図に示されている地層の分布から判断すると，両者の関係は[　　]である。地質図中の3地点P，QおよびRでは，岩石が破砕され，破砕帯の両側で接する地層が異なっている。したがって，3地点P，Q，およびRを結ぶF－F′は，断層と判断される。

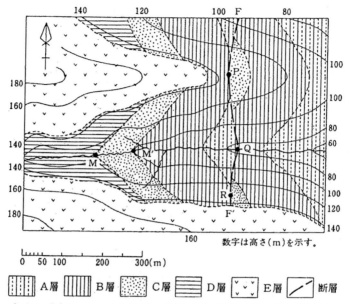

数字は高さ(m)を示す。

0　50　100　　　200　　　300(m)

| A層 | B層 | C層 | D層 | E層 | 断層 |

(1)　文中の空欄[　　]に入る最も適当なものを，次の①～④のうちから1つ選べ。

①　整合　　②　平行不整合　　③　傾斜(斜交)不整合

④　貫入

(2)　断層F－F′の傾斜の方向を答えよ。

(3)　(ア)B層の堆積，(イ)E層の形成，(ウ)断層F－F′の形成を，古い方から順に記号で答えよ。

(4)　地質図に示す川沿いの区間M－M′で，水平距離を測定したところ80mであった。C層の厚さは何mか答えよ。ただし，MとM′の高さの差は無視する。

(☆☆☆◎◎◎)

【4】次の文を読み，以下の問いに答えよ。

太陽以外の恒星が惑星を伴っている証拠が見つかっている。太陽と

187

ほぼ同じスペクトル型の，ある主系列星が3.5日の周期でわずかに暗くなることが見いだされ，その光度変化が詳しく調べられた結果，惑星がこの周期で恒星の前面を通過することによるものと結論された。これは，私たちの視線方向と惑星の公転面とがほぼ平行なために起こるものである。この惑星は質量が木星よりやや小さく，恒星からの平均距離が0.05天文単位の軌道を公転しているとわかった。この恒星は，私たちの太陽系から約50パーセクの距離にあり，見かけの等級は8等である。また，この恒星の表面温度は6000K程度で，放射エネルギーが最大となる波長は約0.5μmである。

(1)　この恒星の見かけの明るさは，見かけの等級が3等である恒星の何倍か，求めよ。

(2)　この惑星の表面温度は1200K程度だと考えられている。ウィーンの変位則を用いると，表面温度1200Kの物体が最も強く放射する電磁波の波長は，およそ何μmとなるか，求めよ。

(3)　この恒星の付近から私たちの太陽系を観測し，地球の位置を1年間にわたって記録したとする。地球は太陽から最大で角度がどれだけ離れて見えるか，角度を求めよ。

(4)　この恒星は，中心部で水素がなくなった後，どのように進化すると考えられるか，説明せよ。

(☆☆☆◎◎◎)

【5】次の文を読み，あとの問いに答えよ。

　2つの恒星が万有引力のもとで共通の重心のまわりを回っているものを，連星という。両星が接近した連星は，望遠鏡で眺めても分離できず，1つの光の点にしか見えない。このような連星において，次の図1のように，両星(A星とB星)の軌道はいずれも円であり，その軌道面が観測者の視線方向に一致している場合を考えてみよう。このとき，連星は，両星がたがいに相手の恒星を隠し合って(食を起こして)周期的に暗くなる。また，軌道上の運動によって，両星の視線速度が周期的に変化する。連星の明るさの変化を示すグラフ(光度曲線)は，両星の光度

や半径についての情報を含み，また，両星の視線速度の変化を表すグラフ(視線速度曲線)は，両星の質量についての情報を含んでいる。

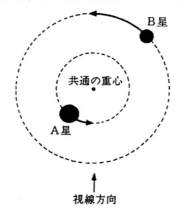

図1　連星をなしている両星の運動

(1)　図2は，観測者から見て，A星がB星を完全に隠して食を起こす際の光度曲線である。A星，B星の光度は一定であり，それぞれ，L_A，L_Bとするとき，この食の最も暗いときの明るさ(光度)は，食の外における明るさの何倍になるか，L_A，L_Bを用いて示せ。

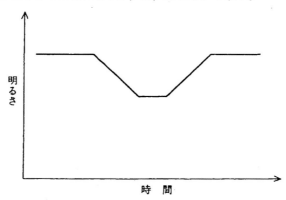

図2　A星がB星を隠すときの光度曲線

(2)　図3は，両星の視線速度曲線である。この図の横軸(時間)において，前の図2の食に対応するところはどこか。図3のア～エのうちから最も適当なものを1つ選べ。ただし，視線速度は，観測者から遠ざかるときを正とする。

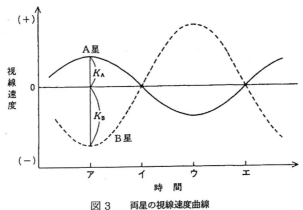

図 3　両星の視線速度曲線

(3)　恒星が観測者から遠ざかるとき，その恒星からの光はどのように観測されるのか，説明せよ。

(4)　両星の軌道半径をそれぞれa_A，a_B，両星の質量をそれぞれm_A，m_Bとすると，$\dfrac{m_B}{m_A}=\dfrac{a_A}{a_B}$という関係がある。前の図3の両星の視線速度曲線の振幅をそれぞれK_A，K_Bとするとき，次の(　　)にあてはまる式をm_A，m_Bを用いて示せ。

$$\frac{K_B}{K_A}=(\qquad)$$

(5)　両星はともに主系列星で，一方の恒星の質量は太陽の1倍，他方の質量は太陽の2倍であることがわかった。次の表は，そのような質量の恒星が各進化段階にとどまる時間を示している。A星とB星が星間雲から同時に生まれ，それぞれの質量には今まで変化がなかったと仮定した場合，両星が星間雲から生まれて現在にいたるまでの時間として最も適当なものを，以下の①～⑤のうちから1つ選べ。

恒星の質量 (太陽質量)	原始星として の時間 (年)	主系列星とし ての時間 (年)
1	5×10^7	1×10^{10}
2	7×10^6	7×10^8

① 100万年　② 1000万年　③ 3億年　④ 50億年
⑤ 150億年

(☆☆☆☆◎◎◎)

解答・解説

中 学 理 科

【1】① キ　② イ　③ ケ　④ ソ　⑤ コ　⑥ ウ
⑦ エ　⑧ セ　⑨ オ　⑩ サ

〈解説〉中学校学習指導要領(平成29年3月告示)では，各教科の目標において，育成を目指す資質・能力を「知識および技能」，「思考力・判断力・表現力等」，「学びに向かう人間性等」の三つの柱で構成している。同様に，各分野の目標や各領域・単元の内容においてもこの三つの柱を基に構成されている。そのため「理科の目標」で用いられる表現は，学習指導要領および同解説の様々な箇所で用いられている。設問の第1分野の目標では，理科の目標で「自然の事物・現象」を対象としている部分が「物質やエネルギーに関する事物・現象」となっており，特に「科学的に探究する」など空欄部の前後の文章は理科における他の内容にも共通して見られる表現である。

【２】１　(1)　ウ　　(2)　6.7〔cm〕　　(3)　①　位置エネルギー…オ

②　運動エネルギー…カ　　(4)　3〔倍〕　　2　(1)　25〔Ω〕

(2)　9.8〔V〕　　(3)　80〔mA〕　　(4)　イ

〈解説〉１　(1)　小球Xには鉛直下向きに重力がはたらき，AD間は斜面の
傾きが一定なので，重力の斜面方向の成分も一定である。　(2)　小球
Xがもつ位置エネルギーはすべて木片の運動エネルギーに変わり，そ
の運動エネルギーが摩擦力のする仕事と等しくなる。したがって，小
球Xの位置エネルギーと小球Yの位置エネルギーが等しくなるように
小球Yを離す高さを決めればよい。小球Yの質量は，小球Xの$\frac{30}{20}=1.5$
〔倍〕なので，高さは$\frac{1}{1.5}$〔倍〕とすればよい。よって，求める高さは
$10.0 \times \frac{1}{1.5} \fallingdotseq 6.7$〔cm〕　(3)　位置エネルギーは，小球Xの高さに比例
するためA～E間は減少し続け，EF間は一定である。一方，運動エネ
ルギーは，位置エネルギーとの和が一定になるように変化する。

(4)　B点の高さはA点の$\frac{15.0}{20.0}=0.75$〔倍〕なので，B点での位置エネ
ルギーはA点での位置エネルギーの0.75倍である。ここで，力学的エ
ネルギー保存の法則より，(B点での運動エネルギー)＝(A点での位置エ
ネルギー)－(B点での位置エネルギー)が成り立つ。(A点での位置エネ
ルギー)＝1とすると，(B点での運動エネルギー)＝1－0.75＝0.25となる。
よって，$\frac{(\text{B点での位置エネルギー})}{(\text{B点での運動エネルギー})}=\frac{0.75}{0.25}=3.0$〔倍〕

2　(1)　表より，電熱線aにかかる電圧が6.0Vのとき240mA(0.240A)の
電流が流れるので，オームの法則より，求める抵抗値は，$\frac{6.0}{0.240}=25$
〔Ω〕　(2)　オームの法則より，電熱線aを流れる電流は，$\frac{7.0}{25}=0.28$
〔A〕となる。電熱線aとbは直列に接続されているので，電熱線bを流
れる電流も0.28Aとなる。よって，電熱線bに加わる電圧は，35×
0.28＝9.8〔V〕　(3)　電熱線bとcは並列に接続されているので，いず

れも電圧は1.4Vなので，電熱線bに流れる電流は，$\dfrac{1.4}{35}=0.040$〔A〕＝
40〔mA〕　一方，電流計で測定した電流が120mAなので，電熱線cに
流れる電流は，120−40＝80〔mA〕であり，これがP点を流れる電流
となる。　(4)　(3)より，電熱線cの抵抗値は，$\dfrac{1.4}{0.080}=17.5$〔Ω〕であ
る。また，図2において電流が180mAのとき，電熱線bを流れる電流は
60mA，電熱線cを流れる電流は120mAとなる（∵　(3)より電熱線cを流
れる電流は電熱線bの2倍）。したがって，図2の電熱線bの消費電力は
$35\times(0.060)^2=0.126$〔W〕，図2の電熱線cの消費電力は$17.5\times(0.120)^2＝$
0.252〔W〕となる。さらに，図1の電熱線aの消費電力は$25\times(0.180)^2＝$
0.81〔W〕，図1の電熱線bの消費電力は，$35\times(0.180)^2=1.134$〔W〕と
なる。よって，最も消費電力が大きいのは，図1の電熱線bである。

【3】1 (1)　あ　左心室　　(2)　動脈血　　(3)　名称…柔毛　　理由…
表面積を増やし，効率よく栄養分を吸収する点で都合がよい。
(4)　①　ア，エ　　②　カ　　(5)　①　胆汁　　②　脂肪　　③　ブ
ドウ糖　　④　グリコーゲン
〈解説〉1　(1)　肺から酸素を得た血液は肺静脈を通り左心房から心臓に
入り左心室が収縮することで送り出される。一方で，体内を循環した
血液は右心房から心臓に入り右心室が収縮することで肺動脈を通り肺
へと戻っていく。　(2)　動脈血は肺から出て心臓で全身へ送り出され
る血液であり酸素濃度が高い。反対に静脈血は，全身の細胞へ酸素を
運んだ後の血液であり酸素濃度が低い。肺静脈を通る血液は肺で酸素
を供給された血液であるため動脈血である。　(3)　解答参照。
(4)　①　デンプンやタンパク質は糖やアミノ酸に分解されて小腸で吸
収される。小腸から肝臓へと続く血管bでは糖やアミノ酸を肝臓へ運
んでいる。なお，脂肪は脂肪酸とモノグリセリドに分解されて小腸に
吸収されるが，その後再び脂肪に戻ってリンパ管に入る。　②　尿素

など体内に不要な成分は，腎臓でろ過され体外へ排出される。

(5)　胆汁は肝臓で合成された後に胆のうに貯蔵され，脂肪を乳化する
はたらきをもつ消化液である。

【４】１　(1)　金星…a　　月…D　　(2)　ク　　(3)　エ　　(4)　①　夕
方　　②　西　(①と②は順不同)　　③　南　　２　(1)　ウ
(2)　動き…X　　理由…地球と火星の公転周期が異なり，互いの位置
関係がたえず変化していくため。　　(3)　太陽系のすべての惑星は，
公転面がほぼ同じ平面上にあるため。

〈解説〉１　(1)　図1の三日月は，新月から約3日後に見られる。新月の位
置はCなので，公転方向よりこの三日月の位置はDである。次に，月の
向きと金星の位置関係から，図1は夕方の空と判断できる。地球の自
転方向を考えると，夕方に見える金星は西の方角なので，aの位置で
ある。　　(2)　月の公転周期は約30日，地球の自転周期は24時間なので，
30日間で月の出の時刻が24時間遅れることになる。すなわち，1日で
は，$\frac{24}{30}=0.8$〔時間〕$=48$〔分〕遅れるので，約50分後に観察すればよ
いことになる。　　(3)　午前0時00分に満月が南中するのは，月が地球
に対して太陽と反対側にあるときである。そこから7日後，つまり$\frac{1}{4}$
か月弱ということは，下弦の月に近い形になっていると考えられるの
で，エが該当する。　　(4)　金星は東方最大離角の位置にあるので，夕
方に西の空に見える。火星は衝の位置にあるので，真夜中には南の空
に見える。　　２　(1)　小惑星帯は火星軌道と木星軌道の間にある。
(2)　外惑星は，通常は天球上を西から東に動いている(順行)が，衝の
前後では東から西へ動く(逆行)。このように惑星の視運動が複雑にな
るのは，地球と他の惑星の公転速度が異なり，位置関係がたえず変化
することが原因である。　　(3)　解答参照。

【５】１　(1)　オ　　(2)　イ　　(3)　ウ　　(4)　カ，キ
２　(1)　$HCl+NaOH\rightarrow NaCl+H_2O$　　(2)　$2x$〔％〕　　(3)　20.4〔％〕
〈解説〉１　(1)　塩酸の溶質である塩化水素HClは水溶液中で$HCl\rightarrow H^+$＋

Cl⁻と電離しているので，陽極付近では2Cl⁻→Cl₂+2e⁻の反応が起こり，塩素が発生する。また，陰極付近では2H⁺+2e⁻→H₂の反応が起こり，水素が発生する。塩素は刺激臭があり黄緑色で有毒の気体で，強い漂白・殺菌作用をもつ。　(2)　(1)の塩化水素から電離したイオンのうち，H⁺は陰極側へ移動するため，リトマス紙aは酸性となる。したがって，リトマス紙aが青色であれば，赤色に変化することになる。なお，本実験では食塩水は電気を通しやすくするために用いている。　(3)　塩酸に水酸化ナトリウム水溶液を加えると，HCl+NaOH→NaCl+H₂Oの中和反応が生じ，H⁺が減少するが，その分だけNaCl→Na⁺+Cl⁻と電離するため，中和点までは陽イオンの量は変わらない。次に，中和点以降も水酸化ナトリウム水溶液を加え続けると，NaOH→Na⁺+OH⁻の反応が起こりNa⁺が増えるので，水酸化ナトリウム水溶液の量に比例して陽イオンの量は増加する。　(4)　塩酸と水酸化ナトリウム水溶液が中和するとき，(塩酸の濃度)×(塩酸の体積)=(水酸化ナトリウム水溶液の濃度)×(水酸化ナトリウム水溶液の体積)が成り立つ。したがって，ビーカーDの組合せで中和するので，塩酸と水酸化ナトリウム水溶液の濃度の比は，8.0：20.0=2：5である。ここで，すべてのビーカーで塩酸の体積は20.0cm³であり，2つを混ぜ合わせると40.0cm³となるので，水酸化ナトリウム水溶液の体積をVとすると，40.0×2=V×5が成り立つので，V=16.0〔cm³〕となる。よって，水酸化ナトリウム水溶液の体積の合計が16.0cm³になるカとキの組合せが該当する。

2　(1)　解答参照。　(2)　水酸化ナトリウムの質量をx〔g〕とすると，水溶液の質量が50gなので，質量パーセント濃度は$\frac{x}{50}×100=2x$〔％〕となる。　(3)　水酸化ナトリウム80gと塩化水素73gがちょうど中和し，塩化ナトリウム117gが生成したので，質量保存の法則より，生成した水の質量は80+73-117=36〔g〕となる。ここで，16％の水酸化ナトリウム水溶液100gに含まれる水酸化ナトリウムは16gなので，これと塩化水素を完全に中和させることで生成した塩化ナトリウムの質量は117×$\frac{16}{80}$=23.4〔g〕，水の質量は36×$\frac{16}{80}$=7.2〔g〕となる。よって，こ

の塩化ナトリウム水溶液の質量パーセント濃度は，$\dfrac{23.4}{100-16+23.4+7.2}\times100\fallingdotseq20.4$〔％〕となる。　（別解）　問題文には与えられていないが，水酸化ナトリウムの式量を40とすると，16％の水酸化ナトリウム水溶液100gに含まれる水酸化ナトリウムの物質量は，$\dfrac{16}{40}=0.40$〔mol〕である。したがって，これと完全に中和して生成した塩化ナトリウム(式量58.5)の質量は$58.5\times0.40=23.4$〔g〕，水(分子量18)の質量は$18\times0.40=7.2$〔g〕である。また，もとの水溶液中の水の量は$100-100\times\dfrac{16}{100}=84$〔g〕なので，この水溶液の質量パーセント濃度は，$\dfrac{23.4}{23.4+7.2+84}\times100\fallingdotseq20.4$〔％〕となる。

高 校 理 科

【物理】

【１】(1)　$g\sin\alpha$　　(2)　$R\left(\dfrac{3}{2}\sin\theta-1\right)$　　(3)　$\dfrac{R}{2}$

(4)

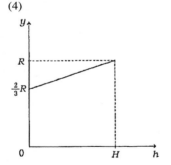

〈解説〉(1)　小球にはたらく重力の斜面方向の成分は$mg\sin\alpha$なので，求める加速度をaとすると，運動方程式より，$ma=mg\sin\alpha$　∴　$a=g\sin\alpha$　(2)　点Pでの速さをvとすると，点Pで曲面台から離れるという条件から，小球は重力の中心方向成分のみを向心力として運動して

おり，垂直抗力は0なので，点Pにおける円運動の運動方程式は，$\dfrac{mv^2}{R}$ $=mg\sin\theta$　$\therefore$　$mv^2=mgR\sin\theta$　また，力学的エネルギー保存の法則より，$mg\{h+R(1-\sin\theta)\}=\dfrac{1}{2}mv^2$　2式より，$h+R(1-\sin\theta)=\dfrac{1}{2}R\sin\theta$　$\therefore$　$h=\left(\dfrac{3}{2}\sin\theta-1\right)R$　(3) (2)の式に$\theta=90°$，$h=H$を代入して，$H=\dfrac{1}{2}R$　(4) $y=R\sin\theta$ より，(2)において$h=0$となるのは，$\sin\theta=\dfrac{2}{3}$のときなので$y=\dfrac{2}{3}R$となる。また，(2)の式は，$h=\dfrac{3}{2}y-R$となり，これを変形すると$y=\dfrac{2}{3}h+\dfrac{2}{3}R$となる。よって，求めるグラフは，$y$切片が$\dfrac{2}{3}R$，(3)より$h=H=\dfrac{1}{2}R$のとき，$y=R$となる。

【2】(1) (a)　$2d=\left(m+\dfrac{1}{2}\right)\lambda$　(b)　$x=\left(m+\dfrac{1}{2}\right)\dfrac{L\lambda}{2D}$　(2)　1.5×10^{-5}〔m〕　(3)　1.5〔mm〕　(4)　明線と暗線が入れかわる。

〈解説〉(1)　(a)　上側のガラス板の下面で反射する光と，下側のガラス板の上面で反射する光が干渉する。下側のガラス板の上面で反射する際に，光の位相がπずれることを考慮すると，Pに明線が見える条件は，$2d=\left(m+\dfrac{1}{2}\right)\lambda$ $(m=0,\ 1,\ 2,\ \cdots)$である。　(b)　相似な三角形を考えると，$\dfrac{d}{x}=\dfrac{D}{L}$なので，$x=\dfrac{dL}{D}$ (a)より，$d=\dfrac{1}{2}\left(m+\dfrac{1}{2}\right)\lambda$を代入すると，$x=\left(m+\dfrac{1}{2}\right)\dfrac{L\lambda}{2D}$　(2) (1)の(b)の式より，干渉縞の間隔Δxはmが1だけ差があるときのxの値の差であるから，$\Delta x=\dfrac{L\lambda}{2D}$である。これより，$D=\dfrac{L\lambda}{2\Delta x}=\dfrac{0.10\times(6.0\times10^{-7})}{2(2.0\times10^{-3})}=1.5\times10^{-5}$〔m〕　(3)　水中を進む光について，光学距離が1.3倍になるので，(2)のdおよびΔxが$\dfrac{1}{1.3}$倍になる。したがって，求める間隔は，$\dfrac{2.0}{1.3}\fallingdotseq1.5$〔mm〕　(4)　下側のガラス板の真下から観察すると，直進する光と干渉するのは，下側のガラス面の上面に反射→上側のガラス面の下面に反射→下側と進む光

である。つまり，この光は2回の反射で合計2πだけ位相がずれるが，これは同位相に戻ったことを意味する。したがって，真上から観察してPで明線が見える条件である$2d=\left(m+\dfrac{1}{2}\right)\lambda$ $(m=0,\ 1,\ 2,\ \cdots)$は，真下から観察した場合は，暗線が見える条件となっている。

【3】(1)　(a)　$\dfrac{E}{R}$〔A〕　　(b)　向き…右向き　　大きさ…$\dfrac{EBd}{R}$〔N〕

(2)　$\dfrac{E-Bdv_1}{R}$〔A〕　　(3)　$\dfrac{E}{Bd}$〔m/s〕　　(4)　電気量…$CBdv_2$〔C〕

静電エネルギー…$\dfrac{1}{2}C(Bdv_2)^2$〔J〕　　(5)　$\sqrt{\dfrac{Q_0{}^2-2Ce}{C(CB^2d^2+m)}}$〔m/s〕

〈解説〉(1)　(a)　オームの法則より，求める電流の大きさをIとすると，$I=\dfrac{E}{R}$　(b)　求める力の大きさをFとすると，$F=IBd=\dfrac{EBd}{R}$　また，フレミングの左手の法則より，力の向きは右向きとなる。　(2)　金属棒が速さv_1で動いているので，棒には誘導起電力Bdv_1が磁束の変化を妨げる向きに生じている。したがって，求める電流の大きさをI_1とすると，キルヒホッフの法則より，$E-Bdv_1-RI_1=0$　∴　$I_1=\dfrac{E-Bdv_1}{R}$

(3)　速度が一定になるとき，棒には力がはたらかないので，電流は0になる。終端速度をv_fとすると，(2)より，$E-Bdv_f=0$　∴　$v_f=\dfrac{E}{Bd}$

(4)　棒で生じる誘導起電力はBdv_2であり，この起電力でコンデンサーが充電される。よって，求める電気量の大きさをQとすると，$Q=CBdv_2$　また，求める静電エネルギーの大きさUは，$U=\dfrac{1}{2}C(Bdv_2)^2$

(5)　コンデンサーの両端の電圧と誘導起電力が等しくなったときに，電流が流れなくなり，金属棒の速さは一定になる。このとき終末速度

をv_f'とすると，誘導起電力はBdv_f'，コンデンサーの静電エネルギーは，$\frac{1}{2}C(Bdv_f')^2$となる。また，棒は運動エネルギー$\frac{1}{2}mv_f'^2$をもっている。エネルギーのやりとりを考えたとき，コンデンサーがはじめにもっていた静電エネルギーは$\frac{Q_0^2}{2C}$であり，金属棒で発生した熱エネルギーはeなので，$\frac{Q_0^2}{2C}-e=\frac{1}{2}C(Bdv_f')^2+\frac{1}{2}mv_f'^2=\frac{1}{2}v_f'^2(CB^2d^2+m)$

$$\therefore\quad v_f'=\sqrt{\frac{Q_0^2-2Ce}{C(CB^2d^2+m)}}$$

【化学】

【1】(1) 1 　　(2) 2, 3 　　(3) 1 　　(4) 2, 4

〈解説〉(1)　電気陰性度は，原子が共有電子対を引きつけようとする強さの度合いなので，「イオン結合」ではなく「共有結合」である。
(2)　2　凝析は，疎水コロイドに少量の電解質を加えることで，コロイド粒子が集合して沈殿する現象である。　3　設問の不規則な運動はブラウン運動である。チンダル現象はコロイド粒子に側面から強い光を当てると，コロイド粒子が光を散乱して光の通路が見える現象である。　(3)　アルミニウムの工業的製法では，原料であるボーキサイト$Al_2O_3\cdot nH_2O$を苛性ソーダに溶解させて加熱し，純粋な酸化アルミニウム(アルミナ)Al_2O_3をつくり，これを融解塩電解する。
(4)　2　分子量が等しいアルコールについて，直鎖状の1－ブタノールと枝分かれのある2－ブタノールでは，直鎖状の方が沸点は高い。
4　不飽和脂肪酸について，分子中の二重結合の数が多いリノレン酸(二重結合3つ)の融点は，二重結合の数が少ないオレイン酸(二重結合1つ)より低い。

【2】(1)　ア　銅　　イ　亜鉛　　ウ　2.1(2.0)　　エ　負　　(2)　正極の表面が発生した水素H_2の気泡で覆われること。　　(3)　正極活物質…O_2　　負極活物質…H_2　　(4)　$2H_2O \rightarrow O_2+4H^++4e^-$
(5)　Cuが0.127〔g〕÷63.5〔g/mol〕＝0.002〔mol〕析出するためには，

$(Cu^{2+}+2e^-→Cu$より)電子は0.004mol流れたことになる。よって，0.004〔mol〕×9.65×10^4〔C/mol〕＝0.0772〔A〕×t　より　t＝5000〔秒〕　答　5000〔秒〕　　(6)　流れた電子の物質量は0.004mol　負極の反応は$Pb+SO_4^{2-}→PbSO_4+2e^-$より，0.002molのPbが$PbSO_4$となり，このSO_4の分だけ質量が増加する。よって，0.002〔mol〕×(32+16×4)＝0.192〔g〕　　　答　0.192〔g〕

〈解説〉(1)　硫酸銅(Ⅱ)水溶液の電気分解において，陰極では$Cu^{2+}+2e^-$→Cu，陽極では$2H_2O→O_2+4H^++4e^-$の反応が生じ，それぞれ銅と酸素が生成する。また，陰極と接続するのは電池(電源)の負極なので，銅が析出したのは負極である。　　(2)　ボルタ電池では，負極で$Zn→Zn^{2+}+2e^-$，正極で$2H^++2e^-→H_2$の反応が起こる。正極で発生したH_2の泡が銅を包むと電子の流れを妨げるため起電力が低下する。

(3)　負極では，水素H_2が酸化されて電子e^-を放出して水素イオンH^+となる。放出された電子は導線を通って正極へ移動し，水素イオンは電解液中を正極へ移動する。正極では酸素O_2が電子を受け取って還元されH_2Oが生成する。　　(4)　解答参照。　　(5)　(電気量〔C〕)＝(電流〔A〕)×(時間〔秒〕)の関係を利用する。　　(6)　解答参照。

【3】(1)　ア　ファンデルワールス　　イ　分子

(2)　−20℃，3.0×10^5 Paのとき，二酸化炭素はすべて気体である。二酸化炭素の物質量は，CO_2＝44〔g/mol〕であるから，

$\dfrac{264〔g〕}{44〔g/mol〕}$＝6.0〔mol〕　　よって，気体の状態方程式より，

3.0×10^5〔Pa〕×V＝6.0〔mol〕×8.3×10^3〔Pa・L/(K・mol)〕×(273−20)〔K〕　　$V=\dfrac{6.0×8.3×10^3×253}{3.0×10^5}$＝41.998〔L〕

ここで，気体の体積を0.10倍にすると圧力は10倍になる。−20℃，3.0×10^5 Paの二酸化炭素の場合，気体のままであれば3.0×10^6 Paとなるが，2.0×10^6 Paで凝縮するので，一部が液体になる。このとき，気体の二酸化炭素の物質量をn〔mol〕とすると，気体の状態方程式より，

2.0×10^6〔Pa〕×0.10×41.998〔L〕＝n×8.3×10^3〔Pa・L/(K・

mol)〕×(273−20)〔K〕

$n=4.0$〔mol〕   答 4.0〔mol〕

(3) ① $\dfrac{(1.7 \text{〔L〕} -0.95 \text{〔L〕})\times0.5}{22.4 \text{〔L/mol〕}}≒1.67\times10^{-2}$〔mol〕

答 1.7×10^{-2}〔mol〕   ② 水には，ヘンリーの法則より溶解する

気体の物質量は分圧に比例して二酸化炭素が溶解するので，2.0×10^5

Pa，水0.5Lでは，

$\dfrac{0.95 \text{〔L〕} \times\dfrac{0.5 \text{〔L〕}}{1.0 \text{〔L〕}}}{22.4 \text{〔L/mol〕}}\times\dfrac{2.0\times10^5 \text{〔Pa〕}}{1.0\times10^5 \text{〔Pa〕}}≒4.24\times10^{-2}$〔mol〕溶解して

いる。   答 4.2×10^{-2}〔mol〕

〈解説〉(1) 解答参照。   (2) 液体の二酸化炭素の体積は無視できるの
で，気体の体積を0.10倍にすると圧力は10倍になると考えてよい。な
お，問題文の状態図において，Ⅰは固体，Ⅱは液体，Ⅲは気体となる
領域を示している。   (3) ① 圧力は一定なので，17℃と0℃で溶け
る二酸化炭素の体積の差が，水にさらに溶解する二酸化炭素の体積に
なる。   ② ヘンリーの法則より，水に溶解する気体の物質量は分圧
に比例する。

【4】(1) ア $[SO_3]^2$ イ $[SO_2]^2\cdot[O_2]$ (2) $2SO_2+O_2\rightleftarrows2SO_3$より，
はじめ3.0molのSO_2と3.0molのO_2から，2.0molのSO_3が生成して平衡状
態となっているので，1.0molのSO_2と2.0molのO_2が残っている。

$K_c=\dfrac{[SO_3]^2}{[SO_2]^2[O_2]}=\dfrac{\left(\dfrac{2.0}{10}\right)^2}{\left(\dfrac{1.0}{10}\right)^2\times\dfrac{2.0}{10}}=20$〔(mol/L)$^{-1}$〕   答 20〔(mol/L)$^{-1}$〕

(3) 第一段階：$H_2SO_4\rightarrow H^++HSO_4^-$

第二段階：$HSO_4^-\rightleftarrows H^++SO_4^{2-}$

$K_2=\dfrac{[H^+][SO_4^{2-}]}{[HSO_4^-]}=1.0\times10^{-2}$〔mol/L〕

希硫酸のモル濃度が1.0×10^{-2}〔mol/L〕であり，第一段階の電離は完

全に進行し，第二段階のみが平衡状態となるため，第二段階の電離によって生成したH⁺のモル濃度をa〔mol/L〕とすると，

$[H^+]=(1.0\times10^{-2}+a)$〔mol/L〕

$[HSO_4^-]=(1.0\times10^{-2}-a)$〔mol/L〕

$[SO_4^{2-}]=a$〔mol/L〕

が成り立つ。これをK_2の式に代入してaを求めると，

$a=(\sqrt{2}-1)\times10^{-2}$となる。

ここで，$\sqrt{2}=1.41$だから，$a=0.41\times10^{-2}$〔mol/L〕

$[H^+]≒1.4\times10^{-2}$〔mol/L〕　　　答　1.4×10^{-2}〔mol/L〕　　　(4)　(あ)

〈解説〉(1)　解答参照。　(2)(3)　平衡定数の単位は決まっていないので，その都度計算により求める必要がある。

(4)　pH＝1.0より，$[H^+]=1.0\times10^{-1}$〔mol/L〕

求める希硫酸のモル濃度をxとおくと，(3)より，

$[H^+]=x+a=1.0\times10^{-1}$〔mol/L〕

$a=1.0\times10^{-1}-x$〔mol/L〕　　より

$[HSO_4^-]=x-a=2x-1.0\times10^{-1}$〔mol/L〕

$[SO_4^{2-}]=a=1.0\times10^{-1}-x$〔mol/L〕

よって，$K_2=\dfrac{[H^+][SO_4^{2-}]}{[HSO_4^-]}=\dfrac{(1.0\times10^{-1})(1.0\times10^{-1}-x)}{2x-1.0\times10^{-1}}=1.0\times10^{-2}$

$x=\dfrac{1.1}{1.2}\times10^{-1}≒9.2\times10^{-2}$〔mol/L〕

【５】(1)　a，c　　　(2)　c，d　　　(3)　化合物③…ベンゼンスルホン酸　化合物④…濃硝酸　　　化合物⑤…ニトロベンゼン　　　(4)　b

(5)　中性化合物⑥…　$CH_3-CH-C-O-CH_2-CH_2-CH_3$
　　　　　　　　　　　　　　|　　||
　　　　　　　　　　　　　OH　O

アルコール⑦…　$CH_3-CH_2-CH_2-OH$

酸⑧… CH₃－CH－C－OH

$$\text{CH}_3-\underset{\underset{\text{OH}}{|}}{\text{CH}}-\underset{\underset{\text{O}}{\|}}{\text{C}}-\text{OH}$$

カルボニル化合物⑨… CH₃－CH₂－C－H

$$\text{CH}_3-\text{CH}_2-\underset{\underset{\text{O}}{\|}}{\text{C}}-\text{H}$$

〈解説〉(1) a $CH_2=CH_2+Br_2\rightarrow C_2H_4Br_2$ より, これは付加反応である。

b $HC\equiv CH+2Ag^{2+}\rightarrow AgC\equiv CAg+2H^+$ なので, これは置換反応である。

c $C_6H_6+3H_2\rightarrow C_6H_{12}$ より, 付加反応である。 d $C_6H_6+Cl_2\rightarrow C_6H_5Cl+HCl$ より, これは置換反応である。 (2) 化合物①は $CH_3CH(OH)CH_2CH_3$, 化合物②は $CH_3CH_2CH_2OH$ である。 a 化合物①と②はいずれも水に溶ける。 b 化合物①はこの反応(ヨードホルム反応)を示すが, ②は示さない。 c 化合物①を酸化して生成するのはアセトンであり, 銀鏡反応を示さない。 d 化合物②を酸化すると, アルデヒドを経由してカルボン酸になる。カルボン酸は炭酸より強い酸なので, 炭酸水素ナトリウムと反応すると二酸化炭素が発生する。 (3) 化合物③ $C_6H_6+H_2SO_4\rightarrow C_6H_5SO_3H+H_2O$ より, ベンゼンスルホン酸 $C_6H_5SO_3H$ が該当する。 化合物④⑤ $C_6H_6+HNO_3\rightarrow C_6H_5NO_2+H_2O$ より, 化合物④は濃硝酸 HNO_3, 化合物⑤はニトロベンゼン $C_6H_5NO_2$ である。 (4) ナトリウムフェノキシド C_6H_5ONa は弱酸と強塩基からなる塩であり, フェノールより強い酸である塩酸を加えると反応式 $C_6H_5ONa+HCl\rightarrow C_6H_5OH+NaCl$ より, フェノール C_6H_5OH が遊離する。 (5) 1.00mol/Lの水酸ナトリウム水溶液10.0mLに含まれるOH基は $1.00\times\dfrac{10.0}{1000}=1.00\times10^{-2}$〔mol〕であり, これと一価の酸⑧0.900gが中和するので, 酸⑧の分子量は $\dfrac{0.900}{1.00\times10^{-2}}=90$ である。酸⑧の組成式は CH_2O なので, $(CH_2O)_n=90$ より, $30\times n=90$ から $n=3$ となるので, 分子式は $C_3H_6O_3$ である。中性化合物⑥の加水分解で得られたアルコール⑦と酸⑧の質量はそれぞれ1.20gと1.80gなので, アルコール⑦の分子量を m とすると, $1.20:1.80=m:90$ より, $m=60$ である。ア

ルコール⑦の組成式はC_3H_8Oなので，分子式もC_3H_8Oである。アルコール⑦を酸化すると，還元性のあるカルボニル化合物⑨が生成したので，アルコール⑦は第一級の$CH_3CH_2CH_2OH$であり，カルボニル化合物⑨はCH_3CH_2CHOである。ここで，中性化合物⑥は不斉炭素原子C^*をもちエーテル結合をもたないので，酸⑧は分子式を考慮すると$CH_3C^*H(OH)COOH$である。よって，中性化合物⑥は，$CH_3C^*H(OH)COOH$＋$CH_3CH_2CH_2OH$→$CH_3C^*H(OH)COOCH_2CH_2CH_3$＋$H_2O$のエステル化により生成する$CH_3CH(OH)COOCH_2CH_2CH_3$である。

【地学】

【1】(1)　250000　　(2)　0.9〔mm〕　　(3)　①　　(4)　平均海水面を陸域にも延長したと仮定して，平均海水面で地球の全表面を覆った仮想の面。　　(5)　$\dfrac{a-b}{a}$

〈解説〉(1)　図より，太陽の南中高度の差が中心角に等しく，中心角は弧の長さに比例することを用いる。地球一周の長さをL〔スタジア〕とすると，$7.2° : 360° = 5000 : L$　∴　$L = 250000$〔スタジア〕

(2)　40000〔km〕$= 4 \times 10^7$〔m〕より，求める高さをh〔m〕とすると，$4 : h = 4 \times 10^7 : 8848$　∴　$h = 8.848 \times 10^{-4}$〔m〕$≒ 9 \times 10^{-4}$〔m〕$= 0.9$〔mm〕　　(3)　地球は赤道方向に膨らんでいることにより，回転楕円体の弧の曲がりの度合いは高緯度地域の方が緩やかである。そのため，高緯度地域の方が曲率半径(経線弧を近似する円の半径)は長くなるため，同じ緯度差(中心角)1°に対する弧の長さが長くなる。　　(4)　解答参照。　　(5)　(偏平率)$= \dfrac{(赤道半径)-(極半径)}{(赤道半径)}$である。値が小さいほど球に近いことを示す。なお，地球の偏平率は$\dfrac{1}{298}$である。

【2】(1)　1　⑤　　2　④

(2)

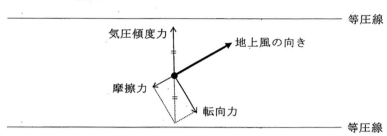

(3)　地衡風　　(4)　気圧傾度力＝転向力＋遠心力　　(5)　①

〈解説〉(1)　乾燥断熱減率と湿潤断熱減率の数値で，湿潤断熱減率の値の方が小さいのは，水蒸気が凝結するときに周囲に潜熱(凝結熱)を放出するためである。　(2)　北半球では，転向力は地上風の向きに対して直角右向きにはたらくので，図の右斜め下方向となる。摩擦力は，風の向きと反対の向きにはたらく。気圧傾度力は，転向力と摩擦力の合力とつり合い，かつ等圧線に対して垂直になるようにはたらくので，高圧側から低圧側，つまり図の上向きになる。　(3)　摩擦力がはたらかず，気圧傾度力と転向力がつり合うように吹く風を地衡風という。(4)　北半球中緯度における低気圧で吹く風を傾度風とした場合，気圧傾度力は低気圧の中心に向かう向きにはたらき，風は反時計回りに吹くので，転向力はその直角右向きで外向き，遠心力は外向きにはたらく。傾度風はこれら3つの力がつり合って吹く風なので，3力の向きを考えると解答のようになる。　(5)　問題文より，気温が高い夏の場合には，風上側での飽和空気塊の気温減率が小さくなり，風下側での乾燥した空気塊の下降時の昇温は変わらないので，風下側の麓では空気塊はより昇温することになる。

【３】(1)　③　　　(2)　E(東)　　　(3)　(ア)→(ウ)→(イ)　　　(4)　40〔m〕

〈解説〉(1)　A層～D層は整合で走向N−S，傾斜30°Wであるが，E層との
境界線は高さ140mの等高線に対してほぼ平行で水平層なので，両者の
関係は傾斜不整合である。　(2)　露頭線がある標高の等高線と2か所
で交差している場合，その2点を結ぶ直線が走向線であり，走向線が
北となす角度で層理面の走向がわかる。この方法に従い断層の露頭線
に対して高さ80～120mの走向線を作図すると，走向がN−Sで，高さ
の低い走向線がより東側にあることから，傾斜はE(東)である。

(3)　切られた方が古く，切った方が新しい層である。断層F−F′はB
層を切っており，E層に切られているので，B層の堆積→断層F−F′の
形成→E層の形成の順である。　(4)　区間M−M′をほぼ東西方向とみ
なす。M−M′を含む東西方向の断面図において，Mから傾斜30°WのB
層とC層の境界面に垂線を下すと，辺の比が $1 : 2 : \sqrt{3}$ の直角三角形
ができるので，MM′：(C層の厚さ)＝2：1となることがわかる。よっ
て，(C層の厚さ)＝$\frac{1}{2}$MM′＝40〔m〕となる。

【４】(1)　$\frac{1}{100}$〔倍〕　　　(2)　2.5〔μm〕(2.4〔μm〕)　　　(3)　0.02〔″〕
(4)　赤色巨星となった後，外層の物質を放出して最後には白色矮星に
なる。

〈解説〉(1)　等級が5等小さくなると，明るさは100倍になる。　(2)　ウ
ィーンの変位則より，物体の表面温度T〔K〕と放射エネルギーが最大
となる波長λ〔μm〕との関係は，λT＝(一定)である。問題文の恒星
と惑星でともにウィーンの変位則が成り立つと考えると，0.5×6000＝
λ×1200　∴　λ＝2.5〔μm〕　なお，理想的な黒体では，λT＝
2900が成り立つので，λ＝$\frac{2900}{1200}$≒2.4〔μm〕も正解となる。　(3)　求
める角度は，地球の年周視差である。1パーセクは年周視差が1″にな
る距離であり，(恒星までの距離〔パーセク〕)＝$\frac{1}{(年周視差〔″〕)}$が成り
立つ。したがって，50パーセクにおける年周視差は$\frac{1}{50}$＝0.02〔″〕とな

る。　(4)　この恒星の表面温度は6000K程度であることから，太陽と同じスペクトル型なので，太陽と同様の進化をたどると考えられる。

【5】(1) $\dfrac{L_A}{L_A + L_B}$　(2) エ　(3) 恒星からの光の波長が長波長(赤色)側にずれて観測される。　(4) $\dfrac{m_A}{m_B}$　(5) ③

〈解説〉(1)　食でない場合の光度はA星とB星の和となるが，A星がB星を完全に隠すとA星のみの光度となる。　(2)　食の場合は，両星が視線方向に位置するときであり，このとき両星は視線方向に速度をもたないので，視線速度0となるイまたはエのいずれかである。また，A星がB星を完全に隠した後，A星は観測者から遠ざかるので視線速度は正，B星は観測者に近づくので視線速度は負となるので，エが該当する。(3)　ドップラー効果により，恒星が視線方向に遠ざかるときには波長の長い(赤色の)方に，近づくときは波長の短い(青色の)方にずれる。(4)　K_A，K_BはそれぞれA星，B星の公転速度と考えることができる。図3より，両星とも同じ周期で公転することから，公転周期T間に円軌道上を移動する距離を考えると，$K_A : K_B = a_A : a_B$となる。両星は共通重心Gのまわりを公転しているので，Gは両星間の距離を質量の逆比に内分し，$a_A : a_B = m_B : m_A$である。これら2式より，$\dfrac{K_B}{K_A} = \dfrac{m_A}{m_B}$となる。(5)　求める時間を$x$とする。$x$の範囲は，太陽質量の1倍の恒星が主系列星である時間5×10^7〔年〕$\leq x \leq 1 \times 10^{10}$〔年〕かつ太陽質量の2倍の恒星が主系列星である時間7×10^6〔年〕$\leq x \leq 7 \times 10^8$〔年〕である。よって，$x$の範囲は，$5 \times 10^7$〔年〕$\leq x \leq 7 \times 10^8$〔年〕である。選択肢のうち，この条件を満たすのは③の3億年(3×10^8〔年〕)のみである。

中 学 理 科

【1】次の各問いに答えよ。

次の枠内の文は，中学校学習指導要領解説理科編(平成29年7月)の
「第2章　理科の目標及び内容　第1節　教科の目標」の抜粋である。
(①)～(⑩)にあてはまる語句をあとのア～タから選び，記号で
答えよ。

目標(2)は，育成を目指す資質・能力のうち，思考力，判断力，
表現力等を示したものである。(①)に探究する力を育成する
に当たっては，自然の事物・現象の中に(②)を見いだし，見
通しをもって観察，実験などを行い，得られた結果を(③)し
て(④)するなどの活動を行うことが重要である。その際，第
1学年では自然の事物・現象に進んで関わり，それらの中から
(②)を見いだす活動，第2学年では(⑤)する方法を立案し，
その結果を(③)して(④)する活動，第3学年では探究の過
程を(⑥)活動などに重点を置き，3年間を通じて(①)に探
究する力の育成を図るようにする。

目標(3)は，育成を目指す資質・能力のうち，学びに向かう力，
人間性等を示したものである。学びに向かう力，人間性等を育
成するに当たっては，生徒の学習意欲を喚起し，生徒が自然の
事物・現象に進んで関わり，(⑦)に探究しようとする態度を
育てることが重要である。その際，自然体験の大切さや(⑧)
や社会における科学の(⑨)を(⑩)ような場面を設定する
ことが大切である。このような(⑦)に探究する活動を通して，

> 自然の美しさ，精妙さ，偉大さを改めて感得し，自然についての理解を深め，新たな(②)を見いだそうとするなど，生徒の感性や知的好奇心などが育まれる。

ア 科学的	イ 考察	ウ 主体的	エ 解釈
オ 客観性	カ 有用性	キ 考える	ク 問題
ケ 分析	コ 規則性	サ 振り返る	シ 重要性
ス 実感できる	セ 日常生活	ソ 疑問	タ 解決

(☆☆◎◎◎)

【2】次の各問いに答えよ。

1 図1のばねXにはたらく力の大きさと，ばねののびとの関係をグラフにまとめたものが図2である。このばねXを用いて，実験1〜2を行った。あとの(1)〜(4)の問いに答えよ。ただし，質量100gの物体にはたらく重力の大きさを1.0Nとし，糸とばねの質量，糸と定滑車の間の摩擦，糸ののび縮みは考えないものとする。

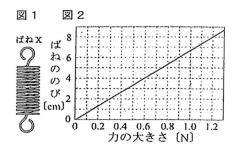

図1　図2

≪実験1≫

図3のように，ばねXと定滑車を用いて，質量90gのおもりYをゆっくり引っ張った。

≪実験2≫

図4のように，ばねXと定滑車を用いて，質量600gのおもりZをゆっくり引っ張った。

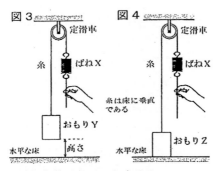

(1)　ばねXのばね定数は何N/mか求めよ。

(2)　実験1について，おもりYの底面が，水平な床から10cmの高さに静止しているとき，ばねXののびは何cmか。

(3)　実験1について，水平な床から10cmの高さにあるおもりYを，水平な床から30cmの高さまでゆっくり引き上げたとき，手がおもりYにした仕事は何Jか。

(4)　実験2について，ばねXののびが8cmのとき，床がおもりZから受ける圧力は何Paか。ただし，おもりZと床が接している面は一辺が10cmの正方形で，この面には，力が均等にはたらいているものとする。

2　図は電圧V〔V〕の電源と，抵抗値がすべて等しいr〔Ω〕の抵抗から構成される回路である。下の(1)～(4)の問いに答えよ。

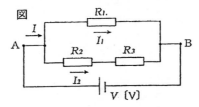

(1)　AB間の合成抵抗R〔Ω〕を，rを用いて表せ。

(2)　抵抗R_1を流れる電流I_1〔A〕をr, Vを用いて表せ。

(3)　抵抗R_2を流れる電流I_2〔A〕をr, Vを用いて表せ。

(4)　抵抗R_1, R_2での消費電力P_1, P_2〔W〕をそれぞれr, Vを用いて

表せ。

3　次の各問いに答えよ。

(1)　質量5.0kgの物体があらい水平面をすべっているとき，物体が受ける動摩擦力の大きさは何Nか。ただし，重力加速度の大きさを9.8m/s²，物体と面との間の動摩擦係数を0.20とする。

(2)　おんさAと，振動数400HzのおんさBを同時に鳴らすと，毎秒4回のうなりが聞こえた。おんさAの振動数は何Hzか。ただし，おんさAの振動数はおんさBの振動数より大きいものとする。

(☆☆☆◎◎◎)

【3】次の各問いに答えよ。

1　林の落ち葉の下にある土を使って，土の中の微生物のはたらきを調べるために，図のような実験を行った。あとの(1)～(3)の問いに答えよ。

図

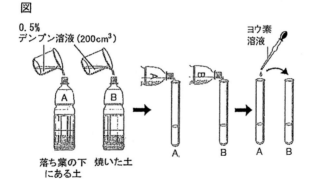

≪実験≫

＜手順1＞

　ペットボトルAには，落ち葉の下にある土100gを入れ，0.5％デンプン溶液200cm³を入れる。また，ペットボトルBには，同じ場所の土100gを十分に焼いたものを入れ，0.5％デンプン溶液200cm³を入れる。

＜手順2＞

　どちらのペットボトルにもふたをする。

＜手順3＞

　ふたをしめたまま，3日間，室温で放置した後，ペットボトルA，Bの上澄み液を，それぞれ3cm³ずつ試験管A，Bにとる。

＜手順4＞

　どちらにも同量のヨウ素溶液を加える。

＜結果＞

　試験管Aの液は変化せず，試験管Bの液は青紫色に変化した。

(1)　下線部で，ふたをした理由として最も適切なものを，次のア〜エから1つ選び，記号で答えよ。

　　ア　ペットボトル内に，外から二酸化炭素が入らないようにするため。

　　イ　ペットボトル内に，外から微生物が入らないようにするため。

　　ウ　ペットボトル内の湿度を一定にするため。

　　エ　ペットボトル内の温度を一定にするため。

(2)　ヨウ素溶液を加えたとき，試験管Aの液が変化しなかった理由として最も適切なものを，次のア〜エから1つ選び，記号で答えよ。

　　ア　土の中の微生物により，デンプンが無くなったから。

　　イ　土の中の微生物により，デンプンがつくられたから。

　　ウ　土を焼かなかったことにより，デンプンが残ったから。

　　エ　土の中の微生物が死に，デンプンが無くなったから。

(3)　次の文中の（　①　）〜（　③　）にあてはまる語句を，それぞれ答えよ。

> 　土の中には，有機物を二酸化炭素や水などの無機物に
> （　①　）する微生物が生息しており，このはたらきから自然
> 界では（　①　）者とよばれている。また，二酸化炭素は植物
> にとりこまれ，有機物に変えられる。植物のこのはたらき
> を（　②　）といい，このはたらきから植物は，（　③　）者と
> よばれる。

2　植物の根から吸い上げられた水がどのように移動していくのかを
調べるために，日のよく当たる風通しのよいところで，実験を行っ
た。あとの(1)～(4)の問いに答えよ。

≪実験1≫

　図1のように，赤インクで着色した水を入れた三角フラスコにホ
ウセンカをさし入れた。

図1

油　　水　あ
　　　　　い

赤インクで着色した水

＜結果1＞

　数時間おいた後に，茎と葉の断面を観察したところ，茎の断面，
葉の断面とも道管が赤く染まった。

≪実験2≫

　葉の大きさと数がそれぞれほぼ等しい4本のホウセンカを，それ
ぞれ同量の水を入れた三角フラスコにさし入れ，図2に示す処理を
した。その後，水面からの水の蒸発を防ぐために少量の油を注ぎ，
半日おいた。

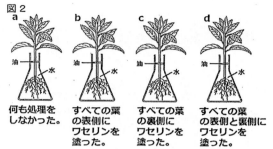

図２

a　何も処理を
しなかった。

b　すべての葉
の表側に
ワセリンを
塗った。

c　すべての葉
の裏側に
ワセリンを
塗った。

d　すべての葉
の表側と裏側に
ワセリンを
塗った。

※　ワセリンは，ゼリー状の物質で，水分を通さない性質をもっている。

＜結果2＞

　半日後の三角フラスコの水の量を比べた結果，少ないものからa,
b，c，dの順となり，dの水の量はほとんど変化しなかった。

(1)　図1の⑧のような太い根と⑩のような細い根は，双子葉類に見
　られる特徴の1つである。太い根と細い根を，それぞれ何という
　か答えよ。

(2)　双子葉類に見られる葉脈の特徴を，簡潔に答えよ。

(3)　図3は，実験1のホウセンカの茎と葉の断面をそれぞれ模式的に
　示したものである。道管を，図3のア～カからすべて選び，記号
　で答えよ。

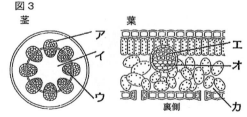

図３

茎　　　　　　　　　　　葉

ア

イ

ウ

エ

オ

裏側　　カ

(4)　実験2の結果について，次の①～②の問いに答えよ。

　①　aとdの水の量を比較してわかることを，簡潔に説明せよ。

　②　bとcの水の量を比較してわかることを，葉のつくりに着目し
　　て，簡潔に説明せよ。

(☆☆☆◎◎)

214

【4】 次の各問いに答えよ。

1　理科室で水蒸気が凝結する温度と湿度を調べるため，実験を行った。表1は，各気温における飽和水蒸気量を表している。あとの(1)～(4)の問いに答えよ。ただし，実験には金属製のコップを使用する。また，コップのまわりの空気の温度は水温と等しいものとし，コップの表面がくもり始める水温を，空気中の水蒸気が凝結し始める温度とする。

表 1

気　温〔℃〕	飽和水蒸気量〔g/m³〕
8	8.3
10	9.4
12	10.7
14	12.1
16	13.6
18	15.4

≪実験1≫

＜手順1＞

　理科室の気温を測定した後，図1のように，あらかじめ理科室でくみ置きした水をコップに半分ぐらい入れ，その水温と気温が同じであることを確かめる。

＜手順2＞

　図2のように，氷を入れた試験管をコップの水の中に入れて水温を下げ，コップの表面がくもり始めたときの水温を測定する。

　表2は4月20日と4月22日の測定結果をまとめたものである。

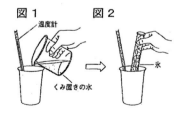

図 1　　　図 2

温度計

くみ置きの水

水

表2

月　　日	4月20日	4月22日
気温〔℃〕	18.0	18.0
くもり始める ときの水温〔℃〕	12.0	16.0

≪実験2≫

4月25日に乾湿計と表3の湿度表を用いて，理科室の湿度を求める。図3は測定した乾湿計の一部分を示したものである。

表3

乾球の 示度〔℃〕	乾球と湿球の示度の差〔℃〕			
	1.0	2.0	3.0	4.0
18	90	80	71	62
17	90	80	70	61
16	89	79	69	59
15	89	78	68	58
14	89	78	67	56

図3

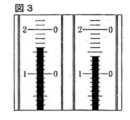

(1) 実験1で，コップの表面がくもり始めるときの温度を何というか答えよ。

(2) 実験1で，20日の理科室の湿度は何％か。答えは小数第1位を四捨五入し，整数で答えよ。

(3) 実験1の20日と22日の結果から，理科室の湿度が低いのはどちらの日か答えよ。また，その理由を述べた次の文の(　①　)，(　②　)にあてはまるものはどれか。最も適切な組み合わせを，下のア～カから1つ選び，記号で答えよ。

> 　理科室内の飽和水蒸気量は(　①　)，コップの表面がくもり始める温度の(　②　)方が，含んでいる水蒸気量が少ないため。

ア　①　20日の方が大きく　　②　高い

イ　①　20日の方が大きく　　②　低い

ウ　①　22日の方が大きく　　②　高い

エ　①　22日の方が大きく　　②　低い

オ ① どちらの日も同じで   ② 高い

カ ① どちらの日も同じで   ② 低い

(4) 実験1を，25日に行ったとすると，コップの表面がくもり始めるときの温度は何℃と考えられるか。最も適切なものを，次のア〜オから1つ選び，記号で答えよ。ただし，実験1と実験2は同時に行ったものとする。

　ア 8℃　　イ 10℃　　ウ 12℃　　エ 14℃　　オ 16℃

2　ある日，図に示すような前線A，前線Bをともなった低気圧が，日本付近を東へ進んでいる。下の(1)〜(5)の問いに答えよ。

図

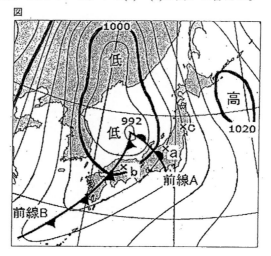

(1) 図の前線Aの名前を答えよ。また，前線Aの特徴として適するものを，次のア〜オから1つ選び，記号で答えよ。

　ア 暖気が寒気の下にもぐり込み，寒気を押し上げながら進む。

　イ 寒気が暖気の下にもぐり込み，暖気を押し上げながら進む。

　ウ 寒気と暖気の勢力が等しく，長い時間ほとんど動かない。

　エ 暖気が寒気の上に緩やかな角度で昇りながら進む。

　オ 寒気が暖気の上に緩やかな角度で昇りながら進む。

(2) 図のa地点では，雨が降っていた。a地点付近における天気の特

徴として適するものを，次のア〜エから1つ選び，記号で答えよ。
ア　狭い範囲で強い雨が降る。　　イ　広い範囲で強い雨が降る。
ウ　狭い範囲で弱い雨が降る。　　エ　広い範囲で弱い雨が降る。

(3)　図のb地点では，雲が空をしめる割合は0で，南の風がふき，風
力は2であった。b地点での天気と風向・風力について，天気図の
記号を用いて図示せよ。

(4)　図のc地点の標高は，海抜150mであった。標高100mあたりの大
気圧の差が12hPaであるとすると，この地点の気圧の測定値は何
hPaか答えよ。

(5)　図の前線Bがb地点を通過するとき，前線B付近で発生し激しい
雨を降らせる雲の正式な名前を答えよ。また，そのときの気温と
風向の変化について簡潔に説明せよ。

(☆☆☆◎◎◎◎)

【5】次の各問いに答えよ。

1　次の実験を行った。あとの(1)〜(4)の問いに答えよ。

≪実験≫

図1のような装置で，1.0gの銅粉を十分にガスバーナーで加熱する。
加熱した後，冷まして得られる物質の質量を測定する。

また，銅粉の質量を2.0g，3.0g，4.0gと変え，同様にして得られる
物質の質量の測定をくり返す。

＜結果＞

銅粉は，ガスバーナーでの加熱後に，黒色の物質Xに変化した。

図2は，測定値の結果をまとめたもので，直線は実験で得られた

値から推測される物質Xの質量と，銅粉の質量との関係を示したものである。

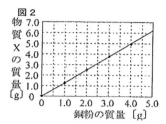

(1) 下線部の反応の化学反応式を答えよ。

(2) 下線部と同じ種類の反応を利用して一般的に使用されるものを，次のア～カからすべて選び，記号で答えよ。

　　ア　シリカゲルを利用した乾燥剤

　　イ　鉄粉を利用した携帯用カイロ

　　ウ　活性炭を利用した脱臭剤

　　エ　重そうを利用した洗浄剤

　　オ　ドライアイスを利用した冷却剤

　　カ　水素を利用した燃料電池

(3) 結果から，銅原子の質量は酸素原子の質量の何倍であるか。整数で求めよ。

(4) 物質Xを使い，炭素の粉末とよく混合し，強熱する実験を行った。次の各問いに答えよ。

　　① この化学反応式を答えよ。

　　② この化学反応について，炭素の粉末のかわりに，水素を用いて物質Xと反応させると，何が生じるか。化学式ですべて答えよ。

　　③ 物質X4.0gを完全に反応させるには，何gの炭素粉末が必要か。小数第2位を四捨五入して求めよ。ただし，同数の酸素分子と二酸化炭素分子の質量比は8：11である。

2　次の各問いに答えよ。。

(1) 1.0mol/Lの希硫酸を500mLつくるのに必要な質量パーセント濃

度98％の濃硫酸(密度1.8g/cm³)の質量は何gか。また，その濃硫酸の体積は何mLか。答えは小数第1位を四捨五入し，整数で答えよ。

(2)　次の①，②の溶液のpHを求めよ。ただし，強酸および強塩基の電離度は1とし，混合する前後で溶液の体積の総量に変化はないものとする。

①　0.10mol/Lの塩酸30mLに，0.10mol/LのNaOH水溶液30mLを加えた溶液。

②　0.10mol/Lの硫酸20mLに，0.10mol/LのNaOH水溶液10mLを加えた溶液。

(☆☆☆◎◎◎◎)

高 校 理 科

【物理】

【１】次の問いに答えよ。ただし，有効数字は2桁で答えよ。

(1)　よくみがいた亜鉛板をのせた箔検電器に負の電荷を与え，箔を開いた状態にしておく。亜鉛板に紫外線を照射すると，箔が閉じる。この変化を引き起こした物理現象を答えよ。

(2)　電池につながれた平行板コンデンサーに，次の(ア)，(イ)の操作を別々に行ったとき，＋極に蓄えられた電気量はそれぞれどのようになるか。(a)～(c)の中から正しいものを選び記号で答えよ。

(ア)　極板間の距離を大きくする。

(イ)　極板間に誘電体を挿入する。

(a)　増加する　　(b)　減少する　　(c)　変化しない

(3)　最大目盛50mA，内部抵抗3.2Ωの電流計を，抵抗Rと並列に接続することで，最大目盛0.15Aの電流計として使用できる。この抵抗Rの値を求めよ。

(4)　ある遺跡から発掘された木材中の炭素に含まれる${}^{14}_{6}C$の割合は，この木が生存していたときに比べ25％減っていた。この木が生存して

いたのは何年前までか求めよ。ただし，$_{6}^{14}$Cの半減期は5.7×10^{3}年とし，必要なら，$\log_{10}2 = 0.30$，$\log_{10}3 = 0.48$を用いよ。

(5) ある船が，岸で静止している人に向かって速さ17m/sで進みながら，汽笛を10秒間発した。岸にいる人がこの汽笛を聞く時間を求めよ。ただし，音速を340m/sとする。

(☆☆☆◎◎◎)

【2】 次の図のように，水平な床ABと半径r，中心Oの半円筒が点Bでなめらかにつながっている。また，床面，半円筒の内面ともになめらかである。

いま，質量の無視できるばね定数kのばねを床面に置き，その左端を点Aの位置に固定する。そして，ばねを自然の長さより長さdだけ縮め，大きさの無視できる質量Mの物体1をばねの右端に接するように置き，静かに手をはなす。重力加速度の大きさをgとして，下の問いに答えよ。

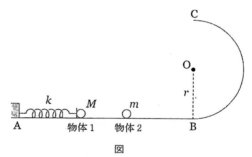

図

(1) 物体1がばねから離れたときの物体1の速さV_0を求めよ。

(2) 物体1から静かに手を離してから，物体1がばねから離れるまでの時間を求めよ。

(3) 物体1から静かに手を離してから，物体1がばねから離れるまでの間について，物体1の速さV_Mと時間tの関係式を示せ。ただし，手を離した瞬間を$t = 0$とする。

物体1はばねから離れた後，静止している質量mの物体2にはねか

えり係数(反発係数)eで衝突した。ただし，物体2の大きさは無視することができ，$m < M$とする。

(4) 衝突直後の物体2の速さvを，V_0を用いて答えよ。

物体2は衝突後，半円筒の内面をすべりながら上昇した。

(5) 物体2が半円筒の内面から離れずに上端の点Cまで達するためには，衝突直後の物体2の速さvがある値v_0以上でなければならない。v_0を求めよ。

(6) 衝突直後の物体2の速さvがv_0のとき，物体2は点Cを通過した後，床に落下した。落下地点の点Bからの距離を求めよ。

(☆☆☆◎◎◎)

【3】図1のように，紙面に垂直な2つの十分細いスリットP，Qをもつスリット板とスクリーンを，空気中に距離Lだけ離して平行に置き，スリット板の左から，波長λの位相のそろった平行な単色光をスリット板に垂直に入射させた。すると，P，Qから出てくる光が干渉して，スクリーン上には等間隔の明暗のしまが観測された。

P，Qの間隔を$2d$とし，PQの垂直二等分線がスクリーンと交わる点をOとして，下の問いに答えよ。ただし，dはLより十分小さく，空気の屈折率を1とする。

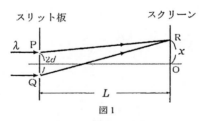

図1

(1) 点Oから紙面にそって上向きに距離xだけ離れたスクリーン上の点Rでは，P，Qから出た光が強めあい，明線が観測された。xがLより十分小さいとき，

線分QRと線分PRの距離の差が$\dfrac{2dx}{L}$で表されることを導出せよ。ただし，必要なら次の近似式を用いてよい。

・yが1より十分小さいとき，$(1+y)^r \fallingdotseq 1+ry$

・θ が十分に小さいとき，$\sin\theta \fallingdotseq \tan\theta$

(2) スクリーン上の点O付近にできる隣りあう明線と明線の間隔DをL，d，λを用いて答えよ。

続いて，図2のように，スリットQの前に，表面が平らで反射がない厚さl，屈折率$n(n>1)$の透明なガラス板を，スリット板に平行に置いた。

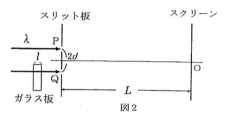

図2

(3) スクリーン上で観測される明暗のしまの位置は，ガラス板を置く前と同じであった。このとき，ガラス板の厚さlを，n，λを用いて答えよ。ただし，必要なら自然数としてmを用いてよい。

(☆☆☆◎◎◎)

【4】なめらかに動くピストンをもった円筒容器があり，その中に1モルの単原子分子の理想気体が閉じこめられている。次のグラフのように，この気体の状態を，絶対温度T_0，体積V_0の状態Aからゆっくりと変化させ，A→B，B→C，C→Aの過程を経て状態Aに戻した。ここで，状態Bの絶対温度は$4T_0$，体積は$4V_0$，状態Cの絶対温度はT_0，体積は$4V_0$である。気体定数をRとして，この過程に関してあとの問いに答えよ。

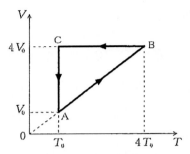

(1) 縦軸に圧力P，横軸に体積Vをとって，A→B→C→Aの状態変化を表すグラフをかけ。ただし，グラフには状態A，B，Cの圧力と体積の値をそれぞれ示せ。

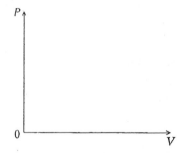

(2) A→B　の過程において，気体が外部にした仕事を求めよ。

(3) B→C　の過程において，気体が吸収した熱量を求めよ。

(4) C→A　の過程において，気体は熱を吸収するのか，放出するのか，吸収も放出もないのかを理由とともに答えよ。

(☆☆☆◎◎◎)

【生物】

【１】次の問いに答えなさい。

Ⅰ　生物の探究の過程において，よく使われる実験装置の1つに試料を拡大してみることができる，光学顕微鏡がある。光学顕微鏡について次の各問いに答えなさい。

問1 　次の①〜⑤は，光学顕微鏡の使い方について記したものである。
①〜⑤を正しい手順に並べ替えるとき，4番目にあたる手順を①〜
⑤から1つ選び，番号で答えなさい。

① 　低倍率の対物レンズを用いて，横から見ながら調節ねじを回し
てできるだけプレパラートに近づける。

② 　プレパラートをステージにのせ，検鏡したい部分を対物レンズ
の真下にくるようにしてクリップで押さえる。

③ 　接眼レンズをのぞきながら，調節ねじを回してピントを合わせ
る。

④ 　顕微鏡に接眼レンズをはめ，次に対物レンズを取り付ける。

⑤ 　反射鏡を調節して視野を明るくする。

問2 　近接した2点を異なる点と見分ける最小の間隔である分解能は，
光学顕微鏡で約何 μm か答えなさい。

問3 　肉眼で「F」と見えたとき，それを顕微鏡で見るとどのように見
えるか，描きなさい。

問4 　タマネギの鱗茎の表皮細胞を酢酸オルセイン溶液で染色した後，
光学顕微鏡で観察した模式図を描き，次に示す構造を図示しなさい。

　　　核 　　　細胞膜 　　　細胞壁

問5 　次の植物は，さまざまな生命活動の観察を行うときの試料とし
て用いられる。①〜④のそれぞれは，どのような生命活動の観察に
適しているか，それぞれについて答えなさい。

① 　タマネギの根の先端

② 　オオカナダモの葉

③ 　ユキノシタの葉裏の表皮

④ 　ムラサキツユクサのやく

Ⅱ 　光学顕微鏡を用いて細胞の大きさをミクロメーターで測定した。
次の文を読み，あとの問いに答えなさい。

　　まず，接眼レンズ15倍，対物レンズ10倍で検鏡をおこなった。

　　さらに，細胞の微細な構造を観察するために①接眼レンズはその
ままで，対物レンズを40倍で検鏡したところ，用いた対物ミクロメ

ーターと接眼ミクロメーターとの関係は図1のようであった。

また，②対物レンズを10倍にもどし，視野を広げて検鏡した。

問1　下線部①のとき，この図から接眼ミクロメーター1目盛りは何μmであるか答えなさい。ただし，対物ミクロメーターは1目盛り10μmである。

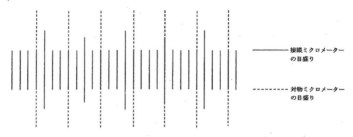

——— 接眼ミクロメーター
　　　の目盛り

‐‐‐‐‐ 対物ミクロメーター
　　　の目盛り

図1

問2　細胞の大きさを下線部②の接眼ミクロメーターの目盛りを用いて測定したところ，1個の細胞の大きさは平均して長辺5目盛り，および短辺2目盛りであった。1枚の葉の面積が0.54cm²であるとすれば，この葉には何個の細胞があることになるかを答えなさい。ただし，この葉の細胞は1層からなり，細胞は直方体であると仮定する。また，有効数字1桁で求めなさい。

(☆☆☆◎◎◎)

【2】次の各問いに答えなさい。

Ⅰ　ヒトの代謝について，次の文を読み，あとの各問いに答えなさい。

細胞呼吸で分解される有機物を呼吸基質という。私たちヒトは，他の生物がつくり出した有機物(栄養素)を酸素を用いて分解し，得られたエネルギーをATPなどの高エネルギーリン酸化合物として蓄えて，生命活動に利用している。下の図1は，三大栄養素であるタンパク質，炭水化物(糖質)，脂肪からATPとしてエネルギーをとり出すしくみを示している。細胞小器官のミトコンドリアは，このしくみの中で重要な役割を果たしている。

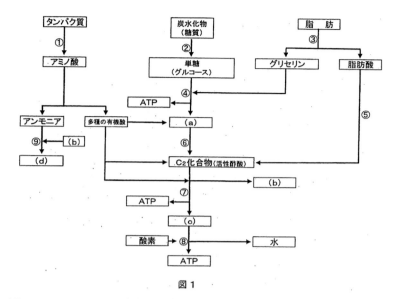

図1

問1　図1の(a)〜(d)，適当な語句を入れなさい。

問2　図1の①〜④，⑥〜⑧の反応はそれぞれどこで行われるか，次の
　　　ア〜ケから選び，記号で答えなさい。

　　　ア　細胞質基質　　　　　　イ　核

　　　ウ　マトリックス　　　　　エ　細胞膜

　　　オ　ミトコンドリア外膜　　カ　ミトコンドリア内膜

　　　キ　ゴルジ体　　　　　　　ク　小胞体

　　　ケ　細胞外

問3　反応系⑦の重要性を2つ述べなさい。

問4　⑤の反応系を何というか，答えなさい。

問5　反応系⑨が行われる臓器を答えなさい。

Ⅱ　次の図2は，ニワトリの卵殻内における窒素排出物の変化を示し
　　たものである。あとの各問いに答えなさい。

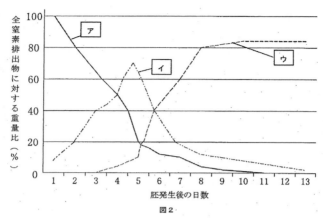

図２

問1　次の文の ア 〜 ウ に当てはまる物質名を答えなさい。

　　胚の発生当初は， ア が主体であるが，成長にともない イ が増えて，最終的には ウ が主体となってふ化を迎える。

問2　卵殻内の環境保持の観点から ウ の排出はどのような意味があるか述べなさい。

(☆☆☆☆◎◎◎)

【3】次の文を読み，あとの各問いに答えなさい。

　地球の陸上の多くは植物によって広くおおわれており，地域や場所によってさまざまな種類の植物が見られる。ある場所に植物が生育しているとき，その場所をおおっている植物全体をまとめて(ア)植生という。

　また，地表面をおおっている植生が，(イ)火山の噴火等によって破壊されると，それまであった土壌や植物の根，種子などがまったくない裸地ができる。しかし，そのような裸地にも植物は侵入し，その場所の植生は時間とともに徐々に回復していく。非常に長い年月をかけ，森林を構成する樹木の種類が，徐々に先駆樹種から極相樹種へと交代し，やがて極相樹種を中心とした森林になる。このように，ある場所の植生が時間とともに移り変わり，一定の方向性をもって変化していく現象を遷移という。

　遷移の後期に見られる極相林であっても，台風などで林冠を形成する樹木の幹や枝が折れたり，樹木が倒れたりすると，林床に光が届く場所ができることがある。このような場所をギャップという。(ウ)ギャップはいろいろな時期に生じ，そこでは林床にまで光がとどくため，陰樹が主体である極相林において多様性を高めるはたらきがあると考えられる。一方，極相林において最上層を形成するブナやシイなどの高木の葉を観察すると，(エ)林冠の葉と林床近くの葉は，厚さや面積が異なっている。さらにこれらの葉では，光に対する光合成反応にも違いが見られる。

問1　下線部(ア)の外観上の様相を何というか，次の①〜④から選び，番号で答えなさい。

　①　極相　　②　相観　　③　生活形　　④　生産構造図

問2　日本でみられる，植生の外観上の様相に基づき区別された植物群系を4つ答えなさい。

問3　森林という植生を構成する陽生植物と陰生植物を比較したとき，陰生植物の特徴として適当なものを次の①〜④からすべて選び，番号で答えなさい。

　①　光補償点が高い。

　②　光飽和点が低い。

　③　森林の高木層を形成する個体は陰葉のみをつける。

　④　暗い林床でも芽生えが生育しやすい。

問4　陽樹の例として誤っているものを次の①〜④からすべて選び，番号で答えなさい。

　①　ヤシャブシ　　②　アカマツ　　③　クロマツ

　④　アラカシ

問5　下線部(イ)に関して，このような裸地に侵入・定着する植物は，どのような性質を備えていれば他の植物との競争上有利になると考えられるか。次の①〜④から1つ選び番号で答えなさい。また，その理由をのべなさい。

　①　耐陰性　　②　重力散布型の種子　　③　窒素固定能力

④　耐湿性

問6　下線部(ウ)に関して，ギャップが多様性を高めるしくみについて「陽樹」，「陰樹」，「遷移段階」という言葉を使って説明しなさい。

問7　下線部(エ)に関して，林冠の葉を林床近くの葉と比べたとき，葉のどの組織の厚さがどのようになっているか，答えなさい。またそのことにより林冠の葉は光合成を行うときにどのように光を利用できるようになるのか，説明しなさい。

(☆☆☆◎◎◎)

【4】次の文章を読み，各問いに答えなさい。

問1　下の図1は，光合成の反応過程を示している。図1中のC_3，C_6は，それぞれ炭素を3個もつ化合物，炭素を6個もつ化合物を表している。また，[H]は他の物質と反応しやすい状態にある水素原子を表している。図1のア〜エに入る化学式，オの反応系の回路名を答えなさい。

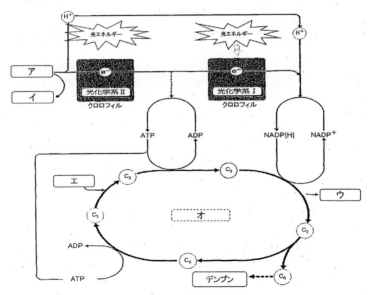

図1　光合成の反応過程

問2　ある植物の葉に十分な量の水と二酸化炭素，ならびに十分な強
　　さの光を与え，温度を5℃から40℃まで5℃おきに変えたときの各温
　　度における光合成速度と呼吸速度を測定した。その結果を，葉面積
　　100cm²当たり，1時間当たりの二酸化炭素の吸収量(mg)および，排出
　　量(mg)で表1に示した。

表 1

温度(℃)	光合成速度	呼吸速度
5	7.5	2.0
10	11.0	2.5
15	16.0	3.5
20	20.0	5.0
25	20.5	7.0
30	20.0	10.0
35	18.0	13.0
40	15.0	16.0

(1)　見かけの光合成速度が光合成速度の半分となる温度は何℃か答
　　えなさい。

(2)　葉中に蓄積される光合成産物の量が最も大きくなる温度は何℃
　　か答えなさい。

問3　図2の光の強さと光合成速度の関係のグラフから，温度と光合成
　　速度の関係について弱い光と強い光の場合についてグラフを作成し
　　なさい。グラフにはどちらが弱い光のものか，強い光のものかがわ
　　かるようにしておくこと。図に示されたデータ以外の予想される部
　　分についても記入しなさい。

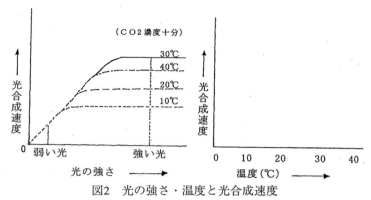

図2　光の強さ・温度と光合成速度

問4　海洋の水深約100mより浅い表層では，光合成が有機物生産の基礎となり，多くの生物が生息する。光合成が可能な強さの光は，水深約100mよりやや深い所まで届いていることが多い。それでも水深約100mより深い所では，植物プランクトンは，光合成を行っていてもほとんど成長や増殖できない。その理由を「補償点」という言葉を用いて答えなさい。

(☆☆☆◎◎)

【5】次の文章を読み，各問いに答えなさい。

Ⅰ　カイコのまゆの色には黄色と白色があり，Y(y)とI(i)の2対の対立遺伝子に支配されている。Yは黄色にする遺伝子，IはYのはたらきを抑える遺伝子である。両遺伝子について劣性ホモ接合体の白色と優性ホモ接合体の白色を交配すると，F_1はすべて白色であった。

問1　これらの遺伝子が別々の染色体上にあると仮定して次の問いに答えなさい。

(1)　F_1の遺伝子型を答えなさい。

(2)　F_1どうしを交配して生じるF_2の表現型とその比を答えなさい。

問2　これらの遺伝子が同一染色体上にあり，完全連鎖していると仮定して次の問いに答えなさい。

(1) F₁のつくる配偶子の遺伝子型とその比を答えなさい。

(2) F₁どうしを交配して生じるF₂の表現型とその比を答えなさい。

Ⅱ アカパンカビは，実験室でショ糖と無機塩類とビタミンの一部を添加した最小培地で生育でき，アミノ酸や他の生育に必要な物質を自ら生産できる代謝経路をもっている。アカパンカビの胞子にX線や紫外線を照射すると，最小培地では生育できない突然変異株が得られる。これらのなかには，最小培地にアミノ酸などの化学物質を添加することで生育できるものが含まれていた。ビードルとテータムはこのような突然変異株が，次の3つのグループに分けられることを見いだした。

　　突然変異株Ⅰ；最小培地にZを加えたときだけ育つ。

　　突然変異株Ⅱ；最小培地にX，Y，Zのどれか1つを加えれば育つ。

　　突然変異株Ⅲ；最小培地にX，Zのどちらかを加えれば育つ。

　　突然変異株Ⅰ～Ⅲは，X～Zの物質を合成するいずれか一つの酵素(Ex～Ez)に欠陥があるとして，次の問いに答えなさい。

問1　突然変異株Ⅰ～Ⅲの結果より代謝経路を推定し，次の図1を完成させなさい。ただし，□□□には物質名X～Z，□□□には酵素Ex～Ezを入れなさい。

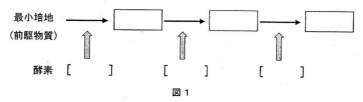

図1

問2　突然変異株Ⅰ～Ⅲは，それぞれどこに欠陥があるか。欠陥のある酵素をEx～Ezの記号で答えなさい。

問3　下線部について，X線や紫外線の照射により野生株へどのような変化を与えた結果，変異株がえられたのか，説明しなさい。

問4　アカパンカビを用いたビードルとテータムのこれらの研究によってある説が唱えられたが，その内容を簡潔に説明しなさい。

問5　突然変異の研究をするうえで，キイロショウジョウバエよりも

アカパンカビの方が優れている理由を次の語群A群とB群それぞれ
の言葉を使って2つ述べなさい。ただし，語群の言葉については必
要なものだけを用いて答えなさい。

〔語群〕

　A群　核相　単相　複相　形質

　B群　胞子　種子　精子　卵　無性生殖　有性生殖　突然変異体

(☆☆☆◎◎◎)

【6】次の文章を読み，各問いに答えなさい。

　問1　生物は一般に親世代より子世代が多くなるように子を多く産む。
　　よって同種個体の個体数すなわち個体群の個体数は，時間とともに
　　増加する。ある生物の実際の個体群の個体数と時間の関係を図1に
　　示した。

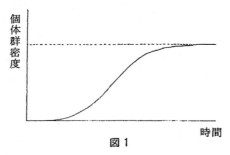

図１

　(1)　図1のようなグラフを何というか。

　(2)　ある生物の個体群の成長について，はじめの増殖率が続くとし
　　て個体群の成長を実際の個体群の成長の実線のグラフを参考にし
　　てグラフに書きなさい。

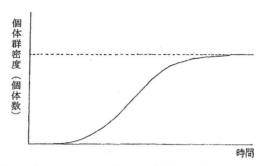

(3) 図1のグラフについて述べた文章の空欄に適当な語句を入れなさい。

　(2)で書いたグラフのようにならないのは，個体群密度が増加するにつれ，(ア)や(イ)が不足して個体間の(ウ)が激しくなり，次第に増加速度は低下し，個体数は一定の値に収束するからである。この維持可能な個体数の上限を(エ)と呼ぶ。高い個体群密度の下では，一般的に死亡率の上昇や出生率の低下，発育速度の低下などが認められている。ワタリバッタなどでは，個体群密度の変化によって，同一種の個体に形態，色彩，生理，行動などに著しい変化が現れることがあり個体群密度が高いときの状態を(オ)という。このような個体群密度によって生じる形質のまとまった変化をとくに(カ)という。

問2　個体群の個体数を調べる方法に標識再捕法がある。この方法で個体数を正しく推定されるには，いくつかの前提が成り立つ必要がある。それらを二つあげなさい。

問3　ある池にブルーギルが侵入後，充分時間が経過し個体群密度の上限近くまで増加した状態から駆除を始めた。駆除を進め，個体群密度が上限の半分ほどになった時，駆除を中止した。その後，このブルーギルの個体群密度はどうなるか。変化の速度と増減について答えなさい。ただし，個体群密度と増加速度の関係は駆除前と変わっていないものとする。

(☆☆☆◎◎◎)

解答・解説

中　学　理　科

【１】① ア　② ク　③ ケ　④ エ　⑤ タ　⑥ サ
⑦ ウ　⑧ セ　⑨ カ　⑩ ス

〈解説〉教科の目標は非常に重要なので，学習指導要領だけではなく，学習指導要領解説もあわせて理解するとともに，用語などもしっかり覚えておきたい。

【２】1　(1)　15〔N/m〕　　(2)　6〔cm〕　　(3)　0.18〔J〕

(4)　480〔Pa〕　　2　(1)　$\dfrac{2}{3}r$〔Ω〕　　(2)　$\dfrac{V}{r}$〔A〕

(3)　$\dfrac{V}{2r}$〔A〕　　(4)　$P_1\cdots\dfrac{V^2}{r}$〔W〕　　$P_2\cdots\dfrac{V^2}{4r}$〔W〕

3　(1)　9.8〔N〕　　(2)　404〔Hz〕

〈解説〉1　(1)　フックの法則より，ばねののび(縮み)がx，ばね定数がkのとき，弾性力の大きさFは$F=kx$と表せる。図2より，ばねXにはたらく力の大きさが0.6Nのとき，ばねXは4〔cm〕＝0.04〔m〕のびるので，ばねXのばね定数は$\dfrac{0.6}{0.04}=15$〔N/m〕となる。　(2)　おもりYは静止しているので，おもりYにはたらく重力とばねXの弾性力の大きさは等しい。ここで，おもりYの質量は90gより，おもりYにはたらく重力の大きさは0.9Nとなるので，ばねXののびは$\dfrac{0.9}{15}=0.06$〔m〕＝6〔cm〕となる。　(3)　力の大きさをF，移動距離をxとすると，仕事Wは$W=Fx$と表せる。おもりYは20〔cm〕＝0.2〔m〕引き上げられたので，手がおもりYにした仕事は0.9×0.2＝0.18〔J〕となる。　(4)　ばねXののびが8〔cm〕＝0.08〔m〕のとき，ばねXの弾性力の大きさは15×0.08＝1.2〔N〕となる。また，おもりZの質量は600gより，おもりZにはたらく重力の大きさは6Nとなるので，おもりZは床に接しており，

床から受ける垂直抗力の大きさは$6-1.2=4.8$〔N〕となる。ここで，力をF，力を受けた面積をSとすると，圧力Pは$P=\dfrac{F}{S}$と表せる。床がおもりZから受ける力Fは垂直抗力と等しいので$F=4.8$〔N〕，おもりZの底面積は$0.1\times0.1=0.01$〔m^2〕より，床がおもりZから受ける圧力は$\dfrac{4.8}{0.01}=480$〔Pa〕となる。　2　(1)　抵抗R_2とR_3は直列に接続されているので合成抵抗は$2r$となる。これらと抵抗R_1は並列に接続されているので，AB間の合成抵抗をRとすると$\dfrac{1}{R}=\dfrac{1}{r}+\dfrac{1}{2r}=\dfrac{3}{2r}$となり，これを$R$について整理すると$R=\dfrac{2}{3}r$〔Ω〕となる。　(2)　オームの法則より，電圧＝電流×抵抗値という関係が成り立つ。また，抵抗R_1とR_2・R_3は並列に接続されているので，これらにかかる電圧は等しくVである。よって，抵抗R_1を流れる電流をI_1とすると，$I_1=\dfrac{V}{r}$〔A〕となる。　(3)　抵抗R_2とR_3は直列に接続されているので，これらを流れる電流の大きさとR_2を流れる電流の大きさI_2は等しい。(1)よりR_2・R_3の合成抵抗は$2r$，(2)よりR_2・R_3にかかる電圧はVなので，$I_2=\dfrac{V}{2r}$〔A〕となる。　(4)　消費電力＝電流×電圧，という関係が成り立ち，オームの法則より，電圧＝電流×抵抗値なので，消費電力$=\dfrac{(電圧)^2}{抵抗値}$と表せる。よって，抵抗R_1での消費電力P_1は$P_1=\dfrac{V^2}{r}$〔W〕となる。また，(3)より抵抗R_2にかかる電圧V_2は$V_2=\dfrac{V}{2r}\times r=\dfrac{V}{2}$となるので，抵抗$R_2$の消費電力$P_2$は$P_2=\dfrac{\left(\dfrac{V}{2}\right)^2}{r}=\dfrac{V^2}{4r}$〔W〕となる。　3　(1)　動摩擦係数を$\mu'$，垂直抗力の大きさを$N$とすると，物体が受ける動摩擦力$F$は$F=\mu'N$と表せる。ここで，鉛直方向の力のつり合いより，物体が受ける垂直抗力の大きさは重力の大きさと等しく$N=5.0\times9.8=49$〔N〕となる。したがって，動摩擦力の大きさは$F=0.20\times49=9.8$〔N〕となる。

(2)　1秒間あたりのうなりの回数をf，2つのおんさの振動数をf_1，f_2とすると，$f=|f_1-f_2|$という関係が成り立つ。問題文より，毎秒4回のうなりが聞こえたので$f=4$，おんさBの振動数は$f_2=400$〔Hz〕となり，お

んさAの振動数をf_1とすると，$4=|f_1-400|$となり，$f_1＝396$または404となる。ここで，おんさAの振動数はおんさBの振動数より大きいので，$f_1＝404$〔Hz〕となる。

【3】1　(1)　イ　　(2)　ア　　(3)　①　分解　　②　光合成　　③　生産　　2　(1)　あ　主根　　い　側根　　(2)　葉脈は，網状脈である。　(3)　ウ，エ　　(4)　①　おもに葉で蒸散している。　　②　葉の裏側のほうが，表側より気孔が多く蒸散がさかんである。

〈解説〉1　(1)　微生物のはたらきを調べる実験である，ペットボトルAの中の土では微生物は生きているが，ペットボトルBの中の土では加熱により微生物が死滅している。これらの違いを比較するために，ペットボトルにふたをすることで外から他の微生物が入らないようにしている。　　(2)　デンプンにヨウ素溶液を加えると青紫色に変化する。ペットボトルAの中では，微生物のはたらきによりデンプンが分解されたため，上澄み液にヨウ素溶液を加えても色の変化は起きなかった。(3)　生態系を構成する生物は生産者，消費者，分解者に分けられる。消費者とは，生産者のつくった有機物を消費する動物のことである。2　(1)　多くの双子葉類がもつ主根は1本であり，側根は主根から伸びている。　　(2)　単子葉類の葉脈は平行脈である。双子葉類と単子葉類は，子葉の数，葉脈，根，茎の維管束などに違いがある。　　(3)　ホウセンカは双子葉類であり，茎では道管は髄側にあり，葉では表側にある。　　(4)　①　蒸散は葉や茎などで行われる。aでは葉の表側と裏側，bでは葉の裏側，cでは葉の表側で蒸散を行うことができるが，dでは葉で蒸散を行うことができない。半日後の三角フラスコaの水の量は最も少なく，dの水の量は最も多いことから，蒸散は主に葉で行われていることがわかる。　　②　蒸散は気孔を通して行われる。cの水の量がbの水の量より多いのは，cではより多くの気孔がワセリンで塞がれているからであり，このことから気孔は葉の表側より裏側に多く存在することがわかる。

【4】1 (1) 露点　　(2) 69〔%〕　　(3) 20日，カ　　(4) ウ

　　2 (1) 名前…温暖前線　　特徴…エ　　(2) エ

　　(3)

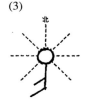

　　(4) 990〔hPa〕　　(5) 雲の名前…積乱雲　　気温と風向…気温は急に下がり，風向は北よりの風に変化する。

〈解説〉1 (1)　空気中の水蒸気量が飽和水蒸気量に達すると，水が凝結しはじめる。このときの温度を露点という。コップの表面では，まわりの空気が冷やされて露点に達するためくもりはじめる。　(2)　表2より，4月20日の気温は18.0℃であり，水温を12.0℃まで下げると露点に達したことから，この空気中の水蒸気量は12.0℃における飽和水蒸気量と等しいことがわかる。また，表1より気温12.0℃および18.0℃における飽和水蒸気量はそれぞれ10.7〔g/m³〕，15.4〔g/m³〕となる。湿度は $\dfrac{1\text{m}^3\text{の空気に含まれる水蒸気の質量〔g/m}^3\text{〕}}{\text{その気温での飽和水蒸気量〔g/m}^3\text{〕}} \times 100$ 〔%〕と表せるので，4月20日の理科室の湿度は $\dfrac{10.7}{15.4} \times 100 \fallingdotseq 69$ 〔%〕となる。

(3)　表2より，20日と22日の気温はどちらも18.0℃と等しいため，飽和水蒸気量は等しく，(2)の湿度の公式より，空気中に含まれる水蒸気量が小さい方が湿度は低くなる。また，表2より22日では水温を16.0℃まで下げると露点に達したことから，この空気中の水蒸気量は16.0℃における飽和水蒸気量と等しく，表1から13.6〔g/m³〕となり，20日の空気中の水蒸気量より大きい。したがって，20日の方が理科室の湿度は低いことになる。　(4)　図3より，乾球の示度は16.0℃，湿球の示度は14.0℃と読み取れるので，示度の差は2.0℃となる。よって，表3から25日の理科室の湿度は79%であることがわかる。また，表1より気温16℃における飽和水蒸気量は13.6〔g/m³〕であり，25日の空気中の水

蒸気量をx〔g/m³〕とすると，(2)の湿度の公式より$\frac{x}{13.6}×100＝79$という関係が成り立つ。これをxについて整理すると，$x≒10.7$〔g/m³〕となる。この値と表1の飽和水蒸気量が最も近くなるときの温度が露点となるので，コップの表面がくもり始めるときの温度は12℃となる。

2　(1)　前線Aの記号は温暖前線である。温暖前線ができると，暖気が寒気の上をゆるやかに上昇し，通過後には気温がゆっくりと上昇する。

(2)　a地点は，温暖前線の影響を受けていると考えられる。温暖前線が通過する際には乱層雲が発生し，おだやかな雨を長時間，広い範囲に降らせる。　(3)　雲が空を占める割合が0なので天気は快晴であり，天気記号は○となる。風向は南なので，風の吹いてくる南に矢を伸ばす。風力は2なので，矢羽根の数は2本となり，矢を上にしたときの右側から順に2本書く。　(4)　天気図の細い実線の等圧線は4hPa間隔で引かれており，c地点付近の等圧線は1000hPaの等圧線から高気圧側に2本目の線なので，c地点の気圧は1008hPaとなる。また，天気図で示される気圧は標高0mにおける気圧であり，標高が高くなるにつれて気圧は低くなる。問題文より，c地点の標高は海抜150mであり，標高100mごとに12hPaの気圧差が生じるので，気圧は天気図で示される値より$12×\frac{150}{100}＝18$〔hPa〕低くなるので$1008－18＝990$〔hPa〕となる。

(5)　前線Bの記号は寒冷前線である。寒冷前線は，寒気が暖気の下に潜り込んで暖気を押し上げながら進む前線で，通過する際に積乱雲が発生して狭い範囲に激しい雨を短い時間降らせる。寒冷前線の通過後，気温は低下し，風向きは南よりから北よりに変わる。これは，暖気と寒気が接すると発生する低気圧の中心に向かって反時計回りに風が吹き込むため，寒冷前線の東側では南より，西側では北よりの風となるからである。

【5】1　(1)　$2Cu＋O_2→2CuO$　　(2)　イ，カ　　(3)　4〔倍〕
(4)　①　$2CuO＋C→2Cu＋CO_2$　　②　Cu，H_2O　　③　0.3〔g〕
2　(1)　質量…50〔g〕　　　体積…28〔mL〕　　(2)　①　$pH＝7$
②　$pH＝1$

〈解説〉1　(1)　銅が酸素と反応すると，酸化銅(Ⅱ)の黒色の粉末が生じる。よって，物質Xは酸化銅(Ⅱ)である。　(2)　下線部の反応は酸化反応であり，これと同様の反応が生じるのはイとカである。なお，アとウは吸着，エは中和反応，オは昇華の現象を利用している。

(3)　図2より，銅粉の質量が4.0gのとき酸化銅(Ⅱ)が5.0g生じるため，銅粉と反応した酸素の質量は5.0−4.0＝1.0〔g〕となる。したがって，銅原子の質量は酸素原子の質量の$\frac{4.0}{1.0}$＝4〔倍〕となる。

(4)　①　酸化銅(Ⅱ)を炭素により還元すると，銅と二酸化炭素が生じる。　②　酸化銅(Ⅱ)を水素で還元すると，$CuO＋H_2→Cu＋H_2O$という反応が起こり銅と水が生じる。　③　(3)より，酸化銅(Ⅱ)に含まれる銅の質量は酸素の質量の4倍なので，4.0gの酸化銅(Ⅱ)に含まれる銅の質量は$4.0×\frac{4}{4＋1}$＝3.2〔g〕となる。よって，4.0gの酸化銅(Ⅱ)を完全に炭素と反応させると3.2gの銅が生じる。また，問題文より同数の酸素分子O_2と二酸化炭素分子CO_2の質量比は8：11なので，O_2の質量：CO_2の質量：炭素Cの質量＝8：11：11−8＝8：11：3となる。すると，①の反応式より，4gの酸化銅(Ⅱ)と反応する炭素の質量をx〔g〕とすると，発生する二酸化炭素の質量は$\frac{11}{3}x$〔g〕と表せる。ここで，質量保存の法則より，化学反応の前後で物質の質量の和は変わらないので，反応した酸化銅(Ⅱ)の質量と炭素の質量の和は，生成した銅の質量と二酸化炭素の質量の和と等しくなり，$4＋x＝3.2＋\frac{11}{3}x$という関係が成り立つ。これをxについて整理すると，$x＝0.3$〔g〕となる。

2　(1)　質量パーセント濃度98％の濃硫酸の質量をx〔g〕とすると，これに含まれる硫酸の質量は0.98x〔g〕と表せる。また，硫酸の分子量は98より，1.0mol/Lの希硫酸500mLに含まれる硫酸の質量は$1.0×\frac{500}{1000}×98$〔g〕となる。これらが等しいので$0.98x＝1.0×\frac{500}{1000}×98$となり，これを$x$について整理すると$x＝50$〔g〕となる。次に，質量パーセント濃度98％の濃硫酸の密度は1.8g/cm³より，この濃硫酸50gの体積は$\frac{50}{1.8}≒28$〔cm³〕＝28〔mL〕となる。　(2)　①　塩酸と水酸化ナトリウムの価数はともに1なので，塩酸中の水素イオンH^+の物質量

は$0.10 \times \dfrac{30}{1000} = 3.0 \times 10^{-3}$〔mol〕，水酸化ナトリウム水溶液中の水酸化物イオンOH^-の物質量は$0.10 \times \dfrac{30}{1000} = 3.0 \times 10^{-3}$〔mol〕であり，$H^+$の物質量と等しい。よって，これらの混合水溶液は中性となり，pHは7.0となる。　②　硫酸の価数は2なので，硫酸中のH^+の物質量は$2 \times 0.10 \times \dfrac{20}{1000} = 4.0 \times 10^{-3}$〔mol〕，水酸化ナトリウム水溶液中の$OH^-$の物質量は$0.10 \times \dfrac{10}{1000} = 1.0 \times 10^{-3}$〔mol〕である。よって，これらの混合水溶液中の$H^+$の物質量は$4.0 \times 10^{-3} - 1.0 \times 10^{-3} = 3.0 \times 10^{-3}$〔mol〕となり，この混合水溶液の体積は$20 + 10 = 30$〔mL〕となるので，水素イオン濃度$[H^+]$は$[H^+] = \dfrac{3.0 \times 10^{-3}}{\dfrac{30}{1000}} = 1.0 \times 10^{-1}$〔mol/L〕となる。したがって，混合水溶液のpHは$pH = -\log_{10}[H^+] = -\log_{10}(1.0 \times 10^{-1}) = 1$となる。

高　校　理　科

【物理】

【1】(1)　光電効果　　(2)　(ア)　(b)　　(イ)　(a)　　(3)　1.6〔Ω〕

(4)　2.3×10^3〔年前〕　　(5)　9.5〔秒〕

〈解説〉(1)　箔検電器の箔は負に帯電すると開いた状態となるが，亜鉛板に紫外線を照射すると電子が飛び出すため，負の電荷を帯びなくなった箔は閉じることになる。　(2)　(ア)　コンデンサーの電気容量をC，極板間の電位差をVとすると，コンデンサーに蓄えられる電気量Qは$Q = CV$と表せる。また，誘電率をε，極板の面積をS，極板間の距離をdとすると，$C = \varepsilon \dfrac{S}{d}$と表せるため，$Q = \varepsilon \dfrac{S}{d}V$となる。よって，極板間の距離$d$を大きくすると，コンデンサーに蓄えられる電気量$Q$は減少する。　(イ)　一般に，誘電体の誘電率$\varepsilon$は真空の誘電率より大きいので，(ア)の式より，誘電体を挿入するとコンデンサーに蓄えられる電気量Qは増加する。　(3)　電流計と抵抗Rは並列に接続し，回路全体を0.15〔A〕＝150〔mA〕の電流が流れるとき，電流計に流れ

る電流が50mA，抵抗Rに流れる電流が100mAとなればよい。並列回路では電流計と抵抗Rにかかる電圧は等しいので，オームの法則より，電圧＝電流×抵抗値であり，電流計と抵抗Rの抵抗値の比はそれぞれを流れる電流の比の逆比になるので，抵抗Rの抵抗値をr〔Ω〕とすると，電流計の抵抗値：抵抗Rの抵抗値＝3.2：r＝100：50という関係が成り立ち，これをrについて整理すると$r=\frac{3.2\times50}{100}=1.6$〔Ω〕となる。

(4) 放射性同位体の量が半減するまでに要する時間を半減期という。元の放射性同位体の量をN_0，t年後の量をN，半減期をTとすると，$N=N_0\left(\frac{1}{2}\right)^{\frac{t}{T}}$という関係が成り立つ。木が生存していたときの炭素に含まれる${}^{14}_{6}C$の割合を$N_0=1$とし，木材となってから放射性崩壊がはじまったとすると，現在の木材中の炭素に含まれる${}^{14}_{6}C$の割合は$N=1-0.25=0.75$と表せる。さらに，$T=5.7\times10^3$〔年〕より，これらを上式に代入すると$\left(\frac{1}{2}\right)^{\frac{t}{5700}}=0.75$という関係が成り立つ。両辺の常用対数をとると$\frac{t}{5700}\times(-\log_{10}2)=\log_{10}0.75=\log_{10}\frac{3}{4}=\log_{10}3-2\log_{10}2$となるので，これを$t$について整理すると$t=5700\times\frac{\log_{10}3-2\log_{10}2}{-\log_{10}2}=5700\times\frac{0.48-2\times0.30}{-0.30}$$=5700\times0.40≒2.3\times10^3$〔年〕となる。したがって，木材となってから$2.3\times10^3$〔年〕経過したので，木が生存していたのは$2.3\times10^3$〔年前〕までとなる。　(5)　観測される音の振動数をf'，音源の振動数をf，音速をVとすると，ドップラー効果の式より，$f'=\frac{V-観測者の速度}{V-音源の速度}f$という関係が成り立つ。音速は340m/s，船は17m/sで観測者に近づき，観測者は静止しているので，$f'=\frac{340-0}{340-17}f=\frac{340}{323}f$となり，岸で観測される汽笛の振動数は音源から出る振動数より大きくなる。音源から振動数fの汽笛を10秒間発し，岸では振動数f'の汽笛がt〔秒間〕聞こえたとすると，これらの波の数は等しいので$f\times10=f'\times t$となり，これをtについて整理すると$t=10\times\frac{f}{f'}=10\times\frac{f}{\frac{340}{323}f}=10\times\frac{323}{340}=9.5$〔秒〕となる。

【２】 (1) $V_0=d\sqrt{\dfrac{k}{M}}$　　(2) $\dfrac{\pi}{2}\sqrt{\dfrac{M}{k}}$　　(3) $V_M=d\sqrt{\dfrac{k}{M}}\sin\sqrt{\dfrac{k}{M}}t$

(4) $v=\dfrac{(1+e)M}{M+m}V_0$　　(5) $v_0=\sqrt{5gr}$　　(6) $2r$

〈解説〉 (1)　弾性力による位置エネルギー$\dfrac{1}{2}kd^2$が物体1の運動エネルギー$\dfrac{1}{2}MV_0^2$に変換されたので，$\dfrac{1}{2}MV_0^2=\dfrac{1}{2}kd^2$となり，これを$V_0$について整理すると$V_0=d\sqrt{\dfrac{k}{M}}$となる。　(2)　物体1から手を離してから物体1がばねから離れるまでの時間は，単振動の$\dfrac{1}{4}$周期に相当する。単振動の周期Tは$T=2\pi\sqrt{\dfrac{M}{k}}$と表せるので，単振動の$\dfrac{1}{4}$周期は$\dfrac{1}{4}T=\dfrac{1}{4}\times2\pi\sqrt{\dfrac{M}{k}}=\dfrac{\pi}{2}\sqrt{\dfrac{M}{k}}$となる。　(3)　角振動数を$\omega$，振幅を$A$，時間を$t$，初期位相を$\theta_0$とすると，単振動の速度$V$の一般式は$V=\omega A\cos(\omega t+\theta_0)$と表せる。ここで，$t=0$のときの物体1の速さは0なので，これらを代入すると$V=\omega A\cos(0+\theta_0)=0$となる。$\omega>0$，$d>0$より，$\cos\theta_0=0$となり，$\theta_0=\dfrac{\pi}{2}$，$-\dfrac{\pi}{2}$となる。さらに，$A=d$であり，$\omega=\sqrt{\dfrac{k}{M}}$と表せるので，物体1の速さ$V_M$は$V_M=d\sqrt{\dfrac{k}{M}}\cos\left(\sqrt{\dfrac{k}{M}}t-\dfrac{\pi}{2}\right)=d\sqrt{\dfrac{k}{M}}\sin\sqrt{\dfrac{k}{M}}t$となる。　(4)　ばねから離れた後，物体1は等速直線運動をして静止している物体2と衝突し，衝突後は速さV'で反対方向に運動する。衝突後の物体2は速さvで物体1と反対方向に運動したと考える。また，はねかえり係数$e=\dfrac{物体が遠ざかる速度}{物体が近づく速度}=\dfrac{v-V'}{V_0-0}$より，$V'=-eV_0+v\cdots$①となる。運動量保存則より$MV_0=MV'+mv$が成り立つので，これに①式を代入すると，$MV_0=M(-eV_0+v)+mv=-eMV_0+Mv+mv=-eMV_0+(M+m)v$となる。これを$v$について整理すると，

$v=\dfrac{(1+e)M}{M+m}V_0$ となる。　(5)　物体2はB点まで等速直線運動するため，B点での速さは $v=\dfrac{(1+e)M}{M+m}V_0$ である。よって，物体2がC点に到達したときの速さを v' とすると，C点での位置エネルギーは $2mgr$ なので，力学的エネルギー保存則より $\dfrac{1}{2}mv^2=\dfrac{1}{2}mv'^2+2mgr$ という関係が成り立つ。これを v' について整理すると，$v'=\sqrt{v^2-4gr}\cdots$②となる。点Bを通過後の物体2は等速円運動をしており，遠心力 $\dfrac{mv'^2}{r}$ がはたらいている。また，C点では物体2に対して下向きにはたらく重力 mg と垂直抗力 N の和と遠心力がつり合っているので $\dfrac{mv'^2}{r}=mg+N$ となり，物体2が半円筒の内面から離れないためには $N\geqq0$ を満たす必要があるので $N=\dfrac{mv'^2}{r}-mg\geqq0$ となる。これを整理すると $\dfrac{mv'^2}{r}\geqq mg$ となり，$v'\geqq\sqrt{gr}$ となる。これに②式を代入すると $v^2-4gr\geqq gr$ となり，v について整理すると $v\geqq\sqrt{5gr}$ となる。したがって，衝突直後の物体2に最低限必要な速さ v_0 は $v_0=\sqrt{5gr}$ となる。　(6)　(5)より，C点を通過後の物体2はC点から速さ $\sqrt{gr}$ で水平投射されることになる。すると，物体2は鉛直方向に初速度0，加速度 g の等加速度直線運動をするため，C点を通過してから落下するまでの時間を t とすると，移動距離は $2r$ なので，$\dfrac{1}{2}gt^2=2r$ という関係が成り立つ。これを t について整理すると，$t=2\sqrt{\dfrac{r}{g}}$ となる。一方，C点を通過後の物体2は水平方向に等速直線運動するので，時間 t 経過後の移動距離を x とすると $x=\sqrt{gr}\times2\sqrt{\dfrac{r}{g}}=2r$ となり，これが落下点と

点Bの距離となる。

【3】(1)　$QR = \sqrt{L^2 + (x+d)^2}$, $PR = \sqrt{L^2 + (x-d)^2}$より

$QR - PR = \sqrt{L^2 + (x+d)^2} - \sqrt{L^2 + (x-d)^2}$

$= L\sqrt{1 + \left(\dfrac{x+d}{L}\right)^2} - L\sqrt{1 + \left(\dfrac{x-d}{L}\right)^2}$

与えられた近似式を用いて

$QR - PR = L\left[\left\{1 + \dfrac{1}{2}\left(\dfrac{x+d}{L}\right)^2\right\} - \left\{1 + \dfrac{1}{2}\left(\dfrac{x-d}{L}\right)^2\right\}\right] = \dfrac{2dx}{L}$

(2)　$\dfrac{L\lambda}{2d}$　　(3)　$l = \dfrac{m\lambda}{n-1}$

〈解説〉(1)　与えられている$(1+y)^r \fallingdotseq 1 + ry$という近似式を用いると，

$QR - PR = L\sqrt{1 + \left(\dfrac{x+d}{L}\right)^2} - L\sqrt{1 + \left(\dfrac{x-d}{L}\right)^2} = L\left\{1 + \left(\dfrac{x+d}{L}\right)^2\right\}^{\frac{1}{2}} - L\left\{1 + \left(\dfrac{x-d}{L}\right)^2\right\}^{\frac{1}{2}} \fallingdotseq L\left\{1 + \dfrac{1}{2}\left(\dfrac{x+d}{L}\right)^2\right\} - L\left\{1 + \dfrac{1}{2}\left(\dfrac{x-d}{L}\right)^2\right\} = L\left[\left\{1 + \dfrac{1}{2}\left(\dfrac{x+d}{L}\right)^2\right\} - \left\{1 + \dfrac{1}{2}\left(\dfrac{x-d}{L}\right)^2\right\}\right] = \dfrac{2dx}{L}$となる。　(2)　スクリーン上に明線ができる位置は，2つの波源からの距離の差$\dfrac{2dx}{L}$が波長λの整数倍となる位置なので，$\dfrac{2dx}{L} = m\lambda$ ($m = 0$, ± 1, ± 2, …)という関係が成り立つ。これをxについて整理すると，$x = m \times \dfrac{L\lambda}{2d}$となる。ここで，隣あう明線では$m = 1$となるので，明線と明線の間隔$D$は$D = \dfrac{L\lambda}{2d}$となる。

(3)　厚さl，屈折率nのガラス板を通過する光の進む距離はnlなので，Qから出てくる光の光路長はガラス板を置く前よりも$nl - l = (n-1)l$だけ長くなる。ここで，このガラス板を置く前後で明暗のしまの位置は変わらなかったことから，長くなった分の光路長は波長の整数倍となり$(n-1)l = m\lambda$という関係が成り立つ。これをlについて整理すると，

$l=\dfrac{m\lambda}{n-1}$ となる。

【4】(1)

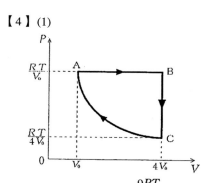

(2)　$3RT_0$　　(3)　$-\dfrac{9RT_0}{2}$　　(4)　熱力学の第1法則 $\Delta U = Q + W$ において，C→Aの過程は等温変化で $\Delta U = 0$ であることから，$0 = Q + W$ となる。また，C→Aの過程では気体は圧縮されるので $W > 0$ であるから，$Q < 0$ となり，気体は熱を放出する。

〈解説〉(1)　単原子分子の物質量は1molなので，理想気体の状態方程式より，状態Aにおける圧力 P_A は，$P_A = \dfrac{RT_0}{V_0}$ となる。また，図よりA→Bの過程では体積と絶対温度が比例することから，シャルルの法則が成り立ち，等圧変化であることが読み取れ，状態Bにおける圧力 P_B は，$P_B = P_A = \dfrac{RT_0}{V_0}$ となる。次に，B→Cの過程は定積変化であり，状態Cにおける圧力 P_C は $P_C = \dfrac{RT_0}{4V_0}$ となる。さらに，C→Aの過程は等温変化なので，ボイルの法則が成り立ち，圧力は体積に反比例し，解答のグラフのような等温曲線になると考えられる。　(2)　定圧変化のとき気体が外部にした仕事は圧力と体積の変化量の積なので，$(4V_0 - V_0) \times \dfrac{RT_0}{V_0} = 3RT_0$ となる。　(3)　定積変化では気体は外部から仕事をされないので，吸収した熱量 Q は内部エネルギーの増加量 ΔU と等しくなる。ここで，

ΔUは物質量n，定積モル熱容量C_vを用いると$\Delta U = nC_v\Delta T$と表せ，$n=1$であり，単原子分子では$C_v = \dfrac{3}{2}R$となるので，気体が吸収した熱量は$Q = \Delta U = \dfrac{3}{2}R(T_0 - 4T_0) = -\dfrac{9RT_0}{2}$となる。　（4）熱力学第一法則は，気体が吸収した熱量Qと気体がされた仕事Wの和が気体の内部エネルギーの変化ΔUに等しいということを示している。

【生物】

【1】　Ⅰ　問1　①　　問2　0.2〔μm〕　　問3　┛

問4

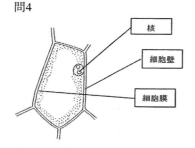

核

細胞壁

細胞膜

問5　①　体細胞分裂　②　原形質流動(細胞質流動)　③　原形質分離　④　減数分裂　Ⅱ　問1　10〔μm〕$\times\dfrac{1}{4} = 2.5$〔μm〕

問2　$\dfrac{0.54\times10^8\,〔\mu\text{m}^2〕}{5\times10\times2\times10\,〔\mu\text{m}^2/個〕} = 5.4\times10^4$〔個〕

〈解説〉Ⅰ　問1　光学顕微鏡を使う手順は④→②→⑤→①→③となるので，4番目にあたる手順は①である。　問2　分解能は，肉眼で0.1mm，光学顕微鏡で0.2μm，電子顕微鏡で0.2nmである。　問3　光学顕微鏡で観察する像は，上下左右が逆に見える。　問4　植物の細胞では細胞質の外側は細胞膜で覆われており，さらにその外側は細胞壁で囲まれている。通常，核は細胞に1個だけ存在し，内部には1〜数個の核小体が含まれている。　問5　①　タマネギの根の先端の細胞は，盛んに体細胞分裂を行っている。　②　オオカナダモの葉の細胞を観察すると，細胞質中の葉緑体などが一定の方向に動く原形質流動(細胞質流

動)が観察される。　③　ユキノシタなどの生きた植物細胞を高張液に浸すと，細胞膜に覆われた細胞質が細胞壁から離れる原形質分離が起きる。　④　ムラサキツユクサのやくでは，減数分裂が盛んに行われ花粉がつくられる。　Ⅱ　問1　図1より，対物ミクロメーター1目盛り(10μm)と，接眼ミクロメーター4目盛りが等しいので，接眼ミクロメーター1目盛りをx〔μm〕とすると$4x=10$〔μm〕となり，$x=2.5$〔μm〕となる。　問2　下線部②のとき，倍率が下線部①のときの$\frac{1}{4}$倍となっているので，接眼ミクロメーター1目盛りは$2.5\times4=10$〔μm〕となるので，細胞1個の大きさは，長辺が5×10〔μm〕，短辺が2×10〔μm〕となる。よって，細胞1個当たりの面積は$(5\times10)\times(2\times10)$〔μm²/個〕となる。ここで，1枚の葉の面積は$0.54cm^2=0.54\times10^8$〔μm²〕なので，この葉に存在する細胞の数は

$$\frac{0.54\times10^8〔μm^2〕}{(5\times10)\times(2\times10)〔μm^2/個〕}=5.4\times10^4〔個〕$$

となる。

【2】Ⅰ　問1　a　ピルビン酸　　b　二酸化炭素　　c　水素　　d　尿素　　問2　①　ケ　　②　ケ　　③　ケ　　④　ア　　⑥　ウ　　⑦　ウ　　⑧　カ　　問3　・電子伝達系に水素を供給する。・種々の物質合成に必要な有機酸を供給する。　　問4　$β$酸化　問5　肝臓　　Ⅱ　問1　ア　アンモニア　イ　尿素　　ウ　尿酸　問2　尿酸は水に溶けにくく，浸透圧を上昇させることなく卵殻内に多量に保持できる。

〈解説〉Ⅰ　問1　a，c　炭水化物の代謝において，解糖系ではグルコースからピルビン酸が生成する。電子伝達系では，解糖系やクエン酸回路を経て運ばれた水素が体外から取り入れた酸素と反応し，水が放出される。　b，d　タンパク質の代謝において，タンパク質が分解されてアミノ酸となり，アミノ基が遊離して生じた有害なアンモニアは尿素回路(オルニチン回路)にて毒性の低い尿素となる。この過程では二酸化炭素が利用される。　問2　①，②，③　タンパク質，炭水化物，脂質を食事として摂取すると，まず消化管にて消化される。　④　解糖系は細胞質基質で行われる。　⑥，⑦　解糖系で生じたピルビン酸

は，ミトコンドリアのマトリックスにて活性酢酸(アセチルCoA)となる。その後，活性酢酸はクエン酸回路に入る。　⑧　解糖系やクエン酸回路で生じたNADHやFADH₂は，ミトコンドリア内膜にて電子伝達系で利用される。　問3　クエン酸回路では，クエン酸やα-ケトグルタル酸など多くの有機酸が合成される。また，クエン酸回路で生じたNADHやFADH₂を通して，電子伝達系に水素が供給される。

問4　β酸化により，脂肪酸は炭素数2個ずつ分解されていき，これらは活性酢酸となる。　問5　尿素回路は肝臓で行われ，生成した尿素は腎臓から体外へ放出される。　Ⅱ　問1　ニワトリの胚の主な窒素排出物はアンモニア→尿素→尿酸と変化するが，それぞれ魚類，両生類，爬虫類の窒素排出物に対応しており，発生の過程と進化過程の変化は似ているといえる。このことから，「個体発生は系統発生をくりかえす」と考えられ，これを反復説という。　問2　アンモニアは毒性が強く水溶性であり，尿素は水溶性のため排出すると卵殻内の浸透圧が上昇する。一方，尿酸は水に溶けにくいため卵殻内の浸透圧への影響は少ない。

【3】問1　②　　問2　針葉樹林，夏緑樹林，照葉樹林，亜熱帯多雨林　問3　②，④　　問4　④　　問5　記号…③　　理由…土壌がなく分解者や硝化細菌からアンモニウムイオンや硝酸イオンが供給されないため，自分で窒素固定する能力が必要である。　　問6　ギャップが生じると光が林床に届くようになり，陽樹の芽生えが生える。ギャップはやがて閉じられるが，それまでに陰樹を含む様々な遷移段階の多様な植物が成長する。　　問7　葉の比較…林冠の葉はさく状組織が厚い。　　説明…1層目のさく状組織の細胞で受け止めきれなかった光を次の層の細胞で受け止めることができる。そのため強い光を無駄なく利用し，効率よく光合成することができる。

〈解説〉問1　植生全体の外観のことを相観という。極相とは遷移が進みそれ以上大きな変化が見られない状態のこと，生活形とは植物がもつ環境に適した生活様式と形態のこと，生産構造図とは植物群集の同化

器官と非同化器官の垂直分布を1m²当たりの生物体重で表したものである。　問2　日本の森林の生物群系は，針葉樹林，夏緑樹林，照葉樹林，亜熱帯多雨林に分けられる。　問3　陰生植物は光飽和点と光補償点が低く，光量の少ない林床でも生育しやすい。　問4　アラカシは陰樹である。　問5　通常は，裸地は養分に乏しく直射日光による高温や乾燥にさらされている。また，軽くて風に飛ばされやすい種子は裸地に到達しやすい。　問6　森林内の複数の場所にギャップが生じることで，様々な種類の樹木からなるモザイク状の森林が形成される。　問7　ヤツデやブナでは，生育する環境の光の強さによりさく状組織の発達状態が異なる。

【4】問1　ア　H_2O　　イ　O_2　　ウ　H_2O　　エ　CO_2　　オ　カルビン・ベンソン回路　　問2　(1)　30〔℃〕　　(2)　20〔℃〕
問3

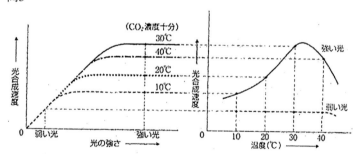

問4　水深が100mより深いところでも，昼間に補償点を上回る光が届くが，夜間は呼吸のみを行うため，1日での呼吸量が光合成を上回り，成長することができない。

〈解説〉問1　ア，イ　光合成において，チラコイド膜では光エネルギーが吸収され水が酸素と水素に分解される。　ウ，エ，オ　ストロマでは，カルビン・ベンソン回路にて，細胞外から取り入れた二酸化炭素が固定されて有機物が合成される。また，回路全体で6分子の水が生じる。　問2　(1)　見かけの光合成速度は，光合成速度と呼吸速度の

差となる。表1より，温度30℃における光合成速度が20〔mg〕に対し，見かけの光合成速度は20－10＝10〔mg〕となる。　(2)　見かけの光合成速度が最大となる温度を選べばよい。表1より，温度20℃における見かけの光合成速度は20－5＝15〔mg〕となり，これが最も大きな値である。　問3　光が十分に強いとき，光合成速度は温度に比例して大きくなるが，高温になると光合成速度は急激に減少する。これは，光合成の過程では酵素がはたらいているからである。酵素はタンパク質なので，高温状態では性質が変わってしまう。また，酵素が最もよくはたらく温度を最適温度といい，多くの酵素の最適温度は37℃前後なので，30℃では光合成速度が最大にならないと予想される。一方，光が十分に弱いとき，光合成速度は温度を高くしても大きくならない。問4　光補償点とは，光合成による二酸化炭素の吸収速度と呼吸による排出速度がつり合うときの光の強さである。光の強さが光補償点より弱いとき，光合成による有機物の合成より呼吸による消費の方が増えるため，水深が深いところにいる植物プランクトンはほとんど成長できない。

【5】Ⅰ　問1　(1)　YyIi　　(2)　黄色：白色＝3：13
問2　(1)　YI：Yi：yI：yi＝1：0：0：1　　(2)　黄色：白色＝0：1
Ⅱ　問1

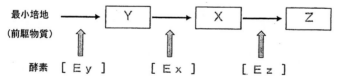

問2　変異株Ⅰ…Ez　　変異株Ⅱ…Ey　　変異株Ⅲ…Ex　　問3　生育に必要なアミノ酸の合成に必要な酵素を支配する遺伝子のDNA配列に変化を与えた。　　問4　一つの遺伝子は，物質合成過程のそれぞれの化学反応を触媒する一つの酵素の合成を支配する。　別解　遺伝子が酵素を介して形質の発現に関与している。　　問5　Ａ　核相が単相であるため，突然変異の形質がすぐに発現する。　　Ｂ　胞子は無性

生殖によって短時間に増殖してコロニーを作るので多数の突然変異体が得られる。

〈解説〉Ⅰ　問1　(1)　優性遺伝子Yの発現を抑制するようにはたらく遺伝子Iを抑制遺伝子という。劣性ホモ接合体の白色の遺伝子型はyyii，優性ホモ接合体の白色の遺伝子型はYYIIであり，これらを交配するとF_1の遺伝子型はすべてYyIiで白色のまゆとなる。　(2)　YyIiの遺伝子型をもつF_1の個体から生じる配偶子の遺伝子型の比は，YI：Yi：yI：yi＝1：1：1：1となる。よって，F_1どうしを交配させて生じるF_2の個体の遺伝子型の比は[YI]：[Yi]：[yI]：[yi]＝9：3：3：1となる。ここで，黄色のまゆとなるのは[Yi]の場合だけなので，F_2の表現型の比は黄色：白色＝3：13になると考えられる。　問2　(1)　これらの遺伝子が連鎖しているとき，F_1の個体は劣性ホモ接合体の白色個体から伝わった遺伝子yiを含む染色体，および優性ホモ接合体の白色個体から伝わった遺伝子YIを含む染色体をもつので，遺伝子型はYyIiとなる。また，このF_1がつくる配偶子には遺伝子yiを含む染色体をもつもの，および遺伝子YIを含む染色体をもつものが1：1の比で存在する。

(2)　このF_1どうしを交配すると，F_2の個体の遺伝子型の比はYYII：YyIi：yyii＝1：2：1となるので，表現型の比は黄色：白色＝0：1となる。　Ⅱ　問1　問題文より，突然変異株Ⅰ～ⅢはいずれもZを最小培地に加えると育つことがわかる。また，突然変異株Ⅰ～Ⅲはそれぞれ1つの酵素に欠陥をもっているが，図1より最後に合成される物質であれば酵素の有無とは無関係なので，最後に合成される物質にはZが該当する。さらに，突然変異株ⅢはXかZを加えれば育つので，XからZが合成されることがわかる。すると，最後に残ったYからXが合成されることになり，代謝経路は最小培地→Y→X→Zとなる。　問2　突然変異株ⅡはX，Y，Zのいずれか1つを加えると育つが最小培地では育たないので，最小培地→Yの経路に欠陥がある。突然変異株Ⅲは，Yを加えても育たないのでY→Xの経路に欠陥がある。突然変異体Ⅰは，Z以外を加えても育たないのでX→Zの経路に欠陥がある。

問3　DNAが損傷を受け塩基配列が変化すると，コドンが指定するア

ミノ酸が変化するため形質に様々な影響を及ぼす。　問4　これは一遺伝子一酵素説の説明である。　問5　ショウジョウバエの染色体は4本であり少ないことや，性染色体が判別できることなどから，遺伝子の実体を解明するうえで優れた実験動物であったが，より研究に適した微生物が用いられるようになった。

【6】問1　(1)　成長曲線

(2)

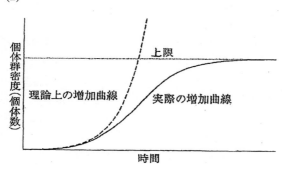

(3)　ア　(生活)空間　　イ　食料(食物)　(アとイは順不同)　　ウ　競争(種内競争)　　エ　環境収容力　　オ　群生相　　カ　相変異
問2　調査期間中，標識の脱落や消失がない。　　1回目と2回目の捕獲の間に，出生・死亡や移出・移入などによる個体数の変動がない。
問3　駆除前より大きい速度で増加し始め，上限に近づくにつれ増加速度は小さくなっていく。

〈解説〉問1　(1)　個体数は，はじめは急激に増加するが，やがて増加速度が小さくなり，ある一定の個体数に達するとそれ以上は増加しなくなる。よって，成長曲線はS字型となる。　　(2)　理論上は，個体数は時間の経過とともに指数関数的に増加する。しかし，実際には個体群密度が高くなると個体群を構成する個体の発育や生理が変化するため，個体群の成長が妨げられる。このような変化を密度効果という。
(3)　群生相に対して，個体群密度が低い状態で育った個体の型のこと

を孤独相という。　問2　他にも，標識により個体の形質・行動が変化したり，生存に影響を及ぼしたりすることのないように注意しなければならない。　問3　問題文より，個体群密度と増加速度の関係は変わっていないので，問1(1)の成長曲線と同様に考えることができる。よって，駆除前の個体数は個体群密度の上限近くまで増加していたので増加速度は小さく，駆除直後の個体数は個体群密度の上限の半分ほどなので駆除前より増加速度が大きいはずである。

２０２０年度　実施問題

中 学 理 科

【１】次の各問いに答えよ。

次の枠内の文は，中学校学習指導要領解説理科編(平成29年7月)の「第3章　指導計画の作成と内容の取扱い　1　指導計画作成上の配慮事項」の抜粋である。(①)〜(⑩)にあてはまる語句を下のア〜ツから選び，記号で答えよ。

> 「主体的な学び」については，例えば，自然の事物・現象から問題を見いだし，(①)をもって課題や仮説の設定をしたり，観察，実験の計画を立案したりする学習となっているか，観察，実験の結果を分析し(②)して仮説の(③)を検討したり，全体を振り返って(④)を考えたりしているか，得られた知識及び(⑤)を基に，次の課題を発見したり，新たな視点で自然の事物・現象を把握したりしているかなどの視点から，(⑥)を図ることが考えられる。

> 「深い学び」については，例えば「理科の(⑦)」を働かせながら(⑧)の過程を通して学ぶことにより，理科で育成を目指す(⑨)を獲得するようになっているか，様々な知識がつながって，より科学的な概念を形成することに向かっているか，さらに，新たに獲得した(⑨)に基づいた「理科の(⑦)」を，次の学習や(⑩)などにおける課題の発見や解決の場面で働かせているかなどの視点から，(⑥)を図ることが考えられる。

　　ア　妥当性　　　イ　考察　　　　ウ　考え　　　　エ　技能

オ 客観性	カ 見通し	キ 解釈	ク 改善策
ケ 授業改善	コ 探究	サ 見方・考え方	
シ 概念	ス 資質・能力	セ 日常生活	ソ 学習
タ 解決策	チ 教材研究	ツ 活動	

(☆☆○○○)

【2】次の各問いに答えよ。

1　濃度がわからない水酸化ナトリウム水溶液30cm³をビーカーにとり，これにBTB溶液を加えた。この溶液にうすい塩酸を少しずつ加えながらかき混ぜ，図1のように，水溶液に流れる電流を測定した。図2は，加えた塩酸の量と電流の強さをグラフにまとめたものである。下の(1)～(6)の問いに答えよ。

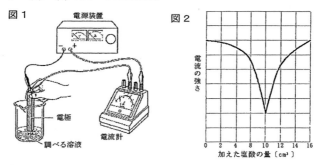

(1)　水酸化ナトリウム水溶液に塩酸を加えたときに起こる反応を化学反応式で表せ。

(2)　加える塩酸が，8cm³，10cm³，12cm³のときに，ビーカー内に存在するイオンはそれぞれ何か。次のア～カからそれぞれ選び，記号で答えよ。

　ア　H^+　OH^-　　イ　H^+　Cl^-　　　　ウ　Na^+　Cl^-
　エ　Na^+　OH^-　　オ　H^+　Na^+　Cl^-　　カ　Na^+　OH^-　Cl^-

(3)　加える塩酸が，8cm³，12cm³のときに，溶液の一部をスライドガラスにとり加熱して水分を蒸発させた。スライドガラスにはそれぞれ何種類の物質が残るか。次のア～エからそれぞれ選び，記

号で答えよ。

　　ア　3種類　　イ　2種類　　ウ　1種類　　エ　何も残らない

(4)　塩酸を加え始めてから16cm³までに溶液の色はどのように変化
　　するか。次のア～カから選び，記号で答えよ。

　　ア　黄色→青色→緑色　　　イ　黄色→緑色→青色

　　ウ　緑色→青色→黄色　　　エ　緑色→黄色→青色

　　オ　青色→緑色→黄色　　　カ　青色→黄色→緑色

(5)　次の表のように，この水酸化ナトリウム水溶液と塩酸を混合す
　　ると，混合液の温度と塩酸量との関係はどのようなグラフで表す
　　ことができるか。下のア～エから最も適切なものを選び，記号で
　　答えよ。

　　なお，グラフの縦軸は温度〔℃〕，横軸は塩酸の量〔cm³〕を表
　　すものとする。ただし，混合前の溶液の温度はすべて室温と等し
　　かったものとする。

表

水酸化ナトリウム水溶液〔cm³〕	28	26	22	20	18	16
塩酸　〔cm³〕	2	4	8	10	12	14

ア 　イ 　ウ 　エ

(6)　この実験で使用した水酸化ナトリウム水溶液と塩酸を同じ体積
　　ずつはかりとったとき，それぞれの溶液中に存在するナトリウム
　　イオンの数と塩化物イオンの数の比はいくらか答えよ。

2　次の文章は，ダニエル電池について述べたものである。文章中の
　（ a ）～（ d ）に入る語として適切なものを，あとのア～エから選
　び，記号で答えよ。

> 　イギリスの科学者ダニエルが発明した電池は，亜鉛板を(a)水溶液に浸し，銅板を濃い(b)水溶液に浸して，両方の液が混じらないように素焼き板で仕切るというものであった。
>
> 　この電池では，亜鉛の方が銅よりもイオン化傾向が(c)ので，亜鉛は電子を亜鉛板上に残してイオンになる。逆に銅は，イオン化傾向が(d)ので，イオンになりにくい。

　　ア　大きい　　イ　小さい　　ウ　硫酸銅(Ⅱ)　　エ　硫酸亜鉛

　　　　　　　　　　　　　　　　　　　　　　　　(☆☆◎◎◎)

【3】次の各問いに答えよ。

　1　タマネギの根の成長や細胞分裂のようすを調べるために，手順Ⅰ
　　～Ⅴで観察を行った。あとの(1)～(3)の問いに答えよ。

　《観察》

　手順Ⅰ　次の図1のように，タマネギの根に等間隔に印をつけて水
　　に入れた。

図1

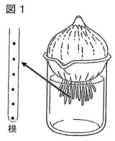

根

　手順Ⅱ　数日後，根のどの部分が成長しているかを観察した。

　手順Ⅲ　根を先端から5mmほど切り取り，試験管に入れて塩酸を加
　　え，約60℃に温めて数分間おいた。

　手順Ⅳ　これをスライドガラスにのせ，柄つき針で細かくほぐし，
　　酢酸オルセイン液を加えて数分間おいた。

　手順Ⅴ　これにカバーガラスをかけてろ紙をのせ，指で静かに押し

つぶした後，顕微鏡で赤く染まった核や染色体のようすを観察した。

(1)　植物をからだのつくりの特徴をもとに分類したとき，タマネギと同じなかまに分類されるものを，次のア～カからすべて選び，記号で答えよ。

ア　トウモロコシ　　イ　イネ　　　ウ　サクラ　　エ　アブラナ

オ　ユリ　　　　　　カ　エンドウ

(2)　手順Ⅱで，根が成長すると，手順Ⅰでつけた印の間隔はどのようになると考えられるか。図2のア～エから最も適切なものを選び，記号で答えよ。

図2

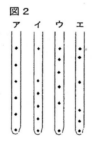

(3)　染色体について，次の①，②に答えよ。

①　次の文章は，染色体について述べたものである。文章中の（　a　），（　b　）に入る適切な語を答えよ。

> 染色体には（　a　）があり，その本体はDNAである。また，（　a　）が決める個体の形や性質を（　b　）という。

②　根の1つの細胞が2つの細胞に分裂する過程で，1つの細胞がもつ染色体の数はどのように変化するか。次のア～エから最も適切なものを選び，記号で答えよ。ただし，タマネギの1つの細胞がもつ染色体の数は16本とする。

ア　16本→8本→8本　　　　イ　16本→32本→64本

ウ　16本→32本→16本　　　エ　16本→8本→16本

2　ある植物で赤花の系統と白花の系統を交雑すると，F_1はすべて桃色

花になった。F₁を自家受精するとF₂は赤花：桃色花：白花＝1：2：1に分離した。次の(1)～(4)の問いに答えよ。

(1) F₂のうち白花の個体をすべて除き，残った個体をそれぞれ自家受精してF₃を作った。F₃の表現型の比を答えよ。

(2) (1)で生じたF₃をそれぞれ自家受精してF₄を作った。F₄の表現型の比を答えよ。

(3) F₂のうちの赤花の個体をすべて除き，残った集団で自由交配させた。生じる子の集団の表現型の比を答えよ。

(4) (3)で生じた子の集団内で，さらに自由交配させた。生じる子の集団の表現型の比を答えよ。

(☆☆☆○○○○)

【4】次の各問いに答えよ。

1 図1は，ある地域の地形の断面を模式的に表したもので，図2は，X地点，Z地点の柱状図である。あとの(1)～(4)の問いに答えよ。ただし，X～Z地点は同緯度であり，この地域では断層やしゅう曲はないものとする。

図1

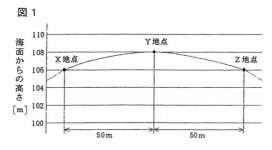

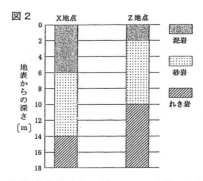

図2

(1) ある地域の堆積岩を観察したところ，生物の死がいなどでできていた。傷がつきやすく，うすい塩酸をかけると二酸化炭素が発生した。この堆積岩は何か。次のア～オから選び，記号で答えよ。

　　ア　砂岩　　イ　泥岩　　ウ　チャート　　エ　石灰岩

　　オ　花こう岩

(2) 図2の砂岩の層にビカリアの化石が含まれていた。ビカリアの化石のように，地層が堆積した年代を推定できる化石を何というか答えよ。

(3) 図1のY地点における砂岩の層は，地表からの深さが何m～何mと考えられるか答えよ。ただし，この地域では地層は傾いているが，平行に積み重なっているものとする。

(4) 次の文章は，地層のでき方と，X地点の地層が堆積した期間に起こったと考えられる大地の変動について説明したものである。文章中の（　a　）～（　c　）に入る語として適切なものを，あとのア～カから選び，記号で答えよ。

> 　侵食によってできた土砂は，直径が（　a　）ほど遠くに運ばれて堆積し，堆積によってできた地層は，下の層ほど年代が（　b　）。したがって，水面が上昇したか，海底などが沈降したかによって，X地点は長い年月の間に岸から（　c　）なっていったことがわかる。

　　ア　古い　　　イ　新しい　　ウ　遠く　　エ　近く
　　オ　大きい　　カ　小さい

2　次の図は，火成岩に含まれる主な鉱物の割合を示したものである。
　下の(1)，(2)の問いに答えよ。

図

火山岩(斑状組織)	玄武岩	安山岩	流紋岩
深成岩(等粒状組織)	斑れい岩	せん緑岩	花こう岩

○ 無色・白色の鉱物
　（セキエイ，チョウ石）

◉ 有色の鉱物
　（クロウンモ，カクセン石，
　キ石，カンラン石）

● そのほかの鉱物

　(1)　図の火山岩の中で，もとになったマグマの粘性が最も大きな岩
　　石は何か。次のア～ウから選び，記号で答えよ。
　　　また，このマグマがつくる代表的な火山はどれか。下の あ～
　　え から選び，記号で答えよ。
　　ア　玄武岩　　　　イ　安山岩　　　ウ　流紋岩
　　あ　マウナロア　　い　三原山　　う　桜島　　え　昭和新山
　(2)　図の火成岩の中で，日本列島のような島弧地域の火山に多く見
　　られる岩石はどれか。次のア～カから選び，記号で答えよ。
　　ア　玄武岩　　　　イ　安山岩　　　ウ　流紋岩　　エ　斑れい岩
　　オ　せん緑岩　　　カ　花こう岩

　　　　　　　　　　　　　　　　　　　　　　　　　（☆☆☆◎◎◎）

【5】次の各問いに答えよ。

1　次の実験を行った。あとの(1)～(5)の問いに答えよ。

《実験Ⅰ》

　　図1のように，明るさがほぼ同じで，消費電力が9WのLED(発光ダ
　イオード)電球と60Wの白熱電球に，それぞれ100Vの電圧を加えて

点灯させ，電球に手をかざして調べたところ，白熱電球の方が熱かった。

図1

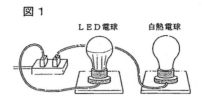

LED電球　　　白熱電球

《実験Ⅱ》

　室温と同じ20.0℃の水100gに，電熱線A～Dをそれぞれ入れ，図2のように，かき混ぜながら6.0Vの電圧を加えて電流を5分間流し，5分後の水温を調べた。表は，その結果をまとめたものである。ただし，消費される電気エネルギーが熱エネルギーに変換される割合はどの電熱線も同じであり，熱エネルギーはすべて水の温度上昇に利用されるものとする。

図2

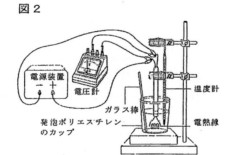

表

電熱線	A	B	C	D
消費電力〔W〕	x	6	9	12
水温〔℃〕	23.0	24.0	26.0	28.0

(1)　実験Ⅰの下線部で，光源からはなれていても，光が当たっている面が熱くなる場合がある。このような熱の伝わり方を何というか。次のア～エから選び，記号で答えよ。

264

　　ア　反射　　イ　放電　　ウ　屈折　　エ　放射

(2)　実験Ⅰで，白熱電球に流れる電流は何Aか求めよ。

(3)　次の文章は，実験Ⅰについて説明したものである。文章中の
　　（　a　），（　b　）に入る語句として適切なものを，下のア〜エか
　　ら選び，記号で答えよ。

> 　同じ明るさの電球で比べたとき，LED電球は白熱電球よ
> りも消費電力が（　a　）ことから，LED電球の方が電気エネ
> ルギーを光エネルギーに変換する（　b　）といえる。

　　ア　小さい　　イ　大きい　　ウ　効率が高い
　　エ　効率が低い

(4)　実験Ⅱの表で，電熱線Aの消費電力xは何Wか求めよ。

(5)　実験Ⅱで電熱線Cを用いたとき，水の温度上昇に利用された熱
　　エネルギーの量は2520Jであったとする。この熱エネルギーの量
　　は，電熱線Cで消費された電気エネルギーの量の何％か，四捨五
　　入して整数で求めよ。

2　次の(1)〜(4)の問いに答えよ。

(1)　抵抗値が30Ωの電熱線に20Vの電圧を加えるとき，1分間に発
　　生する，ジュール熱は何Jか求めよ。

(2)　質量100gの鉄球を加熱し，1.8×10^3Jの熱量を与えたところ，鉄
　　球の温度が20℃から60℃に上昇した。鉄の比熱は何J/(g・K)か求
　　めよ。

(3)　ある線路の鉄製のレールは，温度0℃のときの長さが25mであ
　　った。レールの温度が40℃になったとき，その長さは0℃のとき
　　よりどれだけ長くなっているか求めよ。鉄の線膨張率を1.2×10^{-5}/K
　　とする。

(4)　あらい水平面上を速さ10m/sで走っていた質量4.2×10^3kgの車が
　　ブレーキをかけて止まった。このとき，運動エネルギーがすべて
　　熱に変化したとすると，発生した熱量は何Jか求めよ。

　　　　　　　　　　　　　　　　　　　　　　　（☆☆◎◎◎◎）

解答・解説

中 学 理 科

【1】① カ　② キ　③ ア　④ ク　⑤ エ　⑥ ケ
⑦ サ　⑧ コ　⑨ ス　⑩ セ
〈解説〉該当箇所をよく読み込むこと。

【2】1　(1)　$HCl + NaOH \rightarrow NaCl + H_2O$　(2)　8cm³…カ　　10cm³…ウ
12cm³…オ　(3)　8cm³…イ　　12cm³…ウ　(4)　オ　(5)　イ
(6)　1：3　2　a…エ　b…ウ　c…ア　d…イ
〈解説〉1　(1)　水酸化ナトリウム水溶液に塩酸を加えると塩化ナトリウ
ムと水が生成される。　(2)　加えた塩酸が10cm³のときに流れる電流
が最小値をとるため，完全に中和しているということが分かる。よっ
て，存在するイオンは，Na^+とCl^-である。8cm³のときには，水酸化ナ
トリウムが過剰にあるため，存在するイオンは，Na^+とOH^-とCl^-で
ある。12cm³のときは，塩酸が過剰にあるため，存在するイオンは，
H^+とNa^+とCl^-である。　(3)　8cm³のときには，Na^+とOH^-とCl^-が
存在するため，加熱して残る物質は，水酸化ナトリウムと，塩化ナト
リウムである。12cm³のときには，H^+とNa^+とCl^-が存在するため，加
熱して残る物質は塩化ナトリウムである。　(4)　塩酸を加えてから
10cm³までは，過剰に水酸化ナトリウム水溶液がある状態なので塩基
性，10cm³のときは中性，10cm³から16cm³までは酸性であることが分か
る。よってBTB溶液の変化は，青色→緑色→黄色となる。　(5)　水酸
化ナトリウム水溶液に塩酸が加わると，ただちに中和熱が発生し，
徐々に温度は上昇する。塩酸が10cm³加えられた時点で，温度上昇は
止まり，その後は放熱により少しずつ温度が低下する。　(6)　この実
験で使用した水酸化ナトリウム水溶液30cm³に10cm³の塩酸を加えると
中和するため，同じ体積ずつはかりとると，それぞれのイオンの数の

比は，$Na^+ : Cl^- = 1 : 3$となる。　2　解答参照。

【3】1　(1)　ア，イ，オ　　(2)　ウ　　(3)　①　a…遺伝子　　b…形質
②　ウ　　2　(1)　3：2：1　　(2)　7：2：3　　(3)　1：4：4
(4)　1：4：4

〈解説〉1　(1)　タマネギは単子葉類である。平行脈を持つ，維管束がバ
ラバラに配置している，ひげ根を持つ，子葉の数が1つであるという
特徴をもつ。ウ，エ，カは双子葉類である。　(2)　成長点とは，最も
細胞分裂の盛んな場所をいい，植物の根では根の先端より少し内側に
ある。　(3)　①　解答参照。　②　細胞分裂の過程はG_1期，S期，G_2
期，M期に分けることができる。G_1期では，次のS期に備えた準備が
行われる。そのため，染色体の数に変化はない。S期では，染色体の
合成が行われ，元の染色体数の2倍に増える。G_2期では，次のM期に備
えて細胞分裂の準備が行われる。M期では細胞分裂が起こり，細胞1つ
当たりの染色体数が元の数に戻る。　2　(1)　この植物の花の色は一
対の対立遺伝子によって決まり，不完全優性を示すと考えられる。赤
色遺伝子をR，白色遺伝子をrとすると，赤花はRR，桃色花はRr，白花
はrrと表すことができる。F_2のうち赤花は自家受精するとすべて赤花
になる。桃色花は自家受精すると，RR：Rr：rr＝1：2：1になる。F_2の
赤花と桃色花の比は1：2なので，F_3の表現型の比は，RR：Rr：rr＝
(2＋1)：2：1＝3：2：1である。　(2)　赤花と白花は自家受精すると，
それぞれ赤花と白花しか生じない。(1)より，桃色花はRR：Rr：rr＝
1：2：1になるため，桃色花を4とすると，F_3の比はRR：Rr：rr＝6：
4：2になる。よってF_4の表現型の比は，RR：Rr：rr＝(6＋1)：2：(1＋
2)＝7：2：3である。　(3)　赤色遺伝子Rの頻度を
p，白色遺伝子rの頻度をqとする(ただし$p＋q＝1$)。F_2の表現型の比は
Rr：rr＝2：1なので，$p：q＝\dfrac{1}{3}：\dfrac{2}{3}$である。ハーディー・ワインベ
ルグの法則より，生じる子の表現型はRR：Rr：rr＝$\left(\dfrac{1}{3}\right)^2：2×\dfrac{1}{3}×$
$\dfrac{2}{3}：\left(\dfrac{2}{3}\right)^2＝1：4：4$である。　(4)　ハーディー・ワインベルグの法

267

則より，遺伝子頻度は世代ごとに変わらないため，RR：Rr：rr＝１：
４：４である。

【４】１　(1)　エ　　　(2)　示準化石　　　(3)　6m〜14m　　　(4)　a…カ
　　b…ア　　　c…ウ　　２　(1)　岩石…ウ　　　火山…え　　　(2)　イ
〈解説〉１　(1)　堆積岩の特徴の記述から，石灰岩と判断できる。
　　(2)　特定の地質時代にのみ発見されるため，地層の年代特定に用いら
　　れる化石を示準化石という。示準化石の特徴として，種の生存期間が
　　短い，地理的分布が広い，化石の産出数が多い，などが挙げられる。
　　(3)　砂岩層の層理面の標高から，Z→Xにかけて100mにつき4mの傾斜
　　である。したがって，ちょうど中間のY地点での砂岩層の上端の標高
　　は，$\frac{(106-6)+(106-2)}{2}=102$〔m〕，下端の標高は，
　　$\frac{(106-14)+(106-10)}{2}=94$〔m〕である。Y地点の標高が108mである
　　ことから，深さに直して答える。　　(4)　a…砕屑物は粒径が小さいほ
　　ど遠くに運ばれる。b…地層累重の法則により，下の方ほど年代が古
　　い。c…岸から遠い方から堆積する順は，粒径の小さい順で，泥→砂
　　→礫となる。　　２　(1)　SiO_2量が多い方がマグマの粘性が大きい。し
　　たがって，粘性が大きい方から，流紋岩→安山岩→玄武岩である。粘
　　性が大きいマグマは溶岩ドーム(溶岩円頂丘)を形成する。マウナロア
　　は盾状火山，三原山と桜島は成層火山，昭和新山は溶岩ドームである。
　　(2)　プレート収束境界の火山の大部分は安山岩からなる。日本列島の
　　第四紀火山でも最も多く分布する。

【５】１　(1)　エ　　　(2)　0.6A　　　(3)　a…ア　　　b…ウ　　　(4)　4.5W
　　(5)　93%　　２　(1)　8.0×10^2(800)J　　　(2)　0.45(4.5×10^{-1})J/(g・K)
　　(3)　1.2×10^{-2}(0.012)m　　　(4)　2.1×10^5(210000)J
〈解説〉１　(1)　解答参照。　　(2)　電圧は100V，白熱電球の電力は60Wで
　　ある。電力は電流と電圧の積で求められるので，電流は0.6Aである。
　　(3)　消費電力が小さい方が，エネルギー変換効率が高い。　　(4)　消費

電力と水の上昇した温度は比例するので，電熱線AとBに対して，x：
6＝3：4より，x＝4.5〔W〕となる。　　(5)　電熱線Cで消費された電気
エネルギーは9〔W〕×5×60〔秒〕＝2700〔J〕なので，$\frac{2520}{2700}$×100＝
93.33…≒93〔%〕である。　2　(1)　ジュール熱は電流の大きさ〔A〕，
電圧〔V〕，時間〔秒〕の積で求められる。$\frac{20}{30}$×20×60＝8.0×10^2〔J〕。
(2)　熱量をQ，物体の質量をm，鉄の比熱をc，温度をTとすると，
$Q＝mc\Delta T$なので，1.8×10^3＝100×c×(60−20)である。よって，c＝
4.5×10^{-1}〔J/(g・K)〕。　　(3)　長さの変化量をΔL，元の長さをL，線膨
張率をα，温度をTとすると，$\Delta L＝\alpha L\Delta T$なので，$\Delta L$＝1.2×10^{-5}×
25×40＝1.2×10^{-2}〔m〕となる。　　(4)　運動エネルギーがすべて熱に
変わっているので，熱量も運動エネルギー分である。よって，$\frac{1}{2}$×
4.2×10^3×10^2＝2.1×10^5〔J〕。

2019年度　実施問題

中　学　理　科

【1】次の各問いに答えよ。

1　次の枠内の文は，中学校学習指導要領解説理科編(平成20年9月)の「第2章　理科の目標及び内容　第1節　教科の目標」の抜粋である。(①)～(⑥)にあてはまる語句を下の語群のア～シから選び，記号で答えよ。

> 「科学的に探究する能力の基礎と態度を育てる」ためには，自然の事物・現象の中に(①)を見いだし，目的意識をもって観察，実験などを(②)に行い，得られた結果を分析して(③)するなど，科学的に探究する学習を進めていくことが重要である。

> 「自然の事物・現象についての理解を深めること」は，自然の事物・現象についての知識を(④)するとともに科学的に探究する学習を支えるために重要である。日常生活や(⑤)とのかかわりの中で，科学を学ぶ楽しさや(⑥)を実感しながら，生徒が自らの力で知識を獲得し，理解を深めて(④)していくようにすることが大切である。

語群：ア　科学技術　　イ　有用性　　ウ　驚き　　エ　主体的
　　　オ　社会　　　　カ　問題　　　キ　解釈　　ク　意欲的
　　　ケ　体系化　　　コ　概念化　　サ　課題　　シ　考察

2　次の枠内の文は，中学校学習指導要領解説理科編(平成20年9月)の「第3章　指導計画の作成と内容の取扱い　2　各分野の内容の指導」の抜粋である。(①)～(④)にあてはまる語句をあとの語群のア～キから選び，記号で答えよ。

> (1) 観察，実験，野外観察を重視するとともに，地域の
> (①)や学校の(②)を生かし，自然の事物・現象を科
> 学的に探究する(③)の基礎と態度の育成及び基本的な
> 概念の形成が(④)に無理なく行えるようにすること。

語群：ア　系統的　　　　イ　実態　　　ウ　状況
　　　エ　知識・技能　　オ　能力　　　カ　環境
　　　キ　段階的

(☆☆◎◎◎)

【2】次の各問いに答えよ。

1　物体に力がはたらいて運動するときのようすを調べるため，次の2
つの実験を行った。後の(1)～(5)の問いに答えよ。ただし，質量
100gのおもりにはたらく重力の大きさを1Nとし，運動する台車や滑
車，紙テープにはたらく摩擦力はないものとする。

≪実験1≫

＜方法＞

　図1のように，水平な机上に台車を置き，1秒間に60回の点を打つ
ことができる記録タイマーに通した紙テープをたるまないように台
車に取り付けた。

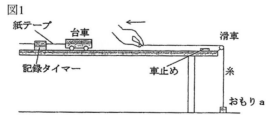

図1

　次に，床に置かれた400gのおもりaに軽くて伸びない糸を取りつ
け，この糸を滑車にかけて，手で糸を引き一定の速さで床から50cm
引き上げ，図2のように糸の端を台車に取り付けた。

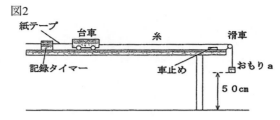

図2

<結果>

　手を静かにはなすと糸や紙テープはたるむことなく，おもりaと台車は動きだし，しばらくするとおもりaは床に着いて静止したが，台車はその後も動き続けて，車止めに達した。

　このときの台車の運動を記録した紙テープを6打点ごとに切り，左から時間の経過順にはると図3のようになった。

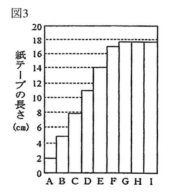

図3

≪実験2≫

<方法>

　図4のように，実験1のおもりaを，200gのおもりbと200gのおもりcにかえて，実験1と同様に実験を行った。ただし，手で台車を固定する際，図4のようにおもりbは床から25cm，おもりcは床から50cmの高さで固定した。

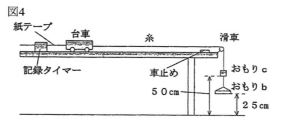

図4

<結果>

　手を静かにはなすとおもりb，cと台車は動きだし，しばらくすると おもりbとcはお互いに衝突することなく，おもりb，おもりcの順番に床に着いて静止した。

(1)　実験1でおもりaを50cm引き上げる間に，引く力がおもりaにした仕事は何Jか。求めなさい。

(2)　実験1で，紙テープCの長さは7.9cmであった。紙テープCに記録された台車の平均の速さは何m/sか。求めなさい。

(3)　実験1で，おもりaが床に着いたと同時に打点されたとすると，この打点はどの紙テープに記録されているか。次のア～カから1つ選び，記号で答えよ。

　　ア　C　　イ　D　　ウ　E　　エ　F　　オ　G　　カ　H

(4)　実験2で台車が手で固定されているときに，おもりcにはたらいている重力以外の力を，矢印で図にかき入れなさい。ただし，100gの物体にはたらく重力の大きさを1N，次図の1目盛は1Nを表すものとする。

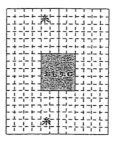

(5)　実験1でおもりaが床に着いた瞬間の台車の速さxと，実験2でお

もりcが床に着いた瞬間の台車の速さ*y*はどのような関係があると考えられるか。次のア〜ウから1つ選び，記号で答えよ。

　　ア　*x*＜*y*　　イ　*x*＝*y*　　ウ　*x*＞*y*

2　物体の運動について，次の(1)〜(3)の問いに答えよ。ただし，重力加速度の大きさを9.8m/s²とする。

(1)　ある高さの窓から，小球を初速度0.1m/sで鉛直下向きに投げ下ろすと，1.0秒後に地面に到達した。この窓の高さ(m)を求めよ。

(2)　ある高さの場所から小球を速さ7.0m/sで水平に投げ出すと，1.0秒後に地面に到達した。次の①，②の問いに答えよ。

①　投げ出した点の真下の地面から，小球の落下地点までの水平距離(m)を求めよ。

②　投げ出した点の，地面からの高さ(m)を求めよ。

(3)　地上の点から小球を，速さ24.5m/sで斜方投射させたところ，4.00秒後に地面に到達した。次の①，②の問いに答えよ。

①　小球が達する最高点の高さ(m)を求めよ。

②　小球が地面に到達したときの水平到達距離(m)を求めよ。

(☆☆☆◎◎◎◎)

【3】次の各問いに答えよ。

1　ある地震について，地震のゆれのようすとそのゆれの伝わり方を調べた。図は，地点Pでの地震計の記録である。また，表は地点A〜Cについて，震源からの距離とゆれが始まった時刻をまとめたものである。あとの(1)〜(5)の問いに答えよ。

図

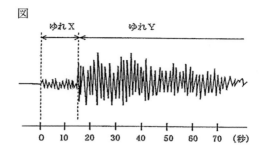

表

地点	A	B	C
震源からの 距離(km)	61	140	183
ゆれXが 始まった時刻	8 時 59 分 35 秒	8 時 59 分 46 秒	8 時 59 分 52 秒
ゆれYが 始まった時刻	8 時 59 分 43 秒	9 時 00 分 04 秒	9 時 00 分 15 秒

(1) 図のゆれYを何というか答えよ。

(2) 震度について述べた文として適当なものを，次のア～エからすべて選び，記号で答えよ。

 ア 初期微動継続時間が長くなると，その分だけ震度も大きく観測される。

 イ ある場所での震度は，震央がわからなくても決定することができる。

 ウ 震央がわからなくても，ある場所での震度を正確に観測すればマグニチュードは計算できる。

 エ ある地点での地震動の強さを表し，10階級に分けられている。

(3) 表から，この地震において，ゆれXを伝える波の速さは何km/秒と考えられるか。小数第2位を四捨五入して小数第1位まで書きなさい。

(4) 地点Pでは，ゆれXが始まってから，ゆれYが始まるまでの時間が15秒であった。震源から地点Pまでの距離についてあてはまるものを，次のア～エから1つ選び，記号で答えよ。

 ア 61km未満   イ 61km以上140km未満

　　ウ　140km以上183km未満　　エ　183km以上

(5)　地震について，正しく述べている文はどれか。次のア〜エからすべて選び，記号で答えよ。

　　ア　地震が発生すると，土地が隆起したり，沈降したりすることがある。

　　イ　地震計で記録されたゆれXとゆれYが始まった時刻に差が生じるのは，それぞれのゆれを伝える波の発生する時刻がちがうからである。

　　ウ　日本付近で発生する地震は，大陸側のプレートが太洋側のプレートの下に沈みこむときに大きな力がはたらくことで発生すると考えられている。

　　エ　くり返しずれて活動したあとが残っている断層を活断層といい，今後も活動して地震を起こす可能性がある断層である。

2　次の文中の(　①　)〜(　⑤　)にあてはまる語句を下のア〜クから選び，記号で答えよ。

　　地殻は厚さ5〜60kmで大陸地域では厚く，主に(　①　)質岩石や(　②　)質岩石でできている。海洋地域では主に(　②　)質岩石ができている。地殻の底をモホロビチッチ不連続面といい，これより下の深さ2900kmまでの部分を(　③　)という。深さ2900kmから中心までを核といい，深さ5100kmまでの外側は(　④　)体で外核と，内側は(　⑤　)体で内核とよばれている。

　　ア　マントル　　イ　石灰岩　　ウ　花こう岩　　エ　玄武岩
　　オ　凝灰岩　　　カ　マグマ　　キ　固　　　　　ク　液

(☆☆☆◎◎◎◎)

【４】次の各問いに答えよ。

1　炭酸水素ナトリウムを加熱して発生する気体を集める実験を行った。あとの(1)〜(4)の問いに答えよ。

　《実験》

　　図1のように，乾いた試験管に2.52gの炭酸水素ナトリウムを入れ，

ガスバーナーで加熱した。発生した気体の質量は0.44gであった。

また，実験終了後，ゴム栓をはずし，試験管の口先にたまった液体に青色の塩化コバルト紙をつけ，色の変化を調べた。

図1

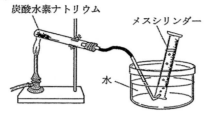

炭酸水素ナトリウム

メスシリンダー

水

(1) 実験の図1のような発生する気体の集め方を何というか答えよ。

(2) 実験で，試験管の口先にたまった液体に青色の塩化コバルト紙をつけたときの色の変化として正しいものを，次のア～エから1つ選び，記号で答えよ。

ア　赤色に変化する。　　イ　黄色に変化する。

ウ　緑色に変化する。　　エ　紫色に変化する。

(3) 実験の化学変化は，次のような化学反応式で示される。(①)に数字を，(②)には化学式を入れよ。

(①)$NaHCO_3$→Na_2CO_3＋CO_2＋(②)

(4) 次の①～③の問いに答えよ。ただし，原子の質量の比は，ナトリウム：水素：炭素：酸素＝23：1：12：16とする。

① 実験で(3)の(②)は何gできたか。

② 実験でNa_2CO_3は何gできたか。

③ 実験で反応した炭酸水素ナトリウムは何gか。

2　鉄と硫黄の混合物を加熱する実験を行った。あとの(1)，(2)の問いに答えよ。

≪実験≫

図2のように，乾いた試験管に鉄と硫黄の混合物を入れ，ガスバーナーで加熱すると，黒色の化合物ができた。また，鉄と硫黄の質量をいろいろ変えて加熱し，生成する黒色の化合物の質量(g)を調べ

た。表は，その結果をまとめたものである。

図2

鉄と硫黄の
混合物

表

鉄（g）	4．2	8．0	10．0
硫黄（g）	8．0	4．0	2．0
黒色の化合物（g）	6．6	11．0	5．5

(1)　この反応で生成する黒色の化合物の化学式を答えよ。

(2)　実験について，次の①，②の問いに答えよ。

　①　鉄4.2gと硫黄8.0gを混ぜて加熱したとき，反応せずに残って
　　いるのは鉄，硫黄のどちらか。また，それは何gか。

　②　実験の結果から，鉄原子1個と硫黄原子1個の質量比を求め
　　よ。

3　次の(1)と(2)の条件にあてはまる金属を，それぞれ，マグネシウム，
ナトリウム，カルシウム，アルミニウム，銅，銀，亜鉛の中からす
べて選び，元素記号で答えよ。

(1)　常温の水と反応して水素を発生する金属

(2)　希塩酸や希硫酸とは反応しないが，酸化力の強い酸とは反応す
る金属

（☆☆☆◎◎◎）

【5】ヒトのだ液のはたらきを確かめるために実験を行った。あとの各問
いに答えよ。

≪実験≫

試験管A，B，C，D，Eを用意し，それぞれに同量のデンプン溶液を
入れた。次に試験管A，B，Eには水でうすめただ液を，試験管C，Dに

は水を，それぞれ同量ずつ加えてよく混ぜた。

　次に，下の図のように，試験管A，B，Cを40℃の湯の入ったビーカーに入れ，試験管D，Eを0℃の氷水の入ったビーカーに入れ，それぞれ10分間放置した。

　その後，試験管A，C，D，Eに，それぞれヨウ素液を加えたところ，試験管Aの溶液は薄い黄色になり，試験管C，D，Eの溶液は青紫色になった。

　次に，試験管Bをビーカーからとり出し，そこにベネジクト液と沸騰石を加えて加熱したところ，試験管Bの溶液の色は変化した。

図

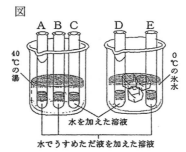

水を加えた溶液

水でうすめただ液を加えた溶液

1　実験で，次の①，②について確かめるためには，試験管A〜Eのどの結果を比べればよいか。下のア〜オからそれぞれ1つずつ選び，記号で答えよ。

　①　だ液のはたらきでデンプンがなくなること

　②　だ液のはたらきは，温度の影響を受けること

　ア　試験管Aと試験管E　　イ　試験管Aと試験管C

　ウ　試験管Cと試験管D　　エ　試験管Cと試験管E

　オ　試験管Dと試験管E

2　だ液に含まれる消化酵素の名称を答えよ。

3　実験の下線部で，試験管Bの溶液は何色に変化したか。次のア〜エから1つ選び，記号で答えよ。

　ア　青色　　イ　緑色　　ウ　赤褐色　　エ　白色

（☆☆☆◎◎◎）

【6】生物の生殖について，次の各問いに答えよ。

1　図はヒキガエルの受精卵の変化を表したものであり，下の文は，受精卵の変化について説明したものである。文中の（　①　），（　②　）にあてはまる語句を答えよ。

図

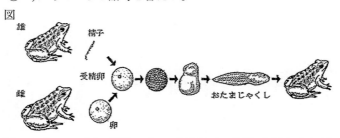

　図のように，1個の細胞である受精卵は，細胞分裂をくり返しながら変化して，からだを完成させていく。この過程を（　①　）という。また，神経胚からは，各胚葉が形を変え，器官が形成される。最初は同質だったそれぞれの細胞や組織が変化し，異なる形態や機能をもつようになることを（　②　）という。

2　重複受精を行う植物を，次のア～オからすべて選び，記号で答えよ。

ア　イネ　　イ　カキ　　ウ　ワラビ　　エ　イチョウ
オ　エンドウ

3　無性生殖を説明した文章として，間違っているものを，次のア～エから1つ選び，記号で答えよ。

ア　茎や葉から子孫をのこす方法がある。
イ　植物でのみ行われ，動物では行われない。
ウ　子は親と同じ遺伝子をもつ。
エ　子孫をのこすときに，受精が行われない。

（☆☆☆◎◎）

高 校 理 科

【物理】

【1】次の問いに答えよ。

(1) $^{232}_{90}$Thが放射性崩壊をくり返すと，やがて安定なPbになる。

 (ア) この安定なPbは，次のどれか。(a)〜(e)から選び記号で答えよ。

  (a) $^{206}_{82}$Pb (b) $^{207}_{82}$Pb (c) $^{208}_{82}$Pb (d) $^{209}_{82}$Pb (e) $^{210}_{82}$Pb

 (イ) その間の α 崩壊，β 崩壊の回数をそれぞれ答えよ。

(2) 次の(ア)〜(ウ)にあてはまる適切な語句を答えよ。

 ・凸レンズによって単色光が一点に集まるのは，光の(ア)の結果である。

 ・昼間の空が青く見えるのは，光の(イ)の結果である。

 ・シャボン玉の表面が色づいて見えるのは，光の(ウ)の結果である。

(3) 質量，長さ，時間の次元をそれぞれ，[M]，[L]，[T]の記号で表すとき，速さの次元は$[LT^{-1}]$である。次の(ア)，(イ)の物理量の次元を答えよ。

 (ア) 仕事率 (イ) 力積

(4) 下の図のような，電圧Vの電源，抵抗値R_1，R_2の抵抗R_1，R_2，電気容量Cのコンデンサー，スイッチからなる電気回路がある。

 (ア) スイッチを入れた瞬間，抵抗R_1に流れる電流を答えよ。

 (イ) スイッチを入れて十分に時間が経過したとき，抵抗R_1に流れる電流を答えよ。

 (ウ) (イ)のとき，コンデンサーに蓄えられている電気量を答えよ。

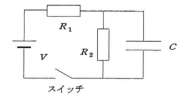

(☆☆☆◎◎◎)

【2】原点Oにある媒質は，時刻tでのy軸方向の変位が$y = A\sin\dfrac{2\pi}{T}t$で表される単振動をする。その振動が$x$軸の正の向きに速さ$v$で減衰することなく伝わる正弦波を考える。$A$は振幅，$T$は周期である。次の問いに答えよ。

(1) 原点Oでの媒質の変位の時間変化をグラフに書け。このとき，座標軸との交点を求め記入せよ。

(2) 時刻$t = 0$での波形をグラフに書け。このとき，座標軸との交点を求め記入せよ。

(3) この正弦波の式を答えよ。

　　次に，次の図のように，位置$x = L$にx軸に垂直な壁があり，この正弦波が自由端反射する場合について考える。ただし，反射により正弦波は減衰しないものとする。

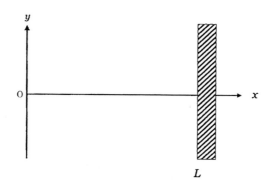

(4) $L=vT$ のとき，原点と壁の間には時間によらず変位しない位置がある。その位置をLを用いてすべて答えよ。

(☆☆☆◎◎◎◎)

【3】次の図のように，なめらかで段のある水平な床abと床cdの上に，質量Mで傾斜角θをもつ三角形の台Qと，質量Mの台Rがそれぞれ置かれている。台Qの斜面上の高さhの点Aに，質量mの小さな物体Pを静かに置いた。物体Pが台Qの点Bを通過し床ab上を運動するときは，なめらかにその運動方向を水平方向に変え，力学的エネルギーの損失は生じないものとする。また，台Rの上面は床abと同じ高さで，台Rの左面は鉛直面bcに接するように置かれている。物体Pと台Rの間の動摩擦係数をμとする。重力加速度の大きさをgとして，あとの問いに答えよ。

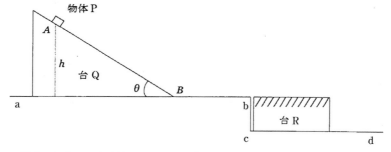

物体Pが台Q上を運動しているときを考える。

(1)　物体Pが台Qの斜面から受ける垂直抗力の大きさをN，台Qの加速度の大きさをαとするとき，台Qの運動方程式を答えよ。

(2)　台Qと一緒に運動している観測者から見た物体Pの加速度の大きさをβとする。この観測者から見た物体Pの斜面に平行な方向の運動方程式と，物体Pに働く力の斜面に垂直な方向のつりあいの式を答えよ。

　次に，物体Pが台Qをすべり降りたのち，物体Pは台Rに向かい一定の速さV_Pで，台Qは反対向きに一定の速さV_Qでそれぞれ床ab上を運動しているときを考える。

(3)　V_PとV_Qをそれぞれ答えよ。

　続いて，物体Pが台R上を運動しているときを考える。

(4)　物体Pと台Rのそれぞれの加速度の大きさを答えよ。

　その後，物体Pが台R上で静止したときを考える。

(5)　物体Pが台R上を移動した距離をV_Pを用いて答えよ。

(☆☆☆◎◎◎◎)

【4】次の図のように，点Oより初速度vで水平に入射した電子(質量m，電荷$-e$)が距離Lだけ離れた位置にある鉛直に置かれた蛍光面に当たる。点Oを原点とし，水平方向右向きをx軸の正の向き，鉛直上向きをy軸の正の向きにとる。また，図のようにx軸の正の部分には，左端を$x=0$の位置にそろえ，x軸から等間隔になるように2枚の極板間隔dの平板電極を水平に置き，極板間に電圧Vを加えて，y軸の負の向きに一様な電場をつくる。ただし，平板電極のx軸方向の長さはlで，電場は極板間だけにあり，電子は極板にぶつからない。また，装置は真空中にあり，重力の影響はないものとして，あとの問いに答えよ。

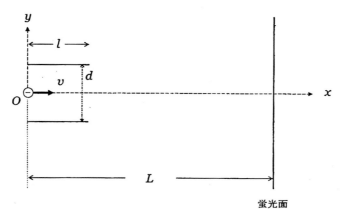

(1) 極板間に生じる電場の大きさEを答えよ。

以後，必要なときは電場の大きさはEを用いて答えよ。

(2) 電子が極板間を通過した直後の速度のx成分，y成分をそれぞれ答えよ。

(3) 電子が蛍光面に当たった位置のy座標を答えよ。

(4) 極板間に磁場を加えることで，電子はx軸上を直進する。このとき，加える磁場の向きを次の①〜⑥から選び，その磁束密度の大きさを答えよ。

① x軸正の向き   ② x軸負の向き

③ y軸正の向き   ④ y軸負の向き

⑤ 紙面の表から裏の向き ⑥ 紙面の裏から表の向き

(☆☆☆◎◎◎)

```
┌─────────────────────────────────────────────────────┐
│                    注意事項                          │
│ ・数値を計算して答える場合は，結果のみではなく途中の計算式 │
│   も書き，計算式には簡単な説明文または式と式をつなぐ文をつ │
│   けなさい。                                          │
│ ・問題文中の体積の単位記号Lは，リットルを表す。          │
│ ・必要であれば，全問を通して，次の値を用いなさい。       │
│   原子量：H＝1.0，C＝12，N＝14，O＝16，Na＝23，S＝32， │
│           Cl＝35.5                                   │
│   気体定数：$8.31×10^3$Pa・L/(K・mol)                │
│   ファラデー定数：$9.65×10^4$C/mol                   │
│   アボガドロ定数：$6.02×10^{23}$/mol                 │
│   水のイオン積：Kw＝$[H^+][OH^-]＝1.0×10^{-14}$(mol/L)$^2$ │
│   なお，指定がない場合は気体は理想気体として取り扱うものと │
│   する。                                              │
└─────────────────────────────────────────────────────┘
```

【化学】

【1】次の(1)〜(5)の各問いに1〜5の番号で答えなさい。ただし，答えは1
つまたは2つある。

(1)　次の記述1〜5のうち，誤りを含むものはどれか。

1　アンモニアの工業的製法であるハーバー・ボッシュ法では，水
素が用いられる。

2　硝酸の工業的製法であるオストワルト法では，アンモニアが用
いられる。

3　硫酸の工業的製法である接触法では，水素が用いられる。

4　炭酸ナトリウムの工業的製法であるアンモニアソーダ法では，
二酸化炭素が用いられる。

5　金属の単体を得る方法の一つであるテルミット法では，アルミ
ニウムが用いられる。

(2)　次の記述1〜5のうち，誤りを含むものはどれか。

1　海水から塩化ナトリウムを取り除いたにがりの主成分は塩化マグネシウムである。

2　空気中に含まれる希ガスのうち，体積比(%)で存在量が最も多いものはアルゴンである。

3　鉛筆(HB)の，芯の主成分は黒鉛と粘土である。

4　硫酸カルシウム二水和物(セッコウ)を加熱脱水した焼きセッコウは$CaSO_4$の組成式で表される。

5　衣料の繊維として用いられるポリエステルは，再生繊維の一つである。

(3)　次の記述1〜5のうち，誤りを含むものはどれか。

1　二酸化ケイ素は，分子からなる硬い分子結晶である。

2　酸化アルミニウムは，イオンからなる極めて硬いイオン結晶である。

3　十酸化四リンはイオンからなる物質で，吸湿性に優れる。

4　過酸化水素は分子からなる物質で，水に溶けやすい。

5　酸化ナトリウムはイオンからなる物質で，水に溶けやすい。

(4)　次の表は結合エネルギーの値〔kJ/mol〕を示したものである。

H－H	432
F－F	155
Cl－Cl	239
H－F	566
H－Cl	428

結合エネルギーおよび次のエネルギー関係を表した図に関する記述1〜5のうち，誤りを含むものはどれか。ただしQ_1〜Q_4は反応熱〔kJ〕(＞0)である。

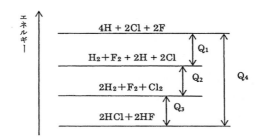

1　4molの塩素原子から2molの塩素分子を生じる際，478kJのエネルギーが吸収される。

2　Q_1の値は587kJである。

3　Q_2の値は671kJである。

4　Q_3の値は730kJである。

5　Q_4は塩化水素の生成熱とフッ化水素の生成熱の和を表している。

(5)　次の記述1〜5のうち，誤りを含むものはどれか。

1　ブタンとメチルプロパンは構造異性体の関係にある。

2　プロピオンアルデヒド(プロパナール)とアセトンは構造異性体の関係にある。

3　トリクロロメタン($CHCl_3$)には光学異性体が存在する。

4　乳酸にはシス−トランス異性体(幾何異性体)は存在しない。

5　ジクロロベンゼンの構造異性体のうち，芳香族であるものは$o−$，$m−$，$p−$の3種類である。

(☆☆☆◎◎)

【2】次の文章を読んで，あとの各問いに答えなさい。

　　分子の電子式は最外殻電子の配置を示すが，元素記号のまわりに電子対を平面的に並べただけであり，実際の分子の構造を直接反映していない。

　　しかし，分子を構成する電子対は互いに反発し合うため，その反発力が最小となる分子構造をとると仮定することで，電子式から分子の構造を推測することができる。

288

たとえばメタン分子では，炭素原子の周りの4組の共有電子対が互いに反発しあい，正四面体の頂点方向に位置するため，【図①】のように正四面体構造をとる。

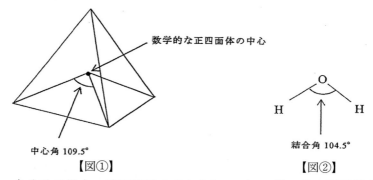

数学的な正四面体の中心

中心角 109.5°
【図①】

結合角 104.5°
【図②】

水分子の場合，酸素原子のまわりに(あ)組の共有電子対と(い)組の非共有電子対による(う)組の電子対が存在し，【図②】のような構造をとる。

(1) 文章中の空欄(あ)〜(う)に入る適当な数字を書きなさい。

(2) 水分子は，なぜ【図②】のような構造をとるのか説明しなさい。ただし，結合角についてもふれること。

(☆☆☆◎◎◎)

【3】次の文章を読んで，あとの各問いに答えなさい。

湖沼や河川の汚濁の程度を示す指標の一つに，水に含まれる有機化合物に着目した化学的酸素要求量(COD)がある。CODは，試料水1Lあたりに含まれる有機化合物を酸化するために必要な酸素の質量〔mg〕で表される。ただし，水中に含まれる有機化合物を回収して直接燃焼反応させて調べることは困難なため，実際のCODの測定においては『有機化合物を過マンガン酸カリウム($KMnO_4$)などで酸化し，そのときに消費される酸化剤の量を酸素の量に換算する』という方法が用いられる。

ある試料水(有機化合物を含む水溶液)のCODを測定するために，以

下の【操作Ⅰ】～【操作Ⅲ】を行った。

【操作Ⅰ】　試料水100mLを三角フラスコに採り，硫酸を加えて酸性にしたのち，これに，5.00×10^{-3}mol/Lの過マンガン酸カリウム水溶液10.0mLを加えて振り混ぜた。これを，沸騰させた水浴中で30分間加熱し，試料水中の有機化合物を十分に酸化した。加熱後，三角フラスコ中の溶液は薄い（　ア　）色を示していたことから，試料水中の有機化合物を酸化するのに十分な量の過マンガン酸カリウムが加えられ，未反応の過マンガン酸カリウムが残留していると判断できた。

【操作Ⅱ】　この三角フラスコに，1.25×10^{-2}mol/Lのシュウ酸ナトリウム（$Na_2C_2O_4$）水溶液10.0mLを加えて，振り混ぜて反応させると，溶液は（　イ　）色に変化した。

【操作Ⅲ】　三角フラスコ中の溶液を50～60℃に保ち，その中に存在している過剰のシュウ酸イオンを5.00×10^{-3}mol/Lの過マンガン酸カリウム水溶液で滴定したところ，3.0mLを加えたところで水溶液は薄い（　ウ　）色を呈し，滴定の終点に達した。

　なお，酸化剤としての酸素，過マンガン酸イオン，還元剤としてのシュウ酸イオンは，それぞれ次のようにはたらく。

$$
\left\{
\begin{array}{l}
O_2 \ + \ 4e^- \ + \ 4H^+ \qquad \rightarrow \ 2H_2O \\
MnO_4^- \ + \ 5e^- \ + \ 8H^+ \rightarrow \ Mn^{2+} \ + \ 4H_2O \\
C_2O_4^{2-} \qquad\qquad\qquad\quad \rightarrow \ 2CO_2 \ + \ 2e^-
\end{array}
\right.
$$

(1)　文章中の空欄（　ア　）～（　ウ　）にあてはまる最も適当な語句を答えなさい。

(2)　酸化剤としてはたらいた過マンガン酸カリウム1molのかわりに，酸素で酸化したとすると必要な酸素の物質量はいくらになるか。最も適当なものを，次の①～⑤のうちから一つ選び，記号で答えなさい。

①　0.50mol　　②　0.80mol　　③　1.00mol　　④　1.25mol
⑤　2.00mol

(3)　【操作Ⅱ】において，過マンガン酸イオンとシュウ酸イオンが反

応するときのイオン反応式を書きなさい。

(4) この試料水のCODの値〔mg/L〕を計算過程も示したうえで，有効数字2桁で答えなさい。

(☆☆☆◯◯◯)

【4】次図に示すような容積Vの容器1と容積$3V$の容器2を用いた実験装置で，以下の【操作Ⅰ】〜【操作Ⅲ】を連続して行った。はじめ装置内は真空であり，コックは閉じられている。気体はいずれも理想気体とし，コック部分と導入口の体積や水の体積，気体の水への溶解は無視できるものとする。また，27℃，127℃における水の飽和蒸気圧を$3.50×10^3$Pa，$2.40×10^5$Paとして以下の各問いに答えなさい。

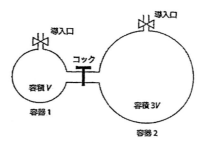

【操作Ⅰ】 容器1には物質量比で1：5の水素と酸素，容器2には酸素を入れて容器全体の温度を27℃に保った。このとき，容器1内の圧力は$3.60×10^5$Pa，容器2内の圧力は$3.00×10^4$Paであった。

【操作Ⅱ】 容器1内の水素を完全燃焼させてから温度を27℃に戻した。

【操作Ⅲ】 コックを開き，さらに温度を127℃に保って十分時間を経過させた。

(1) 【操作Ⅱ】終了時の容器1内の圧力〔Pa〕を求めなさい。計算過程も示したうえで，有効数字3桁で答えなさい。

(2) 【操作Ⅲ】終了時の容器内の圧力〔Pa〕を求めなさい。計算過程も示したうえで，有効数字3桁で答えなさい。

(☆☆☆◯◯◯)

【5】次の文章を読んで，下の各問いに答えなさい。

　黒鉛の結晶では，炭素原子の4個の価電子のうち(あ)個を用いて共有結合が形成されている。したがって，(ア)形の環が連なった平面層状構造を形成しており，また，層間では共有結合が形成されないため，層間は弱い(イ)力により結びついている。黒鉛の結晶構造の一部を次図に示す。

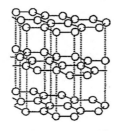

　黒鉛の燃焼反応は，次の二段階の可逆反応(a)，(b)で表される。

$$
\begin{cases}
2C(黒鉛) + O_2 \rightleftarrows 2CO & (a) \\
2CO + O_2 \rightleftarrows 2CO_2 & (b)
\end{cases}
$$

また，熱化学方程式では，(c)，(d)で表される。

$$
\begin{cases}
2C(黒鉛) + O_2 = 2CO + 220kJ & (c) \\
2CO + O_2 = 2CO_2 + 565kJ & (d)
\end{cases}
$$

　式(a)，(b)の1000Kでの平衡定数K_1，K_2は，気体成分のみを考慮すればよいので，それぞれ次の式(e)，(f)で表される。ここで，[X]は化学種Xのモル濃度(mol/L)を表す。

$$K_1 = \frac{[CO]^2}{[O_2]} = 8.0 \times 10^{18}(mol/L) \qquad (e)$$

$$K_2 = \frac{[CO_2]^2}{[CO]^2[O_2]} = 2.0 \times 10^{22}(mol/L)^{-1} \qquad (f)$$

　過剰の黒鉛が存在し，酸素が消費されると次の式(g)の平衡が成立する。

$$CO_2 + C(黒鉛) \rightleftarrows 2CO \qquad (g)$$

式(g)の1000Kでの平衡定数K_3は次の式(h)で表される。

$$K_3 = \frac{(エ)}{(ウ)} = (い)(mol/L) \qquad (h)$$

　いま，10Lの密閉容器に過剰量の黒鉛と0.10molの酸素を入れ，

1000Kに加熱したところ，平衡状態に達した。このとき，容器内の一酸化炭素の濃度は(う)mol/L，二酸化炭素の濃度は(え)mol/Lであった。

(1) 文章中の空欄(あ)にあてはまる数字を，また(ア)，(イ)にあてはまる適切な語句を答えなさい。

(2) 式(g)の正反応における反応熱(kJ/mol)はいくらか。整数値で答えなさい。

(3) 式(h)において，空欄(ウ)，(エ)にあてはまる適切な文字式を記しなさい。また、空欄(い)にあてはまる適切な数値を有効数字2桁で答えなさい。

(4) 文章中の空欄(う)，(え)にあてはまる数値を，計算過程も示したうえで，有効数字2桁で答えなさい。ただし，黒鉛の体積は無視できるものとする。

(5) 文章中の下線部において，次の【Ⅰ】，【Ⅱ】の操作を行うと，式(g)の平衡はそれぞれどちらに移動するか。平衡が「左へ移動する」ときは「左」，「右へ移動する」ときは「右」，「移動しない」ときは「×」を記入し，その理由を簡潔に述べなさい。

【Ⅰ】圧力を高くする。

【Ⅱ】温度，体積一定でアルゴンを加える。

(☆☆☆◎◎◎)

【6】高分子化合物に関する次の文章を読み，下の各問いに答えなさい。

スチレンと少量のp-ジビニルベンゼンを付加重合させて高分子化合物を得ることができる。この高分子化合物の構造図を次図に示す。

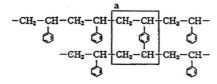

このように数種類のモノマーを付加重合させることを(ア)とい

う。*p*-ジビニルベンゼンは鎖状のポリスチレンどうしを結びつけ(図の枠a)，網目状の高分子を形成することになる。図の枠aのような部分を（　イ　）構造という。生成した高分子化合物を濃硫酸と反応させると，ベンゼン環のパラ位に（　ウ　）基が生じる。このようにしてできた<u>強酸性の官能基を多くもつ高分子化合物は，陽イオン交換樹脂として利用できる</u>。

(1)　文章中の空欄（　ア　）〜（　ウ　）にあてはまる適切な語句を答えなさい。

(2)　文章中の下線部について，陽イオン交換樹脂10.0gを直径1〜2mmの粒子状にし，これを1.00mol/Lの水酸化ナトリウム100mL中に入れ，十分な時間をかけて反応を完了させた。反応完了後の溶液を10.0mL取り出し，0.200mol/Lの希硫酸で滴定したところ，12.0mLを要した。すべての反応が完全に行われたとして，この陽イオン交換樹脂1gあたり何molの（　ウ　）基が存在するか。計算過程も示したうえで，有効数字2桁で答えなさい。

(☆☆☆◎◎◎)

【7】次の文章を読んで，あとの各問いに答えなさい。

　分子式が$C_{15}H_{19}NO_3$である有機化合物Aは，分子内にエステル結合およびアミド結合をそれぞれ一つずつもつことがわかっている。

　Aに水酸化ナトリウム水溶液を加えて加熱し，完全に加水分解した後，冷却してからジエチルエーテル(以後エーテルとする)を加え，エーテル層Ⅰと水層Ⅰに分離した。さらに，エーテル層Ⅰからエーテルを蒸発させると，塩基性の化合物Bが得られた。Bは分子式が$C_4H_{11}N$で，分子内にアミノ基と1個の不斉炭素原子をもつことがわかった。

　次に，水層Ⅰに（　あ　）を十分に反応させた後，エーテルを加えると，エーテル層Ⅱと水層Ⅱに分かれた。エーテル層Ⅱからエーテルを蒸発させると，分子式がC_7H_8Oの芳香族化合物Cが得られた。Cに塩化鉄(Ⅲ)水溶液を加えると青色を示した。Cのベンゼン環の水素原子1個を臭素原子に置換した化合物には，2種類の構造が考えられる。

水層Ⅱに塩酸を加えて冷却すると，化合物Dが結晶として析出した。Dは組成式がCHOで表されるジカルボン酸で，加熱しても脱水反応は起こらなかったが，Dの異性体であるEは，加熱すると容易に分子内で脱水反応が起こり，環状の物質に変化した。

(1) 文章中の空欄(あ)に当てはまる物質として最も適当なものを，次の①～⑤のうちから一つ選び記号で答えなさい。

① アンモニア　　　　② 水酸化ナトリウム
③ 炭酸水素ナトリウム　④ 炭酸ナトリウム
⑤ 二酸化炭素

(2) 化合物B中に含まれる窒素は，次の方法で検出することができる。次の文章中の空欄(い)，(う)に適する物質名をそれぞれ答えなさい。

化合物Bを水酸化ナトリウムとともに加熱すると，気体が発生する。この気体に濃い(い)をつけたガラス棒を近づけると白煙を生じる。これより，化合物Bに窒素原子が含まれていることがわかる。なお，この白煙は(う)という物質の細かい結晶である。

(3) 化合物C，Dの物質名をそれぞれ答えなさい。

(4) $C_4H_{11}N$の分子式をもつ化合物の構造異性体は，アルキル基をR_1，R_2，R_3で表すと，次の①～③のいずれかに分類される。

① R_1-NH_2　　② R_1-NH-R_2　　③ R_1-N-R_2
　　　　　　　　　　　　　　　　　　　　$|$
　　　　　　　　　　　　　　　　　　　R_3

①～③に分類される構造異性体は，化合物Bを含めてそれぞれ何種類あるか答えなさい。

(5) 化合物A，Bの構造式をそれぞれ示しなさい。

(☆☆☆◎◎◎)

【生物】

【1】次の文章を読み，各問いに答えなさい。

生物の基本単位は細胞である。ほとんどの細胞は，小さくて肉眼では見えない。細胞の存在は，顕微鏡による観察によって明らかになっ

た。　ア　は，自作の顕微鏡で薄切りにしたコルク片の中に小さな部屋のように見える構造を発見し，cell(細胞)と名付けた。19世紀になって，植物学者の　イ　と動物学者　ウ　は，生物の基本構造単位は細胞であるという細胞説を提唱した。病理学者の　エ　は，「細胞は既存の細胞から生じる。」と主張した。

問1　上の文中の　ア　～　エ　に適当な人名を入れなさい。

問2　次の図は，電子顕微鏡で見た動物細胞および植物細胞の構造を，模式的に示したものである。

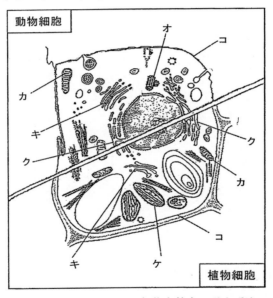

(1)　図中のオ～ケについて，その名称を答え，それぞれのおもなはたらきや特徴として最もよくあてはまるものを次の①～⑩から1つずつ選び，番号で答えなさい。

①　細胞分裂に関係する。

②　物質の分泌に関係する。

③　生命活動の根幹をなし，遺伝物質を含む。

④　発酵(嫌気呼吸)の場である。

⑤ 呼吸(好気呼吸)の場であり，多量のATPを生産する。

⑥ 糖，有機酸，無機イオン，アントシアンなどを貯蔵する。

⑦ セルロースを主成分とする。

⑧ 光合成を行う。

⑨ 物質の輸送に関係している。

⑩ タンパク質合成の場である。

(2) 図中のコを介した物質輸送について，次の各問いに答えなさい。

① コを介した物質輸送のうち能動輸送の特徴について，「濃度勾配」という語句を用いて，説明しなさい。

② コを介した物質輸送に関わるチャネルと担体について，これらの違いと共通点を説明しなさい。

③ コの構造や機能を研究するための材料として，ヒトの赤血球が用いられてきた理由を説明しなさい。

(☆☆☆☆◎◎◎)

【2】次の〔Ⅰ〕と〔Ⅱ〕の文章を読み，各問いに答えなさい。

〔Ⅰ〕 免疫反応は，個体の発生の過程で免疫機構が完成されると，生体外由来の物質であれ生体内由来の物質であれ，それらが　a　と認識されたときに初めて起こる反応である。抗体による免疫のしくみを　b　というが，抗体の生産に関して次のことが知られている。

あるマウスに，これまでに侵入したことがない抗原Aを8週間あけて2度注射した。抗原Aを2回目に注射したとき，これまでに侵入したことがない抗原Bも同時に注射した。それぞれの抗原に対して　c　中に含まれる抗体の生産量を調べたところ，次の図のような結果が得られた。

抗体を直接生産するのは　d　で，図中のアは，この細胞が抗体を生産すると同時に，その一部が　e　となり　f　が成立していることを示している。図中のイは，抗体はそれぞれの抗原に　g　に対応しており，ある抗原に対して獲得した　f　は別の

抗原に対しては効果のないことを示している。

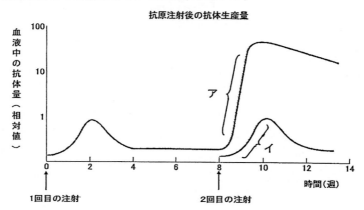

抗原注射後の抗体生産量

〔Ⅱ〕　マウスを使って行われた次のような実験がある。2種類の遺伝的に形質の異なる α 系と β 系のマウスを用いて，α 系の生まれたばかりの個体を2群に分け，一方の群には α 系のすい臓細胞を，他方の群には β 系のすい臓細胞をそれぞれ注射した。成熟後それぞれの群に β 系の皮膚を移植したところ，α 系のすい臓細胞を注射された群は拒絶反応を示した。β系のすい臓細胞を注射された群には皮膚が生着した。

問1　〔Ⅰ〕の文の　a　～　g　にあてはまる適当な語を次の語群より選び，番号で答えなさい。

〔語群〕

① 生体防御　　② 自己　　　　③ 非自己
④ アレルギー　⑤ 自己免疫　　⑥ 移植免疫
⑦ 体液性免疫　⑧ 血液　　　　⑨ 血清
⑩ 血球　　　　⑪ リンパ球　　⑫ B細胞
⑬ A細胞　　　⑭ マクロファージ ⑮ 記憶細胞
⑯ 免疫　　　　⑰ 免疫記憶　　⑱ 特異的

問2　抗体は何というタンパク質でできているか，その名称を答えなさい。

問3　抗原Aに対する1回目の抗体を生産する反応における樹状細胞の役割を説明しなさい。

問4　抗体は，特定の抗原に結合する。また，体内に侵入する抗原の種類は膨大な数にのぼる。どのようにして膨大な数の抗原に対する抗体を生産できるのか，そのしくみを説明しなさい。

問5　分子量150000のある抗体が結合する抗原の分子数を50000，抗体と結合できる抗原分子の結合部位は1カ所のみであるとすると，この抗体0.45mgが結合できる抗原の最大量は何mgか。

問6　拒絶反応を起こすリンパ球の名称と，それによる免疫の名称を答えなさい。

問7　〔Ⅱ〕の下線部について，β系のマウスのすい臓細胞を注射された群が，拒絶反応を示さない理由を簡潔に答えなさい。

(☆☆☆◎◎◎)

【3】次の文章を読み，各問いに答えなさい。

　　ドイツの研究者　 a 　らは，色の異なる2種類のイモリの初期 b 　胚を用い，一方の胚の　 c 　を切り取り，他方の胚の将来腹側になる部分に移植した。その結果，移植片を受け取った胚(宿主胚・一次胚)の裏側に二次胚ができた(図1)。また，図1中のX－Yの断面図である図2のように，移植片がいろいろな組織・器官を形成させていることがわかった。このような結果から，　 c 　のようなはたらきをする部分を　 d 　と呼び，胚の特定の部分がまわりの部分に働きかけて分化を引き起こす作用を　 e 　と呼んだ。

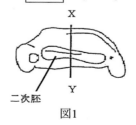

二次胚

図1

299

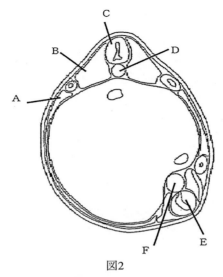

図2

問1　文中の　a　～　e　に適当な語を入れなさい。

問2　図2中のA～Dの名称を答えなさい。

問3　図2の二次胚について，正しいものを次のア～オからすべて選び，記号で答えなさい。

　　ア　図2のEはおもに移植片の細胞から生じた構造である。

　　イ　図2のFは移植片の細胞から生じた構造である。

　　ウ　二次胚に生じた網膜は移植片の細胞から生じた構造である。

　　エ　二次胚に生じた水晶体は宿主の細胞から生じた構造である。

　　オ　二次胚に生じた角膜は移植片の細胞から生じた構造である。

問4　原腸胚の後期になると胚の内側へ陥入していく部分は中胚葉になり，卵黄に富む部分は陥入に伴い胚の内部に包み込まれ，内胚葉になる。陥入しないで外側を覆う細胞が外胚葉になる。この過程で中胚葉を誘導するしくみを調べるため，以下の実験を行った。

　　〔実験1〕　胞胚の予定外胚葉領域Aと予定内胚葉領域Bを図3中の点線部分で切り出し，単独で培養した場合，それぞれ外胚葉由来，内胚葉由来の組織へと分化した。しかし両者を接着して

培養すると，予定外胚葉領域から中胚葉組織が分化した。

〔実験2〕 中胚葉を誘導するタンパク質 α を，図3中の点線部分で切り出した胞胚の予定外胚葉領域Aに加えて培養した。タンパク質 α を加えない場合は，予定外胚葉領域Aは外胚葉組織に分化したが，加えた場合は中胚葉組織に分化した。

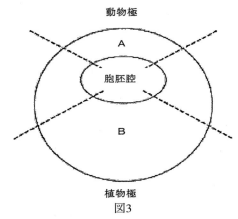

動物極

A

胞胚腔

B

植物極

図3

これらの実験から，どのようなしくみで予定外胚葉領域Aが中胚葉組織へ誘導されると考えられるか，説明しなさい。

問5 ES細胞とiPS細胞に関する次の文章を読み，下の問いに答えなさい。

ほ乳類の初期胚である胚盤胞から，将来のからだのもとになる内部細胞塊を取り出し，多分化能と分裂能を維持したまま培養細胞として確立したものがES細胞である。ES細胞は，培養液の組成を変えることで，筋肉，骨，皮膚などの様々な細胞に分化させることができる。

一方，iPS細胞は，皮膚や腸などの細胞に特定の遺伝子を導入することで作製された細胞であり，ES細胞と同じように様々な細胞をつくる能力をもっているので，近い将来に再生医療への応用が期待されている。

(1) 再生医療を行う際にiPS細胞を用いる利点を，ES細胞を用いる

　　場合と比べて説明しなさい。
　(2)　iPS細胞を用いて再生医療を行う際に生じる問題点を説明しな
　　　さい。

(☆☆☆◎◎◎)

【４】次の文章を読み，各問いに答えなさい。

　　モノアラガイの殻の巻き方には，右巻きと左巻きがあり，右巻きの
　遺伝子Rは，左巻きの遺伝子rに対して優性である。この遺伝子は核内
　にあり，メンデルの法則に従って遺伝する。しかし，殻の巻き方は受
　精卵の1回目の核分裂によって決まり，受精卵の細胞質にある雌親の
　遺伝子の影響を受けるため，子の殻の巻き方は雌親の遺伝子に支配さ
　れ，結果的に1代ずつ遅れて発現することになる。このような遺伝は，
　遅滞遺伝と呼ばれている。
　　このモノアラガイについて，右巻きの優性ホモの個体と左巻きの劣
　性ホモの個体を両親(P)として交配すると，雑種第1代(F_1)の殻の巻き方
　は全て左巻きとなった。この交配で得られたF_1以降の各世代で，同じ
　遺伝子型を持つ雌雄どうしをそれぞれの個体数の比に応じて交配させ
　て次の世代の子孫(F_2，F_3，F_4)をえるものとする。
　問1　Pの雌親の遺伝子型とF_1の遺伝子型を答えなさい。
　問2　F_2の遺伝子型と表現型のそれぞれの比を答えなさい。
　問3　F_3の遺伝子型と表現型のそれぞれの比を答えなさい。
　問4　F_4の表現型の比を答えなさい。
　問5　右巻き，左巻きのそれぞれの個体について遺伝子型を全て答え
　　　なさい。

(☆☆◎◎◎◎)

【５】呼吸商の値は，呼吸基質によって異なるため，体内で呼吸に使われ
　ている物質を知る手がかりとなる。次の各問いに答えなさい。
　問1　炭水化物の一種であるグルコース($C_6H_{12}O_6$)，タンパク質を構成す
　　　るアミノ酸の一種であるバリン($C_5H_{11}O_2N$)，脂肪を構成する脂肪酸

の一種であるパルミチン酸($C_{16}H_{32}O_2$)が好気呼吸によって酸化される反応は，それぞれ次の化学反応式で表される。

炭水化物　　$C_6H_{12}O_6+($　①　$)O_2+6H_2O→($　②　$)CO_2+12H_2O$
　　　　　　(グルコース)

タンパク質　$C_5H_{11}O_2N+6O_2→5CO_2+4H_2O+$ 　a

　　　　　　(バリン)

脂肪　　　　$C_{16}H_{32}O_2+23O_2→($　③　$)CO_2+16H_2O$
　　　　　　(パルミチン酸)

(1)　化学反応式中の空欄(　①　)〜(　③　)に当てはまる数値を答えなさい。

(2)　化学反応式中の空欄 　a　 に入る，適当な化学式を答えなさい。

(3)　タンパク質の呼吸商を小数第二位まで求めなさい。

問2　トウゴマの発芽種子の呼吸商の値を調べるために，図1のような実験装置を用いて，下の方法により実験を行い，表のような結果を得た。

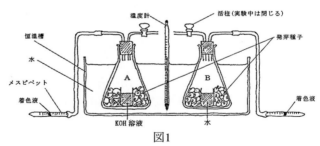

図1

〔方法〕

　三角フラスコA，Bにトウゴマの発芽種子をそれぞれ同量ずつ入れ，一定時間後にメスピペット内の着色液の動きから各フラスコ内の気体の減少量を測定する。

〔結果〕

表　各フラスコ内における気体の減少量

フラスコ	トウゴマ
A　発芽種子，KOH溶液	1124mm³
B　発芽種子，水	326mm³

(1)　この実験でKOH溶液を使う理由を答えなさい。

(2)　この実験を行う時には，図1の実験装置のように温度を一定に保つ必要がある。その理由を答えなさい。

(3)　表の実験結果からトウゴマの発芽種子の呼吸商を小数第二位まで求め，トウゴマの発芽種子が呼吸基質としておもに利用しているものを，炭水化物，タンパク質，脂肪の中から1つ選び答えなさい。

問3　様々な生物の呼吸商に関する次の文章について，①と③には適当な語句をa，bより選び，記号で答えなさい。また，②には適当な数値を答えなさい。

　　呼吸商が1より（①　a　大きい　　b　小さい）場合は，好気呼吸以外にアルコール発酵も行っている。植物食性動物の呼吸商は，呼吸基質が炭水化物なので（　②　）に近い。ただし，飢餓状態になると自らの筋肉であるタンパク質を呼吸基質として使い始めるので呼吸商が（③　a　大きく　　b　小さく）なる。

問4　トウモロコシの種子の発芽後の時間と呼吸商の関係を調べたら，図2のような結果となった。種子の呼吸商が発芽初期の40時間後に約0.78と低くなっている。このことから考えられることを答えなさい。

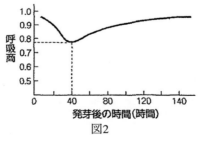

図2

（☆☆☆◎◎◎）

【6】次の文章を読み，各問いに答えなさい。

多くの動物は，自由に動き回って食物をとり，生命活動のエネルギーを獲得している。一方，植物は，（　ア　）によってエネルギーを得ており，動物のようには移動しない。このような植物は，生育場所の環境変化に応じて形態などを変化させることで成長や生殖を行っている。

多くの種子植物では，適度な（　イ　）や（　ウ　）などがある環境下では，種子の休眠が破られて発芽する。芽ばえにおいては，（　ア　）を行って有機物を合成することで，新たな葉，芽，茎をつくるなどの形態形成が行われる。その結果，植物体を構成するファイトマーの数はふえていく。植物のこのような成長を（　エ　）という。

一方，植物は，日長や温度などの環境要因の季節的な変化に応じて，（　エ　）を続けていた茎頂を花芽に分化させ，開花受粉後，種子を形成する。この過程は（　オ　）と呼ばれる。

植物の（　エ　）や（　オ　）は，植物体内の特定の部位で合成される物質によって調節されている。このような物質を植物ホルモンという。

問1　文中の空欄（　ア　）～（　オ　）にあてはまる適当な語句を答えなさい。

問2　日長の長短の周期的変化に反応する性質を何というか，答えなさい。

問3　下線部に関して，次の表中の（　A　）～（　D　）の空欄にあてはまるホルモンの名称を答えなさい。

表　ホルモンとそのおもなはたらき

ホルモン	おもなはたらき
（　A　）	・果実の成熟促進　　・気体の植物ホルモン ・器官の脱落（離層の発達）促進　　・落葉，落果の促進
（　B　）	・気孔を閉鎖　　・休眠誘導
（　C　）	・わい性植物の成長促進　　・長日植物の花芽分化促進 ・種なしブドウの単為結実の誘導　　・発芽促進
（　D　）	・病原菌の感染に抵抗性を示す

問4　植物の側芽や頂芽の成長には頂芽優勢という現象が見られる。この頂芽優勢について，関係する植物ホルモンの名称をあげて説明しなさい。

問5　次の①〜⑥の植物の運動を，膨圧運動と成長運動に分類し，記号で答えなさい。

①　チューリップの花の開閉運動

②　気孔の開閉

③　アサガオが支柱に巻き付く

④　オジギソウは接触により葉を閉じる

⑤　ネムノキの就眠運動

⑥　タンポポの花の開閉

問6　植物における環境への対応には，屈性と傾性がある。両者の違いを説明しなさい。

(☆☆☆◎◎◎)

解答・解説

中　学　理　科

【1】1　①　カ　②　エ　③　キ　④　ケ　⑤　オ　⑥　イ
　　2　①　カ　②　イ　③　オ　④　キ

〈解説〉1　教科の目標は，非常に重要なので，学習指導要領だけではなく，学習指導要領解説もあわせて理解するとともに，用語などもしっかり覚えておきたい。　2　該当箇所を読み込むこと。

【2】1　(1)　2〔J〕　　(2)　0.79〔m/s〕　　(3)　エ

(4)

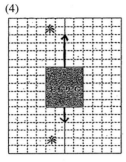

(5)　イ　　2　(1)　5.0〔m〕　　(2)　①　7.0〔m〕　　②　4.9〔m〕

(3)　①　19.6〔m〕　　②　58.8〔m〕

〈解説〉1　(1)　力がする仕事は，「仕事＝力の大きさ〔N〕×移動距離〔m〕」で表される。おもりの質量は400gだから，おもりにはたらく重力の大きさは4Nである。手で糸を引くとき一定の速さになっていることから，おもりにはたらく鉛直方向の力はつり合っている。したがって，鉛直上向きにはたらく張力の大きさは重力の大きさと等しく4Nである。以上より，引く力がした仕事は4×0.5＝2〔J〕となる。

(2)　記録タイマーは1秒間に60回の点を打つものなので，打点と打点の間隔は$\frac{1}{60}$秒である。したがって，6打点のテープは$\frac{1}{60}×6＝\frac{1}{10}＝$0.1〔秒〕の時間がかかっている。平均の速さは距離を時間で割ればよいから，7.9〔cm〕÷0.1〔s〕＝79〔cm/s〕＝0.79〔m/s〕となる。

(3)　おもりが床に着くと，糸がゆるむので張力は発生しない。台車に水平方向にはたらく力はないので，台車は慣性により等速度運動を行う。等速度運動を行っているときは，テープの長さは等しくなる。テープGのときに床に着いたとすれば，テープGの長さはテープHより短くなるはずである。よって，テープFになる。　(4)　おもりbとおもりcの間の糸にはたらく張力の大きさをT〔N〕，おもりcと台車の間の糸にはたらく張力の大きさをS〔N〕とする。おもりbにはたらく鉛直方向の力は，下向きに重力2Nと上向きに張力T〔N〕である。これらがつり合っているので，$T＝2$〔N〕である。おもりcにはたらく鉛直方向の力は，下向きに重力2Nと張力T〔N〕，上向きに張力S〔N〕である。

これがつり合っているので，$S=2+T=2+2=4$〔N〕となる。

(5)　自由落下運動では，おもりの重さは関係ないので，$x=y$となる。

2　(1)　時間をtとし，投げ下ろした位置を原点として鉛直下向きにy軸をとれば，小球の位置の式は$y=0.1t+\dfrac{1}{2}\times9.8\times t^2$となる。これに$t=1.0$を代入して，$y=0.1\times1.0+4.9\times(1.0)^2=5.0$〔m〕となる。

(2)　①　小球にはたらく力は重力だけであり，水平方向に力ははたらかない。よって，水平方向には等速度運動を行う。速さに時間をかければよいから，$7.0\times1.0=7.0$〔m〕となる。　②　小球には鉛直下向きに重力がはたらくので，鉛直方向には等加速度運動を行う。(1)と同様に軸をとれば，y軸方向の位置の式は$y=\dfrac{1}{2}\times9.8\times t^2$とかける。$t=1.0$を代入して，$y=4.9\times(1.0)^2=4.9$〔m〕となる。　(3)　①　小球の初速度の向きと地面のなす角をθとする。時間をt，投げた位置を原点として水平方向にx軸，鉛直上向きにy軸をとる。水平方向の位置の式は，$x=24.5t\cos\theta$　…（ア），鉛直方向の位置の式は，$y=24.5t\sin\theta-\dfrac{1}{2}\times9.8\times t^2$　…（イ）となる。また，鉛直方向の速度をv_yとすると，$v_y=24.5\sin\theta-9.8t$　…（ウ）とかける。小球は放物運動を行うので$t=2.00$のときに最高点に達し，そのとき$v_y=0$となる。（ウ）より，$0=24.5\sin\theta-9.8\times2.00$となり，これを解いて$\sin\theta=\dfrac{4}{5}$を得る。また，三角比の公式より$\cos\theta=\sqrt{1-(\sin\theta)^2}=\dfrac{3}{5}$となる。（イ）にこれらの値を代入して，$y=24.5\times2.00\times\dfrac{4}{5}-4.9\times(2.00)^2=19.6$〔m〕となる。

②　（ア）より，$x=24.5\times4.00\times\dfrac{3}{5}=58.8$〔m〕となる。

【3】1　(1)　主要動　　(2)　イ，エ　　(3)　7.2〔km/秒〕　　(4)　イ
(5)　ア，エ　　2　①　ウ　②　エ　③　ア　④　ク
⑤　キ

〈解説〉(1)　ゆれYを主要動といい，地震波のS波(横波)によってゆれる。なお，ゆれXは地震波のP波(縦波)によるゆれを表している。　(2)　初期微動継続時間は震源距離に比例するので，長くなるとその距離が大きいことになる。一般に震央を中心とした同心円状に同じ震度の地域

が分布しており，距離が大きくなると震度は小さくなる。よってアは誤りである。震度は各地のゆれの程度を表すものなので，震央が分からなくても決められる。よってイは正しい。マグニチュードは震央から100kmにおかれた標準地震計の最大振幅より決められる。このため，震央からの距離が分からないと，マグニチュードは決定できないので，ウは誤りである。ある地点での地震動の強さを震度といい，気象庁の震度階級によって，震度0から震度7まで10段階で表せる(震度5および6は強，弱の2段階設定されている)。よって10段階に分けられるので，エは正しい。　(3)　ゆれXは地震波のP波によって起こる地震動なので，P波速度を求めさせる問題。A－B地点間79kmを11秒で伝わっているので，速度は7.1818…〔km/秒〕，B－C地点間43kmを6秒で伝わっているので，この間の速度は7.1666…〔km/秒〕，A－C地点間122kmを17秒で伝わっているので，速度は7.176…〔km/秒〕となる。いずれの区間でも小数第2位を四捨五入して小数第1位まで求めると，7.2〔km/秒〕となる。　(4)　P波速度をV_P，S波速度をV_S，初期微動継続時間をTとおくと，震源距離Dは，$D = \dfrac{V_P \cdot V_S}{V_P - V_S} \times T$で表せる。ここで表より$V_S$を(3)の方法で求めると，約3.8〔km/秒〕となるので，$V_P = 7.2$〔km/秒〕，$T = 15$〔秒〕を代入すると，$D = 120.70…$〔km〕を得る。　(5)　日本周辺では，海のプレートが沈み込むときに陸のプレートを地下へ引きずり込んでいる。陸のプレートが引きずりに耐えられなくなり，跳ね上げられるように起こるのがプレート境界の地震なので，地震時に土地の隆起，沈降を伴う。よってアは正しい。地震時にP波もS波も同時に発するので，イは誤りである。大陸のプレートと海のプレートでは，大陸のプレートの密度は小さい。このため沈み込むのは太洋のプレートなので，ウは誤りである。活断層とは，最近数十万年間にくり返し活動した証拠のある断層で，今後も活動する可能性が高いと考えられている断層をいう。よってエは正しい。

2　地殻は大陸地殻と海洋地殻に分けられる。大陸地殻は厚く，花こう岩質岩石の上部地殻と，玄武岩質岩石の下部地殻からなる。海洋地殻はほとんど玄武岩質岩石で，厚さは5～10km程度である。地殻より

内側の領域をマントルといい，ケイ酸塩鉱物の岩石からできている。
マントルより内側の領域を核というが，地震波の観測から液体の外核
と，固体の内核に分けられる。

【4】1　(1)　水上置換(法)　　(2)　ア　　(3)　①　2　　②　H₂O
(4)　①　0.18〔g〕　　②　1.06〔g〕　　③　1.68〔g〕
2　(1)　FeS　　(2)　①　物質名…硫黄　　5.6〔g〕　　②　鉄原子：
硫黄原子＝7：4　　3　(1)　Ca，Na　　(2)　Cu，Ag
〈解説〉1　(1)　水上置換法は，水に溶けにくい気体の捕集方法である。
(2)　塩化コバルト紙は，水に触れると青色から赤色に変色する。
(3)　炭酸水素ナトリウムを加熱すると，炭酸ナトリウム，二酸化炭素，
水が生成する。　(4)　①　二酸化炭素の物質量は，$\frac{0.44}{44}$〔mol〕であ
り，水の質量は，反応式から，$18 \times \frac{0.44}{44} = 0.18$〔g〕である。

②　炭酸ナトリウムの質量は，反応式から，$106 \times \frac{0.44}{44} = 1.06$〔g〕で
ある。　③　反応した炭酸水素ナトリウムの質量は，反応式から，
$84 \times 2 \times \frac{0.44}{44} = 1.68$〔g〕である。　2　(1)　鉄と硫黄が反応すると黒
色の硫化鉄が生成する。Fe＋S→FeS　(2)　①　鉄4.2gは$\frac{4.2}{56} = 0.075$
〔mol〕であり，硫黄8.0gは$\frac{8.0}{32} = 0.25$〔mol〕である。したがって，硫
黄が過剰に存在し，残留する硫黄の質量は，$32 \times (0.25 - 0.075) = 5.6$〔g〕
である。　②　鉄4.2gに対して，硫黄は(8.0－5.6)＝2.4〔g〕反応する
ため，その質量比は，4.2：2.4＝7：4となる。　3　(1)　水素よりもイ
オン化傾向が小さい金属は水素を生成するが，常温では，Na，Caだけ
である。　(2)　Cuは，熱濃硫酸や濃硝酸に溶ける。また，Agは，希
硝酸，濃硝酸共によく溶ける。

【5】1　①　イ　　②　ア　　2　アミラーゼ　　3　ウ
〈解説〉1　実験の内容は以下の表のように整理できる。特定の条件につ
いて比較する場合，それ以外の条件は全て統一しなければならない。
①は試験管に加えた溶液の影響について確かめるため，加えた溶液が

異なるが温度条件は同じである試験管Aと試験管Cを比べる。②はだ液の温度による影響を確かめるため，加えた溶液(だ液)は同じで，温度条件が異なる試験管Aと試験管Eを比べる。

試験管	A	B	C	D	E
デンプン溶液に加えた溶液	だ液	だ液	水	水	だ液
加熱温度	40℃	40℃	40℃	0℃	0℃

2 アミラーゼはだ液に含まれる酵素で，デンプンを麦芽糖(マルトース)に分解する。他にも胃液に含まれるペプシン，すい液に含まれるトリプシンやリパーゼなどの酵素もある。ペプシンやトリプシンはタンパク質を分解し，リパーゼは脂肪を分解する。 3 ベネジクト液は青色の試薬である。麦芽糖(マルトース)やブドウ糖(グルコース)が含まれる溶液にベネジクト液を加え加熱すると，溶液の色が赤褐色に変化する。なお，試験管内の溶液を加熱するため，急な突沸を防ぐ沸騰石を入れる必要がある。

【6】1 ① 発生 ② 分化 2 ア，イ，オ 3 イ
〈解説〉1 1つの受精卵から成体を完成させる過程を発生という。同じであった細胞がそれぞれ異なる形態や機能を持つ細胞になることを分化という。発生と分化は混同しやすい用語であるため，リード文のような定義をしっかりと確認しておくこと。 2 重複受精は被子植物で行われる。アのイネ，イのカキ，オのエンドウは被子植物なので，これらを選択する。ちなみに，ウのワラビはシダ植物，エのイチョウは裸子植物である。 3 無性生殖は生物が体の一部が分離し，この分離したものが新しい個体となる生殖のことをいう。子孫を残すときに受精が行われないため，親と全く同じ遺伝子構成となる。よって，ウとエは正しい選択肢である。無性生殖の種類のうち，栄養生殖は植物の根，茎，葉から子が生じる。よってアも正しい選択肢である。他にも，ゾウリムシや大腸菌などが行う分裂やヒドラなどが行う出芽も無性生殖であり，植物以外の生物も行う生殖であるといえる。よってイは誤りである。

高 校 理 科

【物理】

【1】(1)　(ア)　(c)　　(イ)　α崩壊…6回　　β崩壊…4回

(2)　ア　屈折　　イ　散乱　　ウ　干渉　　(3)　(ア)　$[ML^2T^{-3}]$

(イ)　$[MLT^{-1}]$　　(4)　(ア)　$\dfrac{V}{R_1}$　　(イ)　$\dfrac{V}{R_1+R_2}$　　(ウ)　$\dfrac{R_2CV}{R_1+R_2}$

〈解説〉

(1)　(ア)　Thは原子番号90のトリウムである。代表的な天然放射能で、地殻に多く含まれている。トリウム232はα崩壊とβ崩壊を起こし、鉛208になる。　　(イ)　α崩壊は陽子2個、中性子2個のヘリウム原子核を放射する崩壊である。よって、α崩壊では原子番号が2、質量数が4減少する。また、β崩壊は原子核の中性子が陽子に変わり、電子を放出する崩壊である。よって、原子番号が1増加し、質量数は変化しない。トリウム232が鉛208になるまでに、α崩壊をx回、β崩壊をy回起こしたとする。すると、原子番号に着目すれば、$90-2x+y=82$　…①となる。次に質量数に着目すると、$232-4x=208$　…②　となる。②より$x=6$となる。これを①に代入して、$y=4$を得る。

(2)　ア　凸レンズは、レンズの軸に平行に入射した光を1点(焦点)に集める性質がある。これは、凸レンズによって光が屈折されるからである。なお、凹レンズの場合は、光が屈折して広がって進む性質がある。イ　太陽からの光を白色光といい、赤から紫までの色を含んでいる。赤い光ほど波長が長く、紫色に近づくほど波長は短くなる。波長が短い光ほど散乱されやすく、青色や紫色の光は空気中の酸素分子や窒素分子に頻繁に衝突して強く散乱される。したがって、多くの方向から青や紫の光が目に入ることになり、空は青く見える。　ウ　シャボン玉のように薄い液体の膜があるとき、その表面で反射する光と、内部まで透過してから反射する光が干渉する。入射する光が複数の色を含む場合、色によって波長が異なるので干渉条件も異なる。すなわち、膜の厚さの違いによって強め合う色も異なるので、色づいて見える。

(3) (ア) 仕事率は1秒間あたりにする仕事であり，「仕事〔J〕÷時間〔s〕」で表される。仕事は「力〔N〕×移動距離〔m〕」で表され，力は運動方程式より「質量〔kg〕×加速度〔m/s²〕」で表される。これより，仕事率は「質量×加速度×移動距離÷時間」で表すことができるから，次元は，$[M×L×T^{-2}×L×T^{-1}]＝[ML^2T^{-3}]$となる。 (イ) 力積は「力〔N〕×時間〔s〕」で表される。(ア)と同様に力は「質量〔kg〕×加速度〔m/s²〕」で表されるから，力積は「質量×加速度×時間」で表すことができる。よって次元は，$[M×L×T^{-2}×T]＝[MLT^{-1}]$となる。

(4) (ア) スイッチを入れた直後の短時間ではコンデンサーに電流が流れ込み，コンデンサーは充電される。このように，スイッチを入れた直後はコンデンサーに電流が流れるので，ただの導線のように扱って計算してもよい。コンデンサーと抵抗R_1のみの回路になるので，オームの法則より，流れる電流の大きさは$\dfrac{V}{R_1}$となる。 (イ) 十分に時間がたちコンデンサーが充電されると，コンデンサーに電流は流れなくなり，電流は抵抗R_1，R_2のみを流れるようになる。2つの抵抗は直列につながれているので，電流の大きさは等しい。オームの法則より，$\dfrac{V}{R_1＋R_2}$である。 (ウ) コンデンサーと抵抗R_2は並列につながれているので，その両端にかかる電圧は等しい。抵抗R_2の両端にかかる電圧は，$\dfrac{V}{R_1＋R_2}×R_2＝\dfrac{R_2V}{R_1＋R_2}$となる。よって，コンデンサーに蓄えられる電気量は$C×\dfrac{R_2V}{R_1＋R_2}＝\dfrac{CR_2V}{R_1＋R_2}$となる。

【2】(1)

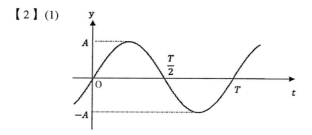

(2)

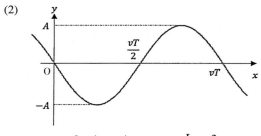

(3) $y = A\sin\dfrac{2\pi}{T}\left(t - \dfrac{x}{v}\right)$　　(4) $\dfrac{L}{4}$, $\dfrac{3}{4}L$

〈解説〉(1)　原点Oの媒質の時間による変位$y = A\sin\dfrac{2\pi}{T}t$より，グラフは振幅が$A$，周期が$T$の正弦曲線であることが分かる。式の位相部分の$\dfrac{2\pi}{T}$は単振動の角振動数を表しており，円運動の一周$2\pi$を周期で割ったものである。　(2)　波の速さは「振動数×波長」で表すことができ，振動数は周期の逆数である。よって，波の波長は「速さ÷振動数＝速さ×周期」で表すことができる。よって，波長はvTとなる。原点Oの媒質の時間による変位が$y = A\sin\dfrac{2\pi}{T}t$と表せるので，原点Oの媒質はまず$y$軸の正の向きに変位する。波形を表すグラフにおいて，その波形を少し右にずらしたとき，原点の媒質が正の向きに変位するためには，グラフは係数が負の正弦曲線にならなければならない。　(3)　波が距離xだけ進むのに$\dfrac{x}{v}$だけ時間がかかる。位置xにある媒質の時刻tにおける変位は，時刻tより$\dfrac{x}{v}$だけ前の，原点Oの媒質の変位に等しい。したがって，位置xにある媒質の時刻tにおける変位は$y = A\sin\dfrac{2\pi}{T}\left(t - \dfrac{x}{v}\right)$と表すことができる。　(4)　題意より，波長は$L$である。自由端または固定端において波が反射すると，入射波と反射波が重なり合い，合成波として定常波ができる。定常波では，媒質が大きく振動する「腹」と，全く振動しない「節」が観察される。腹と腹，節と節の距離はもとの波の半波長になる。自由端では媒質が自由に振動できるため，入射波と反射波の位相は常に等しくなる。よって，強め合う干渉が起き，

定常波の腹になる。以上より, $x=0$, $\dfrac{L}{2}$, Lで腹になり, $x=\dfrac{L}{4}$, $\dfrac{3}{4}L$ で節になる。

【3】(1) $M\alpha = N\sin\theta$

(2) 運動方程式…$m\beta = mg\sin\theta + m\alpha\cos\theta$

力のつりあいの式…$N + m\alpha\sin\theta - mg\cos\theta = 0$

(3) $V_P \cdots \sqrt{\dfrac{2Mgh}{M+m}}$ $V_Q \cdots \sqrt{\dfrac{2m^2gh}{M(M+m)}}$ (4) 物体P…μg

台R…$\dfrac{\mu mg}{M}$ (5) $\dfrac{MV_P^2}{2\mu(M+m)g}$

〈解説〉(1) 台Qは作用・反作用の法則により, 物体Pから大きさがNの垂直抗力を受ける。この垂直抗力を2方向に分解すると, 水平方向は$N\sin\theta$, 鉛直方向は$N\cos\theta$となる。台Qが水平方向に受ける力は$N\sin\theta$だけであり, この力を受けて台Qは動き出す。問題では軸の方向は特に指定していないが, 力の向きと加速度の向きが等しい。よって, $M\alpha = N\sin\theta$となる。 (2) 台Qと一緒に運動している観測者から物体Pを見ると, 台Qには慣性力がはたらく。慣性力の向きは観測者の加速度の向きと逆で, 大きさは「質量×観測者の加速度の大きさ」である。台Qが物体Pから受ける垂直抗力の向きは図の左下の向きであるため, 加速度αは左向きである。したがって慣性力の向きは右向きとなり, 次の図のようにかける。運動方程式は$m\beta = mg\sin\theta + m\alpha\cos\theta$となり, 斜面に垂直な方向の力のつりあいの式は$N + m\alpha\sin\theta = mg\cos\theta$となる。

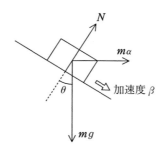

(3)　物体Pが台Qの上をすべっているとき，2物体は内力しか及ぼさず水平方向の外力ははたらいていないため，2物体の水平方向の運動量は保存される。また，摩擦力は発生していないため，すべる前と後で力学的エネルギーは保存される。運動量保存より，$0＝mV_P－MV_Q$となる。この式より，$V_Q＝\dfrac{m}{M}V_P$ …① とかける。次に力学的エネルギー保存より，$mgh＝\dfrac{1}{2}mV_P^2＋\dfrac{1}{2}MV_Q^2$ …② となる。①を②に代入してV_Pを求めれば，$V_P＝\sqrt{\dfrac{2Mgh}{m+M}}$ である。これを①に代入してV_Qを求めれば，$V_Q＝\sqrt{\dfrac{2m^2gh}{M(m+M)}}$ である。　(4)　物体Pが物体Rの上を運動しているとき，物体Pには左向きの動摩擦力が，物体Rには右向きの動摩擦力がはたらく。物体Pの鉛直方向にはたらく力は，上向きに垂直抗力，下向きに重力である。これらがつり合っているので，垂直抗力の大きさは重力の大きさに等しい。よって，物体Pと台Rにはたらく動摩擦力の大きさはμmgとかける。物体Pの加速度をγとすれば，運動方程式は$m\gamma＝－\mu mg$となる。これより，加速度γの大きさはμgである。台Rの加速度をδとすると，運動方程式は$M\delta＝\mu mg$となる。これより，加速度δの大きさは$\dfrac{\mu mg}{M}$ である。　(5)　物体Pが静止したときの2物体が一体となって進む速さをV，求める距離をLとする。物体Pと物体Rにおいて，水平方向には内力しかはたらかず外力ははたらかないので，水平方向の運動量は保存される。運動量保存の式を立てると，$mV_P＝(m+M)V$となるので，$V＝\dfrac{mV_P}{m+M}$ …③ である。物体Pが静止するまでに動摩擦力により熱エネルギーが発生する。このエネルギーを考慮してエネルギー保存の式を立てると，$\dfrac{1}{2}mV_P^2－\mu mgL＝\dfrac{1}{2}(m+M)V^2$となる。この式に③を代入して，$L＝\dfrac{MV_P^2}{2\mu(M+m)g}$ を得る。

【4】(1)　$E＝\dfrac{V}{d}$　(2)　x成分…v　　y成分…$\dfrac{eEl}{mv}$　(3)　$\dfrac{eEl(2L－l)}{2mv^2}$

(4)　向き…⑤　　大きさ…$\dfrac{E}{v}$

〈解説〉(1) 電場は電位の傾きを表しているから，$E=\dfrac{V}{d}$である。

(2) 電子は負の電気量をもつので，電場の向きと逆向きに電気力を受ける。よって力の向きはy軸の正の向きであり，大きさはeEである。よって，y軸方向には初速度が0の等加速度運動をする。x軸方向には力がはたらかないので，速さvの等速度運動をする。2つの運動を合わせると放物運動になる。y軸方向の運動方程式を加速度をaとして立てると$ma=eE$になるので，$a=\dfrac{eE}{m}$ …① である。電子が極板間を通過するのにかかった時間は$\dfrac{l}{v}$だから，極板間を通過するときのy軸方向の速さは$\dfrac{eE}{m}\times\dfrac{l}{v}=\dfrac{eEl}{mv}$ …② になる。また，x軸方向の速さは変わらないのでvである。 (3) まず，電子が極板間を通過したときのy軸方向の位置を求める。①より，y軸方向の位置は$y=\dfrac{eE}{2m}t^2$とかける。これに$t=\dfrac{l}{v}$を代入して，$y=\dfrac{eEl^2}{2mv^2}$ …③ となる。電子が極板間を通過したあとは電気力ははたらかないので，電子はx軸方向とy軸方向ともに速さは変化せず，等速直線運動を行う。極板間を通過してから蛍光面に当たるまでの時間は$\dfrac{L-l}{v}$ …④ である。この間にy軸方向に進む距離は②と④より$\dfrac{eEl}{mv}\times\dfrac{L-l}{v}=\dfrac{eEl(L-l)}{mv^2}$となる。これと③を足せばよいから，$\dfrac{eEl^2}{2mv^2}+\dfrac{eEl(L-l)}{mv^2}=\dfrac{eEl(2L-l)}{2mv^2}$である。

(4) 運動している電荷は，磁場よりローレンツ力を受ける。その向きは，電荷が進む向きから磁場の向きに右ねじを回したときに，ねじが進む方向である。電子のように負電荷の場合は向きが逆になる。右ねじは，頭から見て時計回りに回すと奥に進み，反時計回りに回すと手前に戻るねじのことである。電子がx軸上を直進するには，電場から受ける力と逆向きにローレンツ力がかかればよい。電子が負電荷であることに注意して向きを考えると，磁場が紙面の表から裏の向きにかかれば，電子にはたらくローレンツ力の向きはy軸方向の負の向きになる。また，ローレンツ力の大きさは「電気量×速さ×磁束密度の大きさ」で表すことができる。磁束密度の大きさをBとすると，電気力と

のつり合いの式は$eE=evB$となる。よって，$B=\dfrac{E}{v}$である。

【化学】

【1】(1)　3　　(2)　4，5　　(3)　1，3　　(4)　1，5　　(5)　3

〈解説〉(1)　接触法は，触媒として酸化バナジウムを用いて，二酸化硫黄を三酸化硫黄とし，これを希硫酸に吸収させて濃硫酸を生成する。　(2)　焼きセッコウは，硫酸カルシウムの$\dfrac{1}{2}$水和物である。ポリエステルは，合成繊維である。再生繊維は，木材やパルプ，ペットボトルから再生した繊維である。　(3)　二酸化ケイ素は，正四面体のダイヤモンド型結晶構造を有する共有結合性結晶を形成する。十酸化四リンは，分子性結晶を形成し，昇華性がある。　(4)　原子が結合して分子を形成する反応は，発熱反応である。これは，原子の状態よりも結合を形成した分子の状態の方が安定化するためである。　(5)　分子内に不斉炭素がある場合に光学異性体が存在する。不斉炭素は，炭素原子に結合する四つの官能基が全て異なる。

【2】(1)　あ　2　　い　2　　う　4　　(2)　水分子のO原子の周りの4組の電子対は正四面体構造をとるので，分子の構造は折れ線型となり，結合角は109.5°になると考えられる。しかし，共有電子対どうしの反発力は，非共有電子対どうしの反発力よりも弱いため，結合角は109.5°より小さくなる。

〈解説〉(1)　酸素原子の最外殻電子は6つであり，その内，4つの電子が対になって2つの非共有電子対を形成し，残りの2つの電子が水素原子の1つの電子と共有電子対を形成する。　(2)　解答参照。

【3】(1)　ア　赤紫　　イ　無　　ウ　赤紫　　(2)　④

(3)　$2MnO_4^- + 5C_2O_4^{2-} + 16H^+ \rightarrow 2Mn^{2+} + 10CO_2 + 8H_2O$

(4)　操作Ⅰのときの未反応の$KMnO_4$水溶液をxmLとすると

$$1.25 \times 10^{-2} \times \dfrac{10}{1000} \times 2 = 5.00 \times 10^{-3} \times \dfrac{x}{1000} \times 5 + 5.00 \times 10^{-3} \times \dfrac{3}{1000} \times 5$$

$x = 7.0$mL　　よって，試料水100mLの有機物を酸化するために要した

$KMnO_4$は$5.00 \times 10^{-3} \times \dfrac{10.0-7.0}{1000} = \dfrac{15}{1000} \times 10^{-3}$mol　　これを，試料水1L中に含まれる有機物を酸化するのに要するO_2に換算すると

$\dfrac{15}{1000} \times 10^{-3} \times \dfrac{1000}{100} \times 1.25 \times 32 \times 1000 = 6.0$mg　　答　6.0mg/L

〈解説〉(1)　過マンガン酸イオン(MnO_4^-)は赤紫色であるが，マンガン(Ⅱ)イオン(Mn^{2+})は無色である。したがって，還元剤であるシュウ酸を含む水溶液(無色)に過マンガン酸イオンを含む水溶液を滴下すると，当量点で溶液の色が無色から赤紫色に変化する。　(2)　反応式から，過マンガン酸イオン(MnO_4^-)1molを還元する(酸化剤として作用する)ためには5molの電子が必要であるのに対して，酸素(O_2)1molを還元する(酸化剤として作用する)ためには4molの電子が必要である。したがって，酸化剤として過マンガン酸イオンの代わりに酸素を使用する場合，必要な酸素の物質量は$\dfrac{5}{4} = 1.25$〔mol〕である。　(3)(4)　解答参照。

【4】(1)　容器1内のH_2とO_2の分圧は $P_{H_2} = 3.60 \times 10^5 \times \dfrac{1}{6} = 6.0 \times 10^4$Pa

$P_{O_2} = 3.60 \times 10^5 \times \dfrac{5}{6} = 3.0 \times 10^5$Pa

$$2H_2 \ + \ O_2 \ \rightarrow \ 2H_2O$$

反応前	0.6	3.0	0	$\times 10^5$Pa
変化量	−0.6	−0.3	+0.6	$\times 10^5$Pa
反応後	0	2.7	0.6	$\times 10^5$Pa

0.6×10^5Paは水の飽和蒸気圧3.50×10^3Paよりも大きいので液体の水が存在する。よって容器1内の圧力P_1は$P_1 = 2.70 \times 10^5 + 3.50 \times 10^3 = 2.735 \times 10^5$Pa　　答　2.74×10^5Pa

(2)　容器内のO_2の分圧P_{O_2}'はボイルシャルルの法則より

$\dfrac{2.70 \times 10^5 \times V}{300} + \dfrac{3.00 \times 10^4 \times 3V}{300} = \dfrac{P_{O_2}' \times 4V}{400}$　　$P_{O_2}' = 1.20 \times 10^5$Pa

水がすべて気体になったと仮定すると $\dfrac{6.0 \times 10^4 \times V}{300} = \dfrac{P_{H_2O}'' \times 4V}{400}$

$P_{H_2O}'' = 2.00 \times 10^4$Pa　これは127℃の飽和蒸気圧$2.0 \times 10^5$Paよりも小さいので，水はすべて気体として存在する。よって，容器内の圧力は

$P = 1.20 \times 10^5 + 2.00 \times 10^4 = 1.40 \times 10^5$Pa　　答　1.40×10^5Pa

〈解説〉(1)(2)　解答参照。

【5】(1)　あ　3　　ア　正六角　　イ　分子間(ファンデルワールス)

(2)　−173〔kJ/mol〕　　　(3)　ウ　$[CO_2]$　　エ　$[CO]^2$

い　$2.0×10^{-2}$　　　(4)　COの濃度を$x$mol/L，CO_2の濃度を$y$mol/Lとする

と$\dfrac{[CO]^2}{[CO_2]}=2.0×10^{-2}$mol/Lより$\dfrac{x^2}{y}=2.0×10^{-2}$　…　①

$(x×10)+(y×10×2)=0.10×2$　　$10x+20y=0.2$　…　②

①②より$10x+20×\dfrac{x^2}{2.0×10^{-2}}=0.2$　　$x^2+(1.0×10^{-2})x-2.0×10^{-4}=0$

$(x-1.0×10^{-2})(x+2.0×10^{-2})=0$　　$x>0$より$x=1.0×10^{-2}$

①より$y=5.0×10^{-3}$　　う　$1.0×10^{-2}$〔mol/L〕　　え　$5.0×10^{-3}$

〔mol/L〕　　(5)　I　移動…左　　理由…圧力を高くすると，減圧の方

向すなわち分子数が減少する方向に平衡が移動するから左へ移動す

る。　　　II　移動…×　　理由…体積一定のもとでアルゴンを加えて

も，容器内のCO，CO_2の分圧は変化しないから，平衡は移動しない。

〈解説〉(1)　炭素原子の4個の価電子のうち3個を用いて共有結合を形成

すると，六角形の環状構造が二次元的に連なった平面構造が得られる。

黒鉛の場合，各平面構造が分子間力で重なり合って積層構造を形成す

る。また，炭素原子の4個の価電子うち4個を用いて共有結合を形成す

ると，正四面体構造が三次元的に拡張した構造が得られる(ダイヤモン

ド)。　　(2)　(c)−(d)から，$2C-2CO=2CO-2CO_2-345$〔kJ/mol〕

$2CO_2+2C=4CO-345$〔kJ/mol〕　　よって，$CO_2+C=2CO-172.5$

〔kJ/mol〕となるので，−173kJ/mol　　(3)　式(e)，(f)，(h)から，$K_3=$

$\left(\dfrac{K_1}{K_2}\right)^{\frac{1}{2}}=\left(\dfrac{8.0×10^{18}}{2.0×10^{22}}\right)^{\frac{1}{2}}=2.0×10^{-2}$〔mol/L〕である。　　(4)　解答参照。

(5)　ルシャトリエの原理から，圧力を高くすると，体積が減少する方

向に平衡が移動する。また，反応に関与しないアルゴンを加えても分

圧に変化がないために平衡に影響を与えない。

【6】(1)　ア　共重合　　イ　架橋　　ウ　スルホ

(2)　陽イオン交換樹脂1gあたりスルホ基が$x$mol存在するとする

$$R-C_6H_4-SO_3H \ + \ NaOH \ \rightarrow \ R-C_6H_4-SO_3Na \ + \ H_2O$$
$$2NaOH \ + \ H_2SO_4 \ \rightarrow \ Na_2SO_4 \ + \ 2H_2O$$
$$x \times 10.0 + 0.200 \times \frac{12.0}{1000} \times 2 \times \frac{100}{10.0} = 1.00 \times \frac{10.0}{1000} \times 1 \times \frac{100}{10.0}$$
$$x + 4.8 \times 10^{-3} = 1.0 \times 10^{-2} \qquad x = 5.2 \times 10^{-3} \qquad 答 \quad 5.2 \times 10^{-3} \, mol$$

〈解説〉(1)(2) 解答参照。

【7】(1) ⑤　(2) い　塩酸　う　塩化アンモニウム　(3) C　p-クレゾール　D　フマル酸　(4) ① 4　② 3　③ 1

(5) A

CH₃-CH₂-CH-N-C-CH=CH-C-O-〈 〉-CH₃（構造式）

B　CH₃－CH₂－CH－CH₃（NH₂）

〈解説〉(1) 解答参照。　(2) エステル基とアミド基が加水分解され，化合物B，C，Dが形成される。化合物Bは，塩基性であり$C_4H_{11}N$の分子式であることから脂肪族アミン(ブチルアミン)である。これを水酸化ナトリウムとともに加熱するとアンモニアが生成し，アンモニアを塩酸と接触させると塩化アンモニウムが生成する。　(3) 化合物Cは，分子内にメチル基(CH_3)とフェノール性OH基を含み，2種類の臭素置換体を与えることから，CH_3基とOH基をp位に有するp-クレゾールである。また，化合物Dは，2個のカルボン酸を含むジカルボン酸であり，分子内の脱水反応により環状化合物を与えないことからトランス型のフマル酸である。　(4) R_1-NH_2は，$R_1 = CH_3-CH_2-CH_2-CH_2-$，$CH_3-CH(CH_3)-CH_2-$，$CH_3-CH_2-CH(CH_3)-$，$CH_3-C(CH_3)_2-$の4種類。$R_1-NH-R_2$は，$R_1 = CH_3-CH_2-CH_2-$と$R_2 = CH_3-$，$R_1 = R_2 = CH_3-CH_2-$，$R_1 = CH_3-CH(CH_3)-$と$R_2 = CH_3-$の3種類。$R_1-N(R_3)-R_2$は，$R_1 = CH_3-CH_2-$，$R_2 = R_3 = CH_3-$の1種類。　(5) 解答参照。

【生物】

【１】問１　ア　フック　　イ　シュライデン　　ウ　シュワン　
エ　フィルヒョウ　　問２　(1)　(名称，はたらきや特徴の順)　オ　中
心体，①　　カ　ミトコンドリア，⑤　　キ　ゴルジ体，②　　ク
小胞体，⑨　　ケ　葉緑体，⑧　　(2)　①　能動輸送は，ATPなどの
エネルギーを用いて濃度勾配に逆らった方向に物質を輸送すること。
②　チャネルは管状をしており，その中を特定の物質が通過するタン
パク質だが，担体は特定の物質と結合して立体構造が変化することで
その物質を輸送するタンパク質である。いずれもエネルギーを用いず，
濃度勾配に従った受動輸送に関与する。　③　ヒトの赤血球には膜を
もつ細胞小器官がなく，溶血させて細胞膜を容易に分離することがで
きるから。

〈解説〉問１　細胞の発見と細胞説を次の流れで確認しておくとよい。ロ
バート・フック(イギリス)は，1665年に細胞を発見した。自作の顕微
鏡でコルク片を観察したところ，細胞壁で囲まれた小部屋のようなも
のを発見しこれをcellと呼んだ(「cell」を「細胞」と邦訳したのは宇田
川榕庵である)。レーウェンフック(オランダ)は1674年に自作の顕微鏡
で細菌などの微生物や精子を発見し，1831年にはロバート・ブラウン
が細胞の核を発見した。1838年にシュライデン(ドイツ)が植物につい
て，1839年にシュワン(ドイツ)が動物について，「生物の構造の基本単
位は細胞である」という細胞説を提唱した。1855年にフィルヒョウ(ド
イツ)は，細胞が細胞分裂によって増えることを観察し，「すべての細
胞は細胞から生じる」という説を提唱し，シュライデンとシュワンの
主張と合わせ，「生物体の構造と機能の基本単位は細胞である」とし
て細胞説を確立させた。　問２　(1)　問題文にある選択肢に該当する
細胞小器官は以下の通りである。①は中心体である。②はゴルジ体で
ある。ゴルジ体は他に物質の濃縮にも関係する。③は核である。④は
細胞質基質である。ここに嫌気呼吸に関連する酵素が存在する。⑤は
ミトコンドリアである。⑥は液胞である。⑦は細胞壁である。⑧は葉
緑体である。⑨は小胞体である。リボソームが付着すると粗面小胞体，

付着していないと滑面小胞体のように分類される。⑩はリボソームである。 　(2)　①　能動輸送は細胞膜などの生体膜を介して濃度勾配に逆らった輸送のことをいう。この時，ATPなどのエネルギー供給を必要とする。能動輸送する輸送タンパク質はポンプと呼ばれる。これに対して，生体膜を介し濃度勾配に従う拡散によって起こる輸送を受動輸送という。受動輸送するタンパク質はチャネルと呼ばれる。

②　特定の物質がどのように輸送されるかに着眼する。チャネルの小孔を特定の物質が通るのに対し，担体(輸送体ともいう)は，特定の物質が結合により構造が変化することで，物質輸送が行われる。チャネルの例としてアクアポリンやイオンチャネルがある。また，輸送体の例としてはグルコース輸送体がある。　③　ヒトの赤血球を用いることで細胞膜のみを簡単に入手することができる。まず，ヒト赤血球は，ヒトの血球成分のほとんどを占め，入手しやすい細胞である。更に，ヒト赤血球には核やそのほかの細胞小器官が存在しない。また，主な構成成分は細胞膜とヘモグロビンである。この赤血球は浸透圧によって容易に溶血するため，遠心分離などで上澄みを分離すれば，細胞膜のみを手に入れることができる。

【2】問1　a　③　　b　⑦　　c　⑨　　d　⑫　　e　⑮　　f　⑰　　g　⑱　　問2　免疫グロブリン(γグロブリン)　　問3　侵入した異物を取り込んで分解し，抗原の情報をヘルパーT細胞に抗原提示する。問4　可変部の遺伝子は，断片化された遺伝子群の中から選択された遺伝子断片が連結されて再構成される。　　問5　$50000 \times \dfrac{0.45}{150000} =$ 0.15mg　　$0.15 \times 2 = 0.3$mg　　問6　リンパ球の名称…T細胞(キラーT細胞)　　免疫の名称…細胞性免疫　　問7　免疫系が未熟な時期にβ系のすい臓細胞を注射されたので，β系に対して免疫寛容が成立し，β系の皮膚を自己と認識するようになったから。

〈解説〉問1　免疫反応は，非自己と認識されたときに起こる。抗体による免疫のしくみを体液性免疫という。抗体はB細胞から分化した抗体産生細胞(形質細胞)によって細胞外へ分泌される。抗体は主に血液の

液体成分に含まれており，特定の抗原に対し特定の抗体が結合する。また，B細胞が形質細胞へ分化すると同時に，その一部が記憶細胞へと分化し，免疫記憶する。　問2　免疫グロブリンは，H鎖と呼ばれる長い2本のポリペプチドと，L鎖と呼ばれる短い2本のポリペプチドがジスルフィド結合(S－S結合)したY字型の構造である。それぞれの抗体によって立体構造が異なる可変部が2カ所あり，それ以外の部分は定常部と呼ばれている。定常部は抗体の種類によらず同じである。

問3　樹状細胞は食細胞に分類される白血球である。侵入した異物を取り込んで分解した後に，ヘルパーT細胞やキラーT細胞に抗原提示し，体液性免疫や細胞性免疫を働かせることのできる抗原提示細胞である。　問4　抗体の可変部の立体構造に様々な種類があるため，様々な種類の抗原に対応できる。これは，未分化のB細胞が分化する際に，抗体可変部の遺伝子再構成(再編成)が行われるためである。未分化B細胞において，抗体可変部のH鎖の遺伝子はV，D，Jの3つの領域に，L鎖の遺伝子はV，Jの2つの領域にそれぞれ複数存在する。B細胞が分化する際に，これら領域から遺伝子の断片が1つずつ取り出されて再構成されることで，可変部の遺伝子となる。1977年に利根川進がこのしくみを明らかにし，1987年にはノーベル生理学・医学賞を受賞した。　問5　抗体に結合する抗原をx〔mg〕とすると，150000：50000＝0.45：xの関係から，x＝0.15〔mg〕となる。本問で扱われる抗体が一般的なY字構造を持つ抗体(IgG)と考えると，抗体の可変部(抗原との結合部位)が2つあるので，0.15mg×2＝0.30mgとなる。

問6　拒絶反応は，別の個体から器官(組織や細胞)の移植を受けた時に，これを非自己として認識し，攻撃する免疫反応のことをいう。器官はキラーT細胞によって攻撃される。これを防ぐために免疫抑制剤などの薬剤が用いられることもある。　問7　免疫寛容とは，自己に対して免疫反応しない状態のことをいう。これは後天的に獲得するものである。例えば，免疫系が成立する過程(B細胞やT細胞などが成熟する過程)で，自己の成分に反応する細胞のみが排除されるしくみが働き，非自己の成分に反応する細胞が生き残ることになる。免疫系が確立し

ていない出生直後の個体に与えられた抗原は，これも自己と認識される。

【3】問1　a　シュペーマン　　b　原腸　　c　原口背唇(部)　　d　形成体(オーガナイザー)　　e　誘導　　問2　A　側板　　B　体節　C　神経管　　D　脊索　　問3　イ，エ　　問4　予定内胚葉領域Bがタンパク質αを分泌する。予定内胚葉域Bに接する予定外胚葉領域Aはタンパク質αの作用を受け，遺伝子発現パターンが変化し，中胚葉に誘導される。　　問5　(1)　ヒトの胚を壊さず多能性細胞を得ることができる。また，自己の細胞を利用するため，拒絶反応を回避できる。(2)　iPS細胞の作成過程で遺伝子の発現調節を改変させることにより，異常な細胞が生じる危険性がある。

〈解説〉問1　この原口背唇部の移植実験は，1924年にシュペーマンとマンゴルドによって行われた。当時発見された中枢神経系を誘導する働きを持つ原口背唇はシュペーマン・オーガナイザーと呼ばれる。これに対し現在は，リード文のように，接触する部分に働きかけ誘導作用を引き起こす胚域を形成体(オーガナイザー)と呼ぶ。　　問2　Aの側板とBの体節とDの脊索は中胚葉性，Cの神経管は外胚葉性である。問3　二次胚において，脊索，体節の一部，神経管の一部は移植片に由来するものである。アについて，Eの神経管は主に宿主の細胞から生じているため，誤り。ウについて，網膜は宿主の細胞から生じていると考えられるため，誤り。オについて，角膜は宿主の表皮(外胚葉)から誘導されるものであるため，誤り。一方，イについて，Fの脊索は移植片のものであるから，正しい。エについて，水晶体は宿主の表皮から誘導されるため，正しい。　　問4　実験1では，①予定外胚葉領域Aが外胚葉由来，予定内胚葉領域Bが内胚葉由来の組織へと分化することと，②両者の接触でAから中胚葉組織が分化するということが分かった。更に，実験2では③タンパク質αの存在下でのみAは中胚葉組織に分化することが分かった。このことより，④Aは自身でタンパク質αを分泌しないということがわかる。③より，Aはタンパク質αの

作用で中胚葉組織に分化することがわかる。②④より，タンパク質 α はBが分泌することがわかる。この実験は，ニューコープが行った中胚葉誘導の実験(1969年)の内容からの出題である。　問5　(1)　ES細胞は，ほ乳類の胚盤胞から取り出すため，受精卵を破壊するという倫理面での問題や，ES細胞から作製した組織に対して拒絶反応が起こる可能性がある。一方，iPS細胞は自身の細胞から組織を作製するため，倫理面の問題や，拒絶反応の可能性をクリアできる。　(2)　iPS細胞作製過程で遺伝子の発現調節を改変する(初期化するともいわれる)。これによりがん細胞などの異常な細胞が生じる危険性が考えられていた。現在は，更に，iPS細胞から分化させた組織の中に未分化細胞が混在し，これががん化するという危険性も考えられている。

【4】問1　雌親の遺伝子型…rr　　F₁の遺伝子型…Rr　　問2　遺伝子型　RR：Rr：rr＝1：2：1　　表現型　右巻き：左巻き＝1：0　　問3　遺伝子型　RR：Rr：rr＝3：2：3　　表現型　右巻き：左巻き＝3：1　　問4　表現型　右巻き：左巻き＝5：3　　問5　右巻き：RR，Rr，rr　　左巻き：Rr，rr

〈解説〉問1　RRとrrの両親(P)を交配すると，F₁の遺伝子型は全てRrとなる。この時F₁の表現型は全て左巻きである。この形質は，雌親の遺伝子の影響を受けるため，雌親の遺伝子型はrrとなる。　問2　F₁(Rr)どうしを交配すると，F₂は遺伝子型RR：Rr：rr＝1：2：1の比率で出生する。この時F₂の表現型は，雌親(F₁)の遺伝子の影響を受けるため，すべて右巻きである。したがって，右巻き：左巻き＝1：0となる。問3　リード文に従い，F₂について同じ遺伝子型を持つ雌雄どうしを交配することを考える。すると，RR×RR→4RR，2(Rr×Rr)→2(RR＋2Rr＋rr)，rr×rr→4rrとなり，これらを合計すると，RR：Rr：rr＝6：4：6＝3：2：3の比率でF₃が出生する。また，F₃の表現型は，雌親(F₂)の遺伝子の影響を受けるため，RRどうしの交配で出生する4個体，Rrどうしの交配で出生する8個体の合計12個体は全て右巻きである。一方でrrどうしの交配で出生する4個体は全て左巻きとなる。したがって，

右巻き：左巻き＝12：4＝3：1となる。　問4　問3と同様に，F_3につい
て同じ遺伝子型を持つ雌雄どうしを交配すると，3(RR×RR)→3(4RR)，
2(Rr×Rr)→2(RR＋2Rr＋rr)，3(rr×rr)→3(4rr)となる。F_4の表現型は，
雌親(F_3)の遺伝子の影響を受けるため，RRどうしの交配から出生する
12個体，Rrどうしの8個体の合計20個体は全て右巻きである。一方でrr
どうしの交配から出生する12個体は全て左巻きである。したがって，
右巻き：左巻き＝20：12＝5：3となる。　問5　問1〜問4の表現型と
遺伝子型をまとめればよい。問1において，右巻きは不明，左巻きは
Rrである。問2においては，右巻きはRR，Rr，rr，左巻きはRrである。
問3において，右巻きはRR，Rr，rr，左巻きはrrである。問4において，
右巻きはRR，Rr，rr，左巻きはrrである。以上より，求める遺伝子型
は，右巻きでRR，Rr，rr，左巻きでRr，rrとなる。

【5】問1　(1)　①　6　　②　6　　③　16　　(2)　NH_3　　(3)　0.83
問2　(1)　呼吸によって放出されたCO_2を吸収するため。　　(2)　温
度を一定に保っておくことで，酵素活性(すなわち呼吸活性)を一定に
維持する。また，気体の体積は温度によって変化するため，これを一
定にするため。　　(3)　呼吸商…$\dfrac{1124-326}{1124}=0.71$　　答　0.71
おもな呼吸基質…脂肪　　問3　①　a　　②　1.0　　③　b
問4　トウモロコシの種子は，発芽初期には呼吸基質として炭水化物
以外に脂肪も利用していると考えられる。
〈解説〉問1　(1)　化学反応式の係数をそろえる問題である。この場合，
C，H，Oの順番で確認していくとよい。炭水化物では，左辺のCが6で
あるため，右辺のCO_2を6倍してCを6個にそろえる。よって②は6であ
る。次に右辺のOを数えると，すべてで24個であり，左辺は12＋(①×
2)個である。よって①は6である。脂肪は，Cの数を両辺とも16に合わ
せるだけでよい。　　(2)　タンパク質を分解すると，二酸化炭素と水と
アンモニア(NH_3)を生じる。　　(3)　呼吸商(Respiratory Quotient；
RQ)は次の式で表すことができる。呼吸商(RQ)＝$\dfrac{放出した CO_2 の体積}{吸収した O_2 の体積}$
気体の体積比は，モル比に等しいため，反応式の係数比でも呼吸商を

求めることができる。これを使って，タンパク質の呼吸商(RQ)＝ $\frac{生成したCO_2の係数}{消費したO_2の係数}$ ＝ $\frac{5}{6}$ ≒0.83　と計算できる。同様に計算すると，炭水化物は1.0，脂肪は0.70である。　問2　(1)　KOH溶液を用いることで，トウゴマが放出したCO_2を吸収することができる。よって，Aの気体の減少量はトウゴマが吸収したO_2量であると考えることができる。　(2)　呼吸商をある程度の精度の高さで求める場合は，呼吸活性を一定に維持する必要がある。温度が一定であれば，酵素活性も一定となり，呼吸活性も一定に維持される。さらに，気体の体積も一定にすることができ，気体の減少量を良い精度で測定できる。　(3)　Aはトウゴマの「O_2吸収量」を表し，Bはトウゴマの「O_2吸収量−CO_2放出量」を表している。よって，A−Bはトウゴマの「CO_2放出量(O_2吸収量−(O_2吸収量−CO_2放出量))」を表している。したがって，求める呼吸商は，$\frac{1124-326}{1124}$≒0.71となる。一般に，脂肪の呼吸商は0.7であるから，トウゴマの発芽種子が利用している呼吸基質は脂肪である。問3　好気呼吸以外にアルコール発酵などを行うと，放出するCO_2量が増加する(アルコール発酵：$C_6H_{12}O_6 \rightarrow 2C_2H_5OH + 2CO_2$)。放出するCO_2量が増加すると呼吸商も増加する。呼吸基質は炭水化物で1.0，タンパク質で0.8，脂肪で0.7である。植物食性動物の呼吸商は1.0だが，飢餓状態では，タンパク質に呼吸基質が切り替わるため，0.8に近づいていく。　問4　問3の考えを利用する。トウモロコシの呼吸商が0.7へ近づいていることから，呼吸基質として脂肪も利用していると考えられる。

【6】問1　ア　光合成　　イ，ウ　温度，水分　(※イとウは順不同)
エ　栄養成長　　オ　生殖成長　　問2　光周性　　問3　A　エチレン　　B　アブシシン酸　　C　ジベレリン　　D　サリチル酸
問4　頂芽でつくられるオーキシンが側芽のサイトカイニンの濃度を低下させることで，側芽の成長を抑制する。　　問5　膨圧運動…②，④，⑤　　成長運動…①，③，⑥　　問6　屈性は，植物が刺激の方向に対して決まった方向に屈曲する性質であり，傾性は，植物が刺激の方向とは無関係に一定方向に運動する性質である。

〈解説〉問1　ア　リード文最初の空欄のみでは，太陽光なども当てはまるが，「アを行って有機物を合成する」という文章から，光合成が適当な語句となる。　イ，ウ　種子の休眠が解除されるには，種子が吸水したり，一定期間の低温を経験したりすることの他に，吸水後に光が照射されることや，種子内のジベレリンが増加することもあげられる。　エ　植物が芽・茎・葉を増やす過程を栄養成長という。ファイトマーとは葉と節間と節につく側芽からなる単位のことで，これらが積み重なって被子植物の地上部が作られるという考えもある。

オ　栄養成長に対し，花芽に分化し，開花受粉後，種子を形成する過程を生殖成長という。　問2　この光周性に基づいて，植物は長日植物，短日植物，中性植物の3つに分けることができる。長日植物にはアブラナ，ホウレンソウ，シロイヌナズナなどが，短日植物にはキク，イネ，アサガオなどが，中性植物にはエンドウ，トマト，トウモロコシなどがあげられる。　問3　植物ホルモンは働きとともに確認しておくとよい。本問以外にも，オーキシン(細胞成長促進，頂芽優勢，落葉抑制など)，サイトカイニン(葉の老化抑制，側芽の成長促進)などもある。　問4　頂芽優勢とは，頂芽成長時に側芽の成長が抑制される現象のことであり，オーキシンが関わっている。側芽の成長はサイトカイニンによって促進される。頂芽で合成されたオーキシンは，側芽周辺でサイトカイニンの合成を抑制することで，側芽の成長を抑制する。　問5　ある植物において，孔辺細胞などの細胞の膨圧変化によって起こる運動を膨圧運動，部分的な成長速度の差によって起こる運動を成長運動という。オジギソウは接触刺激を与えると，葉枕と呼ばれる葉柄の基部にある組織の細胞の膨圧が変化し，葉柄が垂れ下がる。これにより，オジギソウを食べる昆虫が葉に触れたとたんに，昆虫を振り落とすことができる。チューリップは，低温では花弁外側の成長速度を増加させ，花を閉じる。温度が上昇すると花弁内側の成長速度を増加させ，花を開くという特徴がある。　問6　両者の違いは，刺激の方向に関係があるかないかである。屈性は，刺激の方向に対して決まった方向に屈曲する。傾性は刺激の方向とは無関係に一定の方向

に屈曲する。なお，屈性には光，重力，水，化学物質，接触などによるものがあり，傾性には，温度や光によるものがある。

●書籍内容の訂正等について

　弊社では教員採用試験対策シリーズ（参考書，過去問，全国まるごと過去問題集），公務員試験対策シリーズ，公立幼稚園・保育士試験対策シリーズ，会社別就職試験対策シリーズについて，正誤表をホームページ（https://www.kyodo-s.jp）に掲載いたします。内容に訂正等，疑問点がございましたら，まずホームページをご確認ください。もし，正誤表に掲載されていない訂正等，疑問点がございましたら，下記項目をご記入の上，以下の送付先までお送りいただくようお願いいたします。

> ① **書籍名，都道府県（学校）名，年度**
> 　（例：教員採用試験過去問シリーズ　小学校教諭 過去問　2025 年度版）
> ② **ページ数**（書籍に記載されているページ数をご記入ください。）
> ③ **訂正等，疑問点**（内容は具体的にご記入ください。）
> 　（例：問題文では"ア〜オの中から選べ"とあるが，選択肢はエまでしかない）

〔ご注意〕

○ 電話での質問や相談等につきましては，受付けておりません。ご注意ください。

○ 正誤表の更新は適宜行います。

○ いただいた疑問点につきましては，当社編集制作部で検討の上，正誤表への反映を決定させていただきます（個別回答は，原則行いませんのであしからずご了承ください）。

●情報提供のお願い

　協同教育研究会では，これから教員採用試験を受験される方々に，より正確な問題を，より多くご提供できるよう情報の収集を行っております。つきましては，教員採用試験に関する次の項目の情報を，以下の送付先までお送りいただけますと幸いでございます。お送りいただきました方には謝礼を差し上げます。

（情報量があまりに少ない場合は，謝礼をご用意できかねる場合があります）。

◆あなたの受験された面接試験，論作文試験の実施方法や質問内容

◆教員採用試験の受験体験記

- -

<table>
<tr><td rowspan="5">送付先</td><td>○電子メール：edit@kyodo-s.jp</td></tr>
<tr><td>○FAX：03-3233-1233（協同出版株式会社　編集制作部 行）</td></tr>
<tr><td>○郵送：〒101-0054　東京都千代田区神田錦町 2-5</td></tr>
<tr><td>　　　　　　協同出版株式会社　編集制作部 行</td></tr>
<tr><td>○HP：https://kyodo-s.jp/provision（右記の QR コードからもアクセスできます）</td></tr>
</table>

　※謝礼をお送りする関係から，いずれの方法でお送りいただく際にも，「お名前」「ご住所」は，必ず明記いただきますよう，よろしくお願い申し上げます。

教員採用試験「過去問」シリーズ

滋賀県の
理科 過去問

編　集	Ⓒ 協同教育研究会	
発　行	令和6年4月10日	
発行者	小貫　輝雄	
発行所	協同出版株式会社	
	〒101-0054　東京都千代田区神田錦町2‐5	
	電話　03－3295－1341	
	振替　東京00190－4－94061	
印刷所	協同出版・POD工場	

落丁・乱丁はお取り替えいたします。